Oscar Schellbach

Siebenmal Lebenskunst

Oscar Schellbach

Siebenmal Lebenskunst

Glücklicher leben
durch die Kraft des positiven Denkens

Hermann Bauer Verlag
Freiburg im Breisgau

CIP-Kurztitel der Deutschen Bibliothek
Schellbach, Oscar:
Siebenmal Lebenskunst: glücklicher leben
durch d. Kraft d. positiven Denkens.
Freiburg im Breisgau: Bauer, 1980
ISBN 3-7626-0258-1

1980
ISBN 3-7626-0258-1
© 1980 by Hermann Bauer Verlag KG, Freiburg im Breisgau.
Alle Rechte, auch die des auszugsweisen Nachdrucks,
jeglicher Wiedergabe und Verbreitung
und der Übersetzung, vorbehalten.
Satz: Zobrist & Hof AG, Pratteln/Schweiz.
Druck und Bindung:
Druck- und Buchbinderei-Werkstätten
May & Co Nachf., Darmstadt.
Printed in Germany.

1
Grundlagen glücklicher Lebensführung

Erfolg durch Vernunft

1.1 Wie wir leben sollen

Es muß nicht nur ein allgemeines Schicksal wie z.B. Krieg sein, das uns zu Boden zwingt, eine solche Macht haben auch Krankheit und persönliche Lebensumstände. Oft verläuft dadurch unser ganzes Leben auf der Nachtseite des Daseins. In vielen Fällen geschieht das aber nur, weil wir uns nicht dagegen wehren oder weil wir es nicht verstehen, positive Kräfte vor unseren Wagen zu spannen.

In beiden Fällen gibt es Lebenshilfen, die ein negatives Dasein völlig zum Guten verwandeln können.

Darum geht es hier in diesem Buch.

Ein Großteil aller Menschen erreicht während des Daseins auf Erden nicht die Lebensfreude, die man tatsächlich erreichen kann, wenn man nur richtig verfährt in der Kunst zu leben.

Damit sind wir mitten in unserem Thema.

Man kann leben wie ein Stümper, aber auch wie ein Meister der Lebenskunst. Um simpel zu sein: Es ist wie beim Kochen: Man kann aus den gleichen Zutaten eine köstliche Speise bereiten, aber auch ein Gericht, das jedem zuwider ist.

Immer ist die Frage wichtig, wie man etwas gut und richtig machen kann. Das gilt in den kleinsten wie in den größten Dingen – und im besonderen natürlich für den

Verlauf unseres Lebens. Aber das unterscheidet die Menschen. Viele wollen nicht einsehen, daß alle Gebiete der Lebenskunst auch für sie selber Geltung haben.

Wo liegt hierfür die Ursache? In angeborener geistiger Blindheit oder in mangelndem guten Willen? Hieraus leitet sich der Satz ab, daß man keinen Menschen zu seinem Glück zwingen kann. Das stimmt! Und das ist für uns ein wichtiges Stichwort. Ich verlange nicht viele Voraussetzungen zum Studium einer naturgesetzlich positiven Lebenskunst, aber ganz entschieden die innere Bereitschaft zum Erfolg, Ihren guten Willen und die Einsicht, daß ohne den guten Willen nirgends etwas geht – auch nicht in der Lebenskunst.

Wenn man einen Menschen zum Erfolg führen möchte, muß er innerlich ansprechbar sein, er muß *ja* sagen, aber nicht gegen seine Vernunft, sondern in vollem Einverständnis mit seiner Vernunft. Es ist aber oft so, daß durchaus begabte Menschen sich gegen die Anwendung von Lehren sträuben, die das Leben erleichtern und verbessern können.

Der Mensch ist ein sonderbares Geschöpf. Das Gute, das er tun müßte, um ein glückliches Leben zu führen, das tut er nicht; doch das Dumme oder Böse, was ihn nicht hochkommen läßt und ihm auf Schritt und Tritt Schaden zufügt, das tut er. Übrigens, eine bekannte Lehre des Apostels Paulus heißt: »Man löckt wider den Stachel« und richtet sich lieber zugrunde, als vernünftig zu sein. Oder extrem gesprochen: Man ersinnt im Schweiße seines Angesichts lieber einen teuflischen Plan, wie man auf unehrliche Weise zu Reichtum kommen kann, als sein Gehirnschmalz zum Finden einer gewinnbringenden Erfolgsidee einzusetzen.

Hier zeigt sich ein Punkt der Lebenskunst, über den nur Sie allein positiv entscheiden können, nur Sie. Sie müssen sich konsequent vornehmen, daß Sie die gegenwärtigen Umstände Ihres Lebens positiv verwandeln wollen; oder aber, daß Sie Ihren Erfolg noch weiter steigern wollen, wenn Sie schon erfolgreich sind. Beides ist möglich. Der

Vorsatz dazu ist schon der erste Schritt nach oben. Nur so geht es. Vor jeder Tat steht der Entschluß zur Tat. Sie müssen wollen.

»Ich will – das Wort ist mächtig, spricht's einer ernst und still, die Sterne holt's vom Himmel, das kleine Wort: Ich will«, sagt ein Dichter.

Doch weiter in unserer Einführung. Auf welchen Gebieten brauchen wir Lebenskunst, brauchen wir Erfolg? Zu allererst auf dem Gebiet der Gesundheit und der Leistungskraft. Sie können arm sein und fühlen sich dennoch glücklich, wenn Sie gesund, froh und zufrieden sind, wenn Sie auf den Gebieten menschlicher Tätigkeit immer die Kraft haben, die Sie brauchen. Ganz besonders bezieht sich dieser Erfolg auf das Alter. Ein müder Greis ist etwas Bedauernswertes. Aber die Leistungsschwäche im Alter beginnt schon lange, bevor man ins Greisenalter kommt. Ein langes, schönes Leben, wer wollte das nicht. Aber dann muß man auch dafür den naturgemäßen Einsatz leisten. Dieser Einsatz verlangt, daß wir schon in unseren besten Jahren an unseren Lebensgenuß im Alter denken. Wir dürfen uns nicht vorzeitig verbrauchen, weder in der Arbeit noch im Vergnügen. Wir müssen so leben, daß die Substanz möglichst wenig angegriffen wird.

Wie wir das machen, ist ein wichtiger Gegenstand unserer Lebenskunst.

Doch, wo wollen wir noch Erfolg? Nun, vor allem in der Verwirklichung unserer Lebensziele. Es gibt keinen positiven Menschen, der nicht bestimmte klare Ziele verfolgt. Wer planlos lebt, immer nur über den Daumen peilt, hat keine Chance, vorwärts zu kommen. Die Mittel, durch die wir uns ein erfolgreiches Leben schaffen können, sind in jedem Falle begrenzt. Es kommt darum immer auf einen möglichst rationellen Gebrauch dieser Mittel an. Das gilt unter anderem für die uns zur Verfügung stehende Zeit. Wir können mit ihr höchst verschwenderisch, aber auch höchst ökonomisch umgehen. Und wir sind Verschwender unserer Zeit, wenn diese Zeit nutzlos verrinnt. Sie ist dann wie eine Ölquelle, die in Brand geraten ist und sich dadurch selber verbraucht.

»Gebraucht der Zeit« ruft uns Altmeister Goethe zu, »Sie geht so schnell von hinnen ...« Überhaupt entsteht alles in unserem Leben, was Erfolg heißt, aus der Summierung von Zeit, aus der Summierung erfolgreicher Augenblicke. »Nur, wer den Augenblick ergreift« – um noch einmal Goethe zu zitieren –»der ist der rechte Mann«. »Nur, wer den Augenblick ergreift«. Das heißt: Die Zeit nicht laufen lassen, so, wie es gerade geht oder will, sondern sie nach unserem Willen, nach unseren aufbauenden Absichten gestalten. Genaueres hierüber später an entsprechender Stelle.

Eine andere Zielsetzung der Lebenskunst ist der rationelle Verbrauch unserer Kräfte. Zeit ist nur auszuwerten durch Krafteinsatz. Aber man kann auch hierbei sehr unökonomisch handeln. Darum muß es unser Prinzip werden, alles zu erleichtern, was sich erleichtern läßt, jede Arbeit, jedes Verhalten und Reagieren, jeden Schritt zum Erfolg. Unsere Generaleinstellung dazu lautet: Auf Kugellagern leben! Ja, Sie haben richtig verstanden: Auf Kugellagern leben.

Der Automobilkönig Henry Ford sagte hierzu: »Was hat es für einen Sinn, einen stumpfen Meißel mit ungeheurer Kraft in ein Stück Metall zu treiben, wenn ein leichter Schlag mit einem vorher spitz gemachten Meißel genügt.« Das ist es. Hierauf kommt es an. Die Meißel spitzen, überall, wo es um Krafteinsatz geht.

1.2 Wie wir uns selbst und andere behandeln sollen

Die Kraft, die wir sparen, kommt unserem Gesamterfolg und unserer Gesundheit zugute.

Das gilt auch für den Verbrauch unserer seelischen und geistigen Kräfte, hier ganz speziell für den Umgang mit uns selbst und mit unseren Mitmenschen. Wer sich auf diesem Gebiet zum Meister entwickelt, dem ist in der Lebensmeisterung ganz Enormes möglich, weil jeder Erfolg in der Selbst- und Menschenbehandlung zusammenhängt mit der Macht über unseren Körper und unseren Geist, mit unserem Einfluß auf unsere Umgebung, unsere Familienmitglieder, unsere Vorgesetzten und Mitarbeiter, auf uns selbst und unsere Zielsetzungen.

Hier zeigen sich die wichtigen Lehren über die Dynamik der Erfolgspersönlichkeit, ohne die es keinen Einfluß gibt, und die überall unentbehrlich ist, wo Menschen andere Menschen in ihrer Einstellung und in ihrem Handeln beeinflussen wollen. Charakter ist zum Erfolg unerläßlich und ebenso Können. Aber alles das nützt wenig, wenn nicht das Fluidum vorhanden ist, das von einer starken Persönlichkeit ausgeht.

Lebenskunst schließt alle diese Gebiete ein. Man steht nur auf einem Bein, wenn man keine starke Persönlichkeit ist. Doch es ist falsch, diese Einflußkräfte etwa nur auf oberbewußte Kräfte zurückzuführen; vielmehr handelt es sich dabei um automatisch unbewußt wirkende Kräfte. Es ist möglich, diesen Automatismus zu entwickeln, ohne damit viel Mühe zu haben.

Nun eine ganz andere Frage: Wer kann das alles erreichen, was wir bis hierher besprochen haben?

Hier ist die Antwort: Man kann natürlich nicht aus einem unbegabten Menschen einen begabten machen; aber man kann Begabungen leichter wecken, schneller wecken und unter Umständen sehr tiefliegende Begabungen freilegen, die ohne den Einsatz der dynamischen Kräfte und Gesetzmäßigkeiten, mit denen wir uns hier beschäftigen, nicht freigelegt werden können. Die Sorge, daß man selber nicht genügend begabt ist, besteht in keinem Fall zu Recht. Das beweist die Tatsache, daß Sie sich mit diesem Thema überhaupt beschäftigen. Außerdem werden wir die wissenschaftlichen Beweise erbringen, die uns berechtigen, die eigenen Qualitäten recht hoch einzuschätzen.

Gleich an den Anfang unseres Studiums setzen wir den Ausspruch eines bekannten Mannes der Harvard Universität in den USA, Professor William James: »Verglichen mit dem, was wir sein könnten, befinden wir uns alle in einem Zustand der Halbwachheit, das heißt, wir machen alle nur zur Hälfte von unseren physischen und geistigen Kräften Gebrauch. Wollen wir ehrlich sein, so müssen wir sagen, daß der Mensch außerordentlich zurückhaltend in der Anwendung seiner ihm von Gott geschenkten Fähigkeiten ist; oder richtiger noch, er besitzt sehr viele Kräfte der verschiedensten Art, die er überhaupt nicht anwendet.«

Ein anderer Experte schreibt über das gleiche Thema: »Schon vor tausend Jahren war unser Gehirn so weitgehend entfaltet, daß der Mensch schon damals Weltraumexperimente hätte machen können, schon vor tausend Jahren.«

Grundsätzlich können wir deshalb sagen: Jeder von uns ist ein maßloser Verschwender naturgegebenen Reichtums, wenn er nur den Tagesnotwendigkeiten folgt und nichts dafür tut, um möglichst weit aus dem Durchschnitt herauszuwachsen.

Worauf kommt es im Prinzip bei allen Überlegungen für die Lebensmeisterung an? Auf Lebensregeln, auf das Fassen von Vorsätzen und ihre Durchführung und auf die jeweils richtige Erkenntnis. Entscheidend ist vor allem noch die psychotechnische Auswertung der Erkenntnisse über die hinter der Schwelle des Bewußtseins sich abspielenden Vorgänge.

Ich wiederhole diesen wichtigen Satz: Die psychotechnische Auswertung der Erkenntnisse über die hinter der Schwelle des Bewußtseins sich abspielenden Vorgänge.

Der Mensch ist so lange ein großes Rätsel, solange er

nicht weiß, was sich in ihm abspielt, wenn wir von Willenskraft, Leistungskraft, Charakter, Können und Persönlichkeit sprechen. Jeder Erfolg in unserem positiven Sinne
beginnt damit, daß wir anfangen, uns selber richtig zu
behandeln. Das Resultat richtiger Selbstbehandlung – wir
sprechen von positiver Selbstbehandlung – ist, daß es dann
so eintrifft, wie wir es wünschen. Der Erfolg ist also die
Folge, wenn jemand sich selber richtig behandelt.

Es gibt drei Möglichkeiten, zu leben:

Erstens: Man überläßt sich, wie so viele, dem eigenen
Gefühl.

Zweitens: Man überläßt sich den Einflüssen des Lebens.

Drittens: Man bekennt sich zu einer zielbewußten, kausa-
len Lebensführung.

Die letztere Art, zu leben, ist die einzige Möglichkeit, das
Leben tatsächlich zu meistern. Das Hauptproblem bei dieser
bewußten positiven Lebensführung ist die Kunst, mit sich
selber genau das anfangen zu können, was im Interesse des
Erfolges erforderlich und notwendig ist.

Es genügt nicht, daß wir sagen: Wir *müssen* fleißig sein,
wir *müssen* gründlich, zielbewußt, wagemutig, tatkräftig
sein usw., wenn wir nicht *können*, was wir möchten.
Darum steht im Vordergrund aller Überlegungen die *Kunst
des Könnens*. Man muß können können, was der Erfolg
verlangt. Aber das ist nicht nur eine Frage guten Willens,
sondern einer entsprechenden Erfolgs- und Lebenstechnik.

1.3   Wie man nach den Ursachen des Erfolges handelt

Wir müssen wissen, daß unser ganzes Handeln aus den
Impulsen erwächst, die in unserem Innern entstehen und die
durch und durch positiv werden müssen. Der Erfolg ist in
jedem Fall keine so schwierige Angelegenheit, wie die meisten Menschen glauben. Denn immer kommt es nur auf das

ursachengerechte Handeln an, das heißt, auf ein Handeln, das den tatsächlichen Ursachen des Erfolges entspricht.

Es ist hierbei wie im Beruf. Eine berufliche Leistung kann nur dann Erfolg bringen, wenn die für den Beruf geltenden Erkenntnisse und Erfahrungen berücksichtigt werden. Ein Verkäufer zum Beispiel kann kein guter Verkäufer sein, wenn er es nicht versteht, seine Kunden richtig zu behandeln, das heißt, so zu behandeln, daß sie den Ausführungen des Verkäufers Glauben schenken, daß ihnen der Verkäufer symphatisch ist und daß sie sich deshalb den Argumenten des Verkäufers anschließen. So kann ein Arzt kein guter Arzt sein, wenn er es nicht versteht, eine Diagnose zu stellen, aus der sich allein die richtige Behandlung einer Krankheit ergibt.

Das gilt nicht nur für alle Berufe, sondern auch ganz besonders für die Meisterung des Lebens. Das will aber gelernt sein, will verstanden und richtig gemacht sein. Positive Resultate können aber nur entstehen, wenn dazu die Ursache beachtet wird. Wenn ich nicht fleißig bin, komme ich in meiner Sache nicht voran. Wenn ich mich nicht konzentrieren kann, ist das, was ich mache, nur eine halbe Leistung. Wenn ich keinen umfassenden Geist habe, mein Gedächtnis nicht richtig arbeitet, kann ich von meinem Geist keine vollkommene Leistung verlangen. Immer muß richtig gehandelt werden und das heißt: ursachengemäß. Man kann aber diese Frage nur mit der richtigen Einsicht in die dabei herrschenden geistigen Gesetzmäßigkeiten beantworten.

Warum ist das so wichtig? Weil es allein auf den Menschen ankommt, also auf sein Denken, seinen Charakter, seine Ideen, sein Können und sein Handeln. Es ist hierbei genauso wie bei einer modernen Maschine. Alles kommt darauf an, daß das Gehirn dieser Maschine, das Schaltwerk dieser Maschine so programmiert ist, daß die mögliche Leistung erreicht wird. Auch der Mensch ist ganz und gar auf Automatisation angewiesen, wenn er eine vollkommene Leistung erreichen will.

Was versteht man darunter? Nun, die Vorgänge beim Denken, bei der schöpferischen Ideenentwicklung und bei charakterlichen Leistungen sind so kompliziert, daß sie oberbewußt, das heißt, bei bewußtem Einsatz unseres Wollens, nur relativ kurze Zeit und außerdem nur sehr mangelhaft auf Höchstleistungen gebracht werden können. Ein Musiker kann nicht mehrere Stunden sein Instrument beherrschen, wenn er nicht ganz aus dem Gefühl spielt, das heißt: ganz aus der Automation der zum Spielen notwendigen Fähigkeiten.

Alles muß von selber gehen, alles muß von selber laufen. Das ist das Geheimnis jeder modernen Erfolgstechnik. Das Alleinlaufen, das Laufen auf Kugellagern muß erreicht werden. Die moderne Psychologie arbeitet deshalb mit Begriffen und Schaltsystemen, wie wir sie auch in der industriellen Produktion kennen.

Das beginnt schon beim Begriff »Produktion«. Alles, was in uns und durch uns geschieht, ist Produktion! Alles wird in uns und durch uns produziert. So ist z.B. auch unser charakterliches Verhalten, unser Wesen ein Produkt von in uns ablaufenden Schaltvorgängen. Das gilt für alle unsere Fähigkeiten und unser gesamtes Können. Alles ist ein automatisch sich erzeugendes Produkt einer Apparatur im Innern unseres Wesens, hinter der Schwelle des Bewußtseins. Wir wären nicht fähig, zu gehen oder irgendetwas mit unseren Händen zu tun oder zu denken und zu sprechen; oder – was die Sinnesfunktion betrifft – zu hören und zu sehen, wenn die dabei ablaufenden Vorgänge nicht spontan erfolgen würden. Spontan, heißt: von selbst, automatisch, also im Sinne einer Automatik.

Automatisch, heißt, daß ein Prozeß sich selber steuert, von selber abläuft. Ein Automobil ist ein Fahrzeug, das von selber fährt. Natürlich wird es von uns gesteuert; aber es ist so konstruiert, daß die gesamte Kraftentwicklung, die zur Fortbewegung notwendig ist, vom Wagen selbst geleistet wird und zwar durch die Arbeit seines Motors und der Aggregate, die ein Automobil ausmachen.

Bei der ersten technischen Revolution wurde die Handarbeit des Menschen weitgehend durch die Maschine ersetzt, wobei aber der Mensch als Steuerungsorgan tätig blieb, das heißt: Die Maschine wurde vom Menschen bedient. Sie mußte vom Menschen bedient werden, denn nur der Mensch besaß die Überlegungskraft, die notwendig war, um mit Hilfe der Maschine einen bestimmten Arbeitsprozeß zu verwirklichen.

Ursprünglich gab es nur die Handarbeit. Alles, was man erzeugen wollte, war mühsam herzustellen – und immer nur mit einem starken Krafteinsatz. Dann wurden die Maschinen erfunden. Nun war die Maschine die Kraft. Sie mußte nur gesteuert und eingesetzt werden.

Nachdem das Elektronengehirn erfunden worden war, kam es zur eigentlichen Automation und damit zur zweiten technischen Revolution. Die Produktionsvorgänge der Maschine wurden nun automatisch gesteuert. Der Mensch wurde überflüssig. Das, was der Mensch bisher tat mit seinem Gehirn, mit seiner Überlegungskraft, das übernahm nun ein neues Instrument: das elektrische Gehirn, das Elektronengehirn. Dadurch, daß ein solches Instrument die Fähigkeit zum Behalten hat – darum auch Elektronengehirn genannt – war das Problem der automatischen Steuerung der Maschine gelöst. Denn dieses Instrument kann man programmieren. Programmieren, das heißt: Man kann ein bestimmtes Programm in seinem genauen Ablauf durch dieses Instrument steuern bzw. die Geräte, die mit diesem Programm in Verbindung stehen, können in einer genauen Produktionsfolge – besser, als es der Mensch vermag – gesteuert werden.

Diese zweite technische Revolution brachte unsere Technik auf jenen Hochstand, der es einmal ermöglichen wird, der gesamten Menschheit ein menschenwürdiges Dasein zu verschaffen, was ja bis heute nur bei einem Bruchteil der Menschen möglich sein konnte.

Genauso ist es auch bei der Aktivierung der im Menschen liegenden Kräfte und Möglichkeiten. Ich sagte: Allein die Automation läßt die Technik so leistungsfähig werden zum Segen der Menschheit. So kann auch die psychotechnische Automation das Können des Menschen so aktivieren, wie es im Interesse eines erfolgreichen Lebens erreichbar ist. Das bezieht sich aber nicht nur auf den Durchschnitt der Menschen, der sich mit aller Kraft anstrengt, gute Leistungen zu vollbringen, sondern auch auf alle, die als besonders begabt gelten. Bisher wurde immer ein großer Unterschied gemacht zwischen dem genialen Menschen und dem Durchschnittsmenschen. Man sah ein Genie stets als etwas Außergewöhnliches an, als einen halben Gott, und der normale Mensch, belastet mit seinen vielen Minderwertigkeitskomplexen, versuchte erst gar nicht, in die Nähe dieser Großen zu kommen. Das entspricht aber nicht den wirklichen Verhältnissen; denn entscheidend ist allein, ob die im Menschen vorhandenen Fähigkeiten und Kräfte leicht oder schwer zugänglich sind. Es gibt eine Gruppe von Menschen – eben die Genies – bei denen die Begabungen nur angetippt zu werden brauchen, um zu erwachen. Mancher besitzt ein so phänomenales Gedächtnis, daß er einen Fremdsprachensatz nur einmal zu lesen braucht, um ihn zu erfassen und in seinem Gedächtnis zu verankern, während ein anderer ihn ein dutzendmal wiederholen muß und dann immer noch Schwierigkeiten mit dem Behalten hat.

Hier sitzt das Problem: Wie kann man erreichen, bestimmte Kräfte und Fähigkeiten relativ leicht in die Hand zu bekommen bzw. in Aktion zu bringen, ohne daß es dazu einer besonders großen Anstrengung bedarf. Das Genie arbeitet in allen seinen Begabungen mit spielerischer Leichtigkeit, während der Unbegabte sehr große Mühe hat, um seine Kräfte zu aktivieren. Darum bringt er es auf die Dauer nicht fertig, wirklich etwas zu erreichen.

1.4 Wie jeder mehr leisten kann

Man muß sich vorstellen, daß die Situation völlig anders wäre, wenn es zum Beispiel eine Droge gäbe, die das Gehirn – auf das es dabei ankommt – leichter in Funktion bringt.

Hier muß man verstehen, welche Rolle im Hinblick auf unsere Leistungsfähigkeit das Gehirn überhaupt spielt. Man kann das leicht ableiten von den Möglichkeiten, die uns die Hypnose erschließt. Die Hypnose ist ein Schlafzustand, der künstlich herbeigeführt wird und nur das Oberbewußtsein beherrscht, während der innere Mensch, das Unterbewußtsein, von außen ansprechbar bleibt, ohne daß ihm das, was suggeriert wird, oberbewußt zum Bewußtsein kommt.

Um das richtig zu verstehen, muß man davon ausgehen, daß der wesentliche Teil unserer Persönlichkeit eine Apparatur ist, die im unbewußten Innern unseres Wesens arbeitet. Im Gehirn müssen wir den Steuerungsmechanismus sehen, der alles, was auf den Wirkungsebenen des menschlichen Seins entstehen und bewirkt werden soll, steuert. Im Gehirn befinden sich nach Schätzungen etwa 15 Milliarden Ganglien. Das sind Gehirnzellen, die in ihren Funktionen wie die Schaltorgane eines Computers zu betrachten sind. Oder noch exakter: Das Gehirn ist ein regelrechter Computer. Ein Computer, in den eine Riesenanzahl verschiedenster Programme einprogrammiert werden kann, die dann den Organismus veranlassen, automatisch zu funktionieren, also so, wie es ein bestimmtes Programm verlangt.

Wir sind ein programmiertes Geschöpf – ja, ein programmiertes Geschöpf. Nur Dank dieser Programmierung existieren und funktionieren wir. Das schließt natürlich nicht aus, daß wir trotzdem ganz und gar Mensch sind. Aber wir können es nur sein auf Grund der automatischen Funktion unseres Gehirns, aus der das entsteht, was man Geist nennt: Menschliches Denken, Verstehen, Urteilen und die ungeheure Fülle der Ideen, denen unsere künstlich geschaffene materielle Welt ihr Dasein verdankt.

Es ist aber falsch, den durch das Gehirn und durch die Funktion der Ganglien erzeugten Geist als den eigentlichen Kern unseres Wesens zu bezeichnen, obwohl unser ganzer Mensch – sowohl biologisch als auch seiner Individualität nach – auf das Schaltwerk des Denkens zurückzuführen ist. Der Mensch ist aber mehr.

Wir kommen hier zu einem Problem, das die Forscher aller Zeiten erfüllt hat, und das die Gelehrtengehirne sowohl in philosophischer wie in religiöser, aber auch in biologischer Hinsicht beschäftigt. Dieser Mensch *in uns* ist das unbekannte Wesen oder das, was wir im Sinne der Religion »Seele« nennen.

Aber hieraus geht schon hervor, daß diese Seele in ihrem Bewußtsein, in ihrem Selbstbewußtsein, in ihrem Können, in ihrer Wirkung ganz und gar abhängig ist von der Funktion dessen, was »Geist« heißt, und daß wir diesen Geist deshalb als das Bewußtsein der Seele auffassen.

Nun bietet uns die Tiefenpsychologie, das heißt, jene Psychologie, die nicht nur die oberbewußten sondern auch die Vorgänge hinter der Schwelle des Bewußtseins zu analysieren versucht, die Möglichkeit, mehr als bisher von dem zu erkennen, was uns zu Menschen macht. Im Vordergrund steht dabei unser Gehirn, unser Computer, und im Mittelpunkt der Arbeit dieses Computers steht das Gedächtnis.

Wir funktionieren aber nicht nur aus der Programmierung unseres gegenwärtigen Daseins, also aus dem, was wir in diesem Leben gelernt haben z.B. durch die Kinderstube, durch Schulen, durch Erfahrungen im Umgang mit Menschen und Dingen aller Art, sondern außerdem aus einem uns angeborenen Urwissen, das von einem so riesenhaften Umfang ist, daß wir das in diesem Leben zu erwerbende Wissen nur als Schlüssel ansehen können, der uns diesen Schatz erschließt. Wir kommen also bereits mit einem Riesenvorrat an Erkenntnissen zur Welt.

Hören Sie hierzu Sokrates, den großen Weisen Griechenlands, der schon in seiner Zeit lehrte, daß alles Lernen, also alles Aufnehmen an Wissen, ein Wiedererinnern unserer Seele sei; daß also die Seele schon alles weiß, was wir als Menschen jemals wissen können. Das ist auch eine Erklärung dafür, warum oftmals schon ganz junge Menschen Leistungen vollbringen, die absolut nicht ihrer Altersgruppe entsprechen. Ungezählte Genies waren schon als Kleinkinder genial. Es hat sogenannte Wunderkinder gegeben, die schon mit 3 Jahren die Heilige Schrift lesen konnten. Andere Wunderkinder beherrschten schon fließend mehrere Fremdsprachen in diesem Alter. Man denke auch an Mozart. Könnte er jemals dieser große, unsterbliche Komponist geworden sein, wenn er alles, was er uns hinterlassen hat, nur in seinem kurzen Leben erarbeitet hätte? Nein, es ist das Ausschöpfen einer Quelle, die in uns von Urzeiten her vorhanden ist und nur erschlossen werden muß, und die zu fließen und zu strömen beginnt, wenn wir uns nur darum bemühen.

Ich habe in meinem Lehrwerk der Redekunst und Geistestechnik erklärt, daß unser innerer Reichtum dem Grundwasser gleichkommt. Wir müssen aus der Tiefe unseres Wesens diesen Reichtum emporschaffen. Und das können wir natürlich nur, wenn wir das Pumpwerk, das dazu betätigt werden muß, in Betrieb setzen.

Aber halten wir fest: Der Geist ist das Bewußtsein unserer Seele. Unsere Seele kann einen großen Geist haben, dann wird sie sehend und erkennend bis in ungeheure Tiefen hinein. Sie kann aber auch beschränkt werden in ihrer Sicht, wenn der Geist klein und eng begrenzt ist.

Darum gilt alles, was unseren Geist groß macht und entfaltet, zugleich der Erkenntniskraft unserer Seele. Wir wissen nicht, wo diese Erkenntniskraft beginnt. Sicher aber ist, daß Vernunft ein Anfang ist von dem, dessen wir geistig fähig sind. Ein vernünftiger Mensch hat eine Seele, die in der Lage ist, vernünftig zu denken. Ein unvernünftiger Mensch hat eine Seele, die nicht in der Lage ist, vernünftig zu denken und darum solche Fehler macht wie ein Chef, der seine Mitarbeiter und die Maschinen seines Betriebes falsch behandelt. Wir selbst müssen uns von einer höheren Warte aus sehen. Geist ist immer noch etwas Materielles, während das Spirituelle der Seele – »dieses engelhafte Wesen« – wie es schon Paracelsus nannte, das die irdische Form überdauert, ganz und gar immateriell ist. Die Seele kann zunächst klein sein durch einen kleinen Geist, dann aber auch groß durch einen geweiterten Geist, durch einen erleuchteten Geist, wie etwa bei Mahatma Gandhi, der große Erleuchtete Indiens, der schon zu Lebzeiten »Große Seele« genannt wurde.

Darum dient alles, was der Entfaltung unseres Geistes dient, unserer Seele. Es macht unsere Seele sehend. Zunächst ist die Seele blind und unwissend; wie jedes Geschöpf ist sie ohne Bewußtsein. Sie kommt aus dem Dunkeln – nach Sokrates aus dem Hades – um Stufe für Stufe immer erkennender zu werden und dadurch immer größer und freier. Woraus sich auch ergibt, daß das Dasein der Seele im menschlichen Körper nur ein bedingtes ist, nur so lange notwendig ist, bis die Seele aus sich selbst heraus begreifen gelernt hat, wie die ihr von Gott gesetzten Ziele und Aufgaben lauten. Aber wohlverstanden: Wir müssen wissen, daß unser Geist das Bewußtsein der Seele ist, und daß Geist ein Produkt unseres Gehirns und der in das Gehirn bzw. in das Gedächtnis der Seele hineingeborenen ungeheuren Fülle an Wissen und Erfahrung ist. Woher diese Fülle kommt, ist nicht nachweisbar. Es kann aber sein, daß das gesamte Menschheitswissen auch in uns ist. Denn, daß wir mit höchstem Wissen begabt sind, beweisen die ungezählten Beispiele erleuchteter Menschen aller Zeiten.

Der Erfinder des Esperanto zum Beispiel beherrschte 68 lebende und tote Sprachen und entwickelte daraus seine Welthilfssprache. 68 Sprachen; man bedenke, was das heißt. Doktor Tassilo Schultheiß, ein bekannter Sprachwissenschaftler, brachte es sogar auf 100 Sprachen. Wie läßt sich das vereinbaren mit dem Gejammer der kleinen Nichtskönner, die sich so schwertun, wenn sie nur zwei oder drei Sprachen erlernen sollen?

Hier nun ein Vergleich, der uns Hinweise zum Verstehen solcher gigantischen Leistungen gibt: Wenn man einen schwerbeladenen Wagen vorwärtsbringen will, der weder Kugel- noch Gleitlager hat, dann entsteht eine dermaßen große Reibung, daß diese Last kaum zu bewältigen ist. Man kann aber etwas tun, einmal mit Kugellagern oder auf primitive, ungeheuer viel Kraft verbrauchende Weise. Das gilt überall. Das bezieht sich auch auf alle menschlichen Fähigkeiten und Tätigkeiten, nicht nur im körperlichen Bereich, sondern auch auf die Leistungen von Geist und Seele. Das Problem ist jedoch: Wie erreiche ich, daß der Gehirn- und Nervenapparat, der innere Schaltmechanismus, der für alles verantwortlich ist und der jede Leistung bewirkt, so reibungslos wie möglich und so präzise wie möglich arbeitet? Oder mit anderen Worten: Wie erziele ich eine Automatisierung aller nur denkbaren Vorgänge, die durch mich ausgelöst werden? Wie schreibe ich zum Beispiel automatisch schnell? Wie schreibe ich automatisch deutlich lesbar? Wie schreibe ich automatisch sauber und präzise? Wohlverstanden: automatisch!

Wenn einer im automatischen Schreiben nicht geübt ist, nicht richtig programmiert ist, dann fällt ihm das Schreiben unter Umständen so schwer, daß er lieber einen Eimer Kohlen aus dem Keller holt, bevor er einen Brief schreibt. Umgekehrt: Wer das schnelle Schreiben gewohnt ist, wer sehr viel zu schreiben hat, bei dem arbeitet die schreibende Hand auf Kugellagern, und die Buchstaben bekommen außerdem noch eine schöne sympathische Form. Der Betreffende ist dann richtig programmiert und automatisiert. So ist es bei jeder Art geistiger und körperlicher Tätigkeit. Mit Recht sagt der Volksmund darum: »Der Mensch ist ein Gewohnheitstier.«

Wir, die wir Tiefenpsychologie betreiben, sprechen von Automation, von psychotechnischer Automation. Es kommt für uns darauf an, einen bestimmten Schaltvorgang im Gangliensystem im Gehirn zu installieren und in Gang zu setzen. Vom Gehirn aus gehen die Anweisungen an die Hand, die schreiben soll. Vom Gehirn aus gehen die Anweisungen so, daß die Hand leicht schreibt, fehlerlos schreibt.

Wenn der routinierte Geiger seinen Rhythmus spielt, sind seine Gedanken oft weit, weit weg; aber der Rhythmus ist automatisiert, und was er tut, ist nur der Ablauf eines bestimmten Programms. Die Melodie und ihr Rhythmus sitzen als einprogrammierte Schaltung in einer bestimmten Abteilung seines Gehirns. Wenn er jetzt von seiner Seele aus den Befehl gibt, die Geige an die Wange zu legen und den Geigenstock in die Hand zu nehmen, und es geht los, dann läuft dieses Programm ab und so leicht, daß dieser Geiger keine Mühe hat, unter Umständen viele Stunden hintereinander zu spielen. Man muß einmal Orchesterproben aufmerksam beobachten, um zu sehen, wie jeder Beteiligte mit seinem Instrument mit der gleichen Unbekümmertheit und Leichtigkeit umgeht. Automatisch werden mit höchster Geschwindigkeit die Noten erfaßt, die sich über das Auge automatisch in jener Abteilung des Gehirns programmieren, von der aus die Anweisung erfolgt, wie das jeweilige Instrument zu spielen ist. Dabei wird nicht etwa überlegt: Das ist eine Achtelnote oder eine sechzehntel oder gar eine zweiunddreißigstel Note. Das kann man gar nicht. Denn, wenn man das überlegen würde, wären die Noten schon überholt. So tritt vielmehr eine vollautomatische Kontaktaufnahme mit dem Notenblatt ein wie bei jedem Vorgang der Geistesgegenwart. Es kann jemand nicht geistesgegenwärtig sein, der erst im Augenblick der Gefahr oberbewußt überlegt, was er zu tun hat. Bei richtiger Geistesgegenwärtigkeit löst das Wahrnehmen der Gefahr blitzschnell die Schaltungen im Gehirn aus, die dafür sorgen, daß die richtige Abwehrreaktion möglich wird. Denken Sie an das Autofahren. Wenn Sie bei einer auftauchenden Gefahr erst lange überlegen, ob Sie den Wagen nach links oder rechts steuern sollen, beschleunigen oder bremsen müssen, hängen Sie schon am anderen Fahrzeug oder sind gegen einen Baum gefahren. Geistesgegenwart ist höchster Automatismus; und je länger es in einer Schrecksekunde dauert, bis dieser Automatismus ausgelöst wird, umso weniger Geistesgegenwart besitzt der Mensch.

Das bisher abgehandelte Thema gibt nur einen kleinen Einblick in die von uns zu erschließenden Kräfte und Möglichkeiten. Mancher unserer Leser wird es trotzdem schwer haben, schon jetzt die Zusammenhänge zu erfassen. Bitte haben Sie Geduld. Auch Rom wurde nicht an einem Tag erbaut. Die Weiterführung unserer Gedankengänge wird dafür sorgen, daß kein Teil unseres positiven Strebens unklar bleibt.

Nach dieser Einführung nun zum Thema: Hören Sie zur Einstimmung drei Lebensweisheiten. Als erstes ein Wort eines bedeutenden Philosophen: »Es gibt keine Kraft unter dem Himmel, welche der Menschenseele gleichkäme.« Dann ein Wort aus der *Weisheit des Brahmanen* des deutschen Dichters Friedrich Rückert: »Wer da sitzet in dem Röhricht und sich nicht da eine Pfeife schneidet, der ist töricht.« Drittens: »Einer lachte hellauf mitten im Dunkeln, eine Erkenntnis war ihm gekommen, die mehr wog als tausend andere: Nicht der Wille sondern allein Erkenntnis macht uns frei.«

24

Zuerst ist es notwendig, grundsätzlich etwas über die Bedeutung der Logik auszuführen. Man darf nichts Unvernünftiges verlangen. Was man will, und was man sich ersehnt, muß Hand und Fuß haben, muß Ursache und Wirkung des Erfolges und der Lebensmeisterung entsprechen, muß den Naturgesetzen entsprechen. Nur, wenn man es sich zum Prinzip macht, nicht gegen die Vernunft zu handeln, immer logisch zu sein, hat man Aussicht, das Leben wirklich in den Griff zu bekommen. Wenn wir von Vernunft und Unvernunft in der Lebensführung sprechen, setzt das voraus, daß wir genau wissen, was diese beiden Begriffe besagen und auch, daß wir wissen, was Lebensführung bedeutet. Wir sollen unser Leben selbst führen, sollen das Steuer unseres Lebensschiffes selbst in die Hand nehmen, es nicht dem Zufall überlassen, nicht allen möglichen unkontrollierten Einflüssen.

1.5 Wie man die Kraft zur Lebensmeisterung bekommt

Unser Leben soll ein Meisterwerk werden. Wir müssen so leben, daß wir uns und unseren Mitmenschen zur Freude leben, daß nur positive Wirkungen durch unser Verhalten und Handeln zustande kommen. Johann Wolfgang von Goethe – unser großer Klassiker – ist in allen Schaffensperioden seines Lebens diesem Gedankengang nachgegangen und sagt dazu in *Wilhelm Meister:* »Des Menschen größtes Verdienst bleibt wohl, wenn er die Umstände – seines Lebens – so viel wie möglich bestimmt – selbst bestimmt – und sich so wenig wie möglich von ihnen bestimmen läßt; das ganze Weltwesen liegt vor uns wie ein großer Steinbruch vor dem Baumeister, der aber nur dann den Namen – nämlich Baumeister – verdient, wenn er aus diesen zufälligen Naturmassen ein in seinem Geiste entsprungenes Urbild mit der größten Ökonomie, Zweckmäßigkeit und

Festigkeit zusammenstellt. Alles außer uns ist nur Element, ja, ich darf wohl sagen, auch alles an uns, aber tief in uns liegt diese schöpferische Kraft, die das zu schaffen vermag, was sein soll und uns nicht ruhen und rasten läßt, bis wir es außer uns oder an uns auf die eine oder die andere Weise dargestellt haben.«

Wunderbar hat das Goethe ausgesprochen. Das ist die beste Bestätigung unseres Strebens nach zielbewußter Lebensgestaltung. Goethe ist uns ohnehin Vorbild für alles, was mit künstlerisch-positiver Gestaltung des Lebens zusammenhängt. Ein Meisterwerk aus unserem Leben zu machen, sagt aber noch viel mehr. Das heißt zuerst einmal, mit uns selber fertig zu werden. Denn immer haben wir Hemmungen zu überwinden. Widerstände sind da, seelische Kräfte sind da, die nicht so wollen, wie wir wollen. Während wir hü machen, macht die innere Kraft hott, wehrt sich etwas in uns. Wie oft tun wir das Böse, ohne es eigentlich zu wollen. Wir wollen es gar nicht, wir tun es aber doch. Wir wehren uns sogar und machen uns bittere Vorwürfe. Wir bereuen die Handlungen und handeln immer weiter dennoch böse – genau dem Wort des Apostels Paulus entsprechend: »Das Gute, das ich will, das tue ich nicht, aber das Böse, das ich nicht will, das tue ich.« Oder auch entsprechend dem Ausruf des Doktor Faust zu Wagner beim Osterspaziergang: »Zwei Seelen wohnen ach in meiner Brust!« Es kommt darauf an, der aufwärts zum Licht strebenden Seele den Vorrang zu verschaffen. Viele glauben, das sei nur möglich durch eine Absage an die Welt, durch Verzicht und Entbehrung. Gewiß, manches muß man dazu tun, was einem Verzicht entspricht. Aber das drückt nur solange, bis wir auf einem anderen Gebiet eine noch größere Befriedigung erfahren; solange man nicht für das, was man läßt, ein noch größeres Glück eintauscht. Mehr Gesundheit zum Beispiel, wenn wir uns vernünftiger ernähren und weniger unseren Organismus belasten, als wir das bisher getan haben. Oder mehr Glück durch rationellere Zeitausnutzung, weil wir vieles unterlassen, was unser kostbarstes Gut – unsere Zeit – nicht sorgfältig genug ausnutzt. Oder mehr Freude in der Liebe und im Umgang mit unseren Mitmenschen, weil wir darauf verzichten, unseren Nächsten durch unser falsches Verhalten zu strapazieren. Dann vor allem, weil wir endlich aufhören, in allen unseren Angelegenheiten immer nur an uns selber zu denken: Denn jedes Übel kommt aus der Selbstsucht, weil Selbstsucht seelisch blind macht. Und wer blind ist, sieht nicht, worauf es ankommt, um ein wirklich glückliches Leben zu führen.

Wenn wir nicht willens sind, dieses Fehlverhalten zu ändern, erkennen wir nicht das Gute, das uns der Himmel bereithält, um wirklich glücklich zu sein. Wir müssen uns wandeln, wir müssen ein anderer werden. Nur damit wandeln wir unser Schicksal und meistern unser Leben.

Um das richtig zu verstehen, müssen wir an die Entwicklungs- und Entfaltungsgeschichte der Menschheit denken. Ohne den Selbsterhaltungstrieb, ohne egozentrisches Streben hätte sich der Mensch nie zur Krone der Schöpfung emporringen können, wäre er nie das geworden, was er heute ist. Das Leben ist Kampf um die Existenz, Kampf um die Selbsterhaltung, Kampf um das Überleben, immer und in allem. Was sich wandelt, ist die Form des Ringens, die immer der bisher erreichten körperlichen, geistigen oder seelischen Höhe entspricht. Dabei entscheiden nicht das oberbewußte Wollen, sondern zur Hauptsache die unterbewußt wirkenden Kräfte, und der Zwang, den das Böse auf unser Wollen ausübt. Denken Sie an Paulus: »Das Gute, das ich will, das tue ich nicht, aber das Böse, das ich nicht will, das tue ich.« Mancher hat dieses egozentrisch Triebhafte bereits gebändigt und geläutert, aber immer noch können viele in kritischen Situationen erleben, daß man zur Hauptsache doch nur an sein eigenes Wohl denkt und nicht daran, auch das Wohl des Nächsten einzuschließen. Wenn jemand erreichen kann, seine Selbstsucht in die Hand zu bekommen, dann hat er schon einen der wichtigsten Schritte zur Meisterung des Lebens getan; dann ist er bereits dabei, die Quelle zu erschließen, die erst das Menschendasein richtig menschlich macht. Das allein ist auch der Weg zur Erschließung der uns vom Schöpfer zugedachten wahren Lebensfreude und des wahren Lebensglückes. Denn allein aus der Selbstsucht wächst das Elend der Welt und allein aus ihrer Überwindung das wahre Glück.

Das alles sind natürlich Fragen, die wir nicht aus dem Stegreif beantworten können. Es gehört oft ein ganzes Leben dazu, um sagen zu können: Jetzt habe ich mich endlich dahin gebracht, wo ich die wahren Werte des Lebens und der Selbstlosigkeit erkenne, dem Altruismus nahe bin. Aber auch da muß man sich vor einem Irrtum bewahren: Denn es kann sein, daß man zwar graue Haare bekommen hat, daß aber aus diesen grauen Haaren nur ein anderer Egoismus wächst, der zwar ein mehr geistiger ist, den Mitmenschen aber ebenso zur Qual werden kann wie die andere Art. Natürlich kann man jetzt erwidern: Die Menschheit ist doch überall so. Wohin man blickt, nur Selbstsucht, nur Egoismus. Doch das darf nicht entscheidend sein. Es gibt eine ganze Menge selbstloser Menschen. Außerdem haben wir uns grundsätzlich nicht nach unten auszurichten, sondern allein nach oben.

Es muß also die Kraft zur Lebensmeisterung aus dem inneren Menschen kommen; und es muß der Trieb in uns sein, wirklich Hohes und Höchstes zu erstreben. Und dann müssen wir das Wirken des Negativen als eine Zwangsläufigkeit hinnehmen. Wir haben noch nicht genügend Erkenntnisse gesammelt im Laufe unseres Daseins, im Laufe unserer Entfaltung, um schon so erkennend zu sein, daß wir aus klarem Bewußtsein den rechten Weg gehen. Wir müssen uns erst zur Erkenntnis bringen, es müssen uns erst die Augen aufgehen. Daß das Wirken des Negativen eine Zwangsläufigkeit und eine Entfaltungsstufe ist, sehen wir beim Kind. Glauben Sie, ein Kind sei von Geburt an immer bedingungslos gut? Es kann genauso satanisch böse sein, wie ein Erwachsener es manchmal ist. Schauen Sie einem Kinde zu, wie es eine Fliege quält. Ein Bein nach dem anderen reißt es dem armen Tierchen aus. Glauben Sie, daß das Kind darüber nachdenkt, was es tut? Nein. Und wenn Sie einem Kinde Freiheit lassen, dem Kinde jeden Wunsch erfüllen, die Zügel schießen lassen, dann können Sie erleben, daß dieses Kind ein regelrechter Tyrann für die Erwachsenen wird. Wie es sich bei den Kindern verhält, so verhält es sich auch bei uns, den Erwachsenen. Richtig gesehen, ist im Grunde genommen die ganze Menschheit noch viel zu jung, um schon aus klarem Erkennen mit den Problemen des Daseins fertig zu werden. Das ändert auch nicht die Tatsache, daß wir selber und mit uns alle, die sich um echtes Menschsein bemühen, vielleicht schon einen Schritt weiter sind. Das verstehen Sie deutlich, wenn Sie hundert Jahre zurückdenken. Was wußten wir da von Kernphysik, Atomspaltung, Fernsehen, Raumfahrt, Computern, Kybernetik, Automation oder Transplantation von Organen? Die Menschheit hat in den letzten hundert Jahren auf allen Verstandesgebieten ungeheuere Fortschritte gemacht, aber nicht im Seelischen! Im Seelischen sind wir nur um weniges gewachsen. Es bedarf vieler Jahre bis zur Erreichung einer wirklich menschenwürdigen Höhe; und eine umso längere Zeit, wenn wir nicht zielbewußt arbeiten, um uns zur Vernunft und zu einem für alle glücklichen Dasein zu finden.

Die meisten Disharmonien unseres Lebens werden nicht von Naturkräften hervorgerufen, sondern vom Menschen selbst. Die meisten Krankheiten zum Beispiel sind Krankheiten unvernünftiger Lebensführung. Unsere Epoche ist aber trotzdem besser dran, gegenüber früheren Zeiten. Vor zweitausend Jahren zum Beispiel, also zur Zeit der alten

Römer, zur Zeit Neros betrug die Durchschnittslebenserwartung nur etwa 35 Jahre, während sie heute über das Doppelte beträgt. Wenn wir uns bemühen, noch vernünftiger zu leben, noch mehr den Forderungen der Natur zu entsprechen, noch besser und richtiger zu atmen, noch besser den Organismus zu beachten in seinen biologischen Funktionen und speziell unter dem Einschluß unserer Erkenntnisse vom positiven Leben, so wird sich das Durchschnittsalter bestimmt auf über 80 Jahre steigern. Ein Problem für sich sind die vielen Nerven- und Seelenkranken unserer Zeit, eingeschlossen Tausende Selbstmordtote in jedem Jahr – allein in unserem Land. Gerade hier ist im Menschen selber die Ursache zu suchen; denn der Großteil der Nervösen wird nicht nervös gemacht, sondern macht sich selber nervös und die Nervösen dann zwangsläufig ihre Umwelt.

Das führt uns zur Vernunft auch in den wichtigen Fragen der Leistungsfähigkeit und Leistungssteigerung. Was die Menschen im allgemeinen leisten, ist – genau gesehen – nur ein Bruchteil von dem, was sie tatsächlich leisten können. Ich denke hier nicht an Spitzenleistungen, die große Erfinder, Gelehrte, Staatsmänner vollbringen, sondern ich denke an den Durchschnitt und betrachte dessen Leistungen vom Standpunkt der großen Möglichkeiten, die im Menschen liegen. Trotzdem ist der Mensch dauernd beschäftigt. Trotzdem wird man nervös. Trotzdem behauptet man von sich, man leiste viel. Das kommt daher, weil zuviel völlig Unzweckmäßiges und den Forderungen des Erfolges sogar Entgegengesetztes getan wird, und weil sich das Geistesleben und das Gehirnschaffen zuviel in ungeordneten, undisziplinierten Bahnen bewegt. Es findet eine ungeheure Energieverausgabung statt ohne wirklichen Nutzen. Mit anderen Worten: Der Mensch lebt völlig unrationell in dieser Hinsicht. Unrationell behandelt er sein Gehirn, seine Gedankenmaschine. Weil er die Gesetze, nach denen diese

Maschine arbeitet, nicht kennt, arbeitet er in sich selber immer gegen den Strich, leidet er an Hemmungen, an Konzentrationsstörungen, ist er nicht in der Lage, von seinen wunderbaren Möglichkeiten und Fähigkeiten ergiebig Gebrauch zu machen.

Was macht denn den intelligenten Menschen aus? Doch nicht die Kraft seiner Hand. Die kann er tausendfach verstärken durch Maschinen, die er konstruiert und kontrolliert. Riesenhafte Kräne werden bewegt, ungeheure Lasten werden transportiert, gewaltig große Bagger arbeiten, mächtige Kraftzentralen senden hunderttausende Volt Spannung in die Welt, bedient durch ein kleines Menschlein, durch einen Fingerdruck. Ungeheure Kräfte werden lediglich durch einen auf diesem Gebiet geschulten Menschen und ohne außergewöhnliche körperliche Beanspruchung geschaltet. Was macht also den intelligenten Menschen aus? Sein Gehirn! Wer nicht in der Lage ist, sein Gehirn richtig auszunutzen, der ist noch gar nicht der Mensch, der er sein könnte.

Ich wiederhole diesen wichtigen Satz: Wer nicht in der Lage ist, sein Gehirn richtig auszunutzen, der ist noch gar nicht der Mensch, der er sein könnte.

Es ist also in erster Linie eine Frage der Ausnutzung des Gehirns, wenn wir von einer zielbewußten, positiven Lebensführung sprechen. Und wenn wir von Vernunft und Unvernunft in der Lebensführung reden, dann ist der Punkt, um den sich dabei alles dreht, unser Gehirn, unsere Gedankenmaschine. Wenn man diesen Computer mit seinen Milliarden Schaltzellen so kontrollieren und programmieren kann, daß die geistigen Kräfte so arbeiten, wie man es selber wünscht und will, dann ist man auch in der Lage, das eigene Leben bewußt zu beeinflussen. Durch die Nutzbarmachung dieser Kräfte können wir nicht nur unser eigenes Streben in erfolgreiche Bahnen lenken, sondern ebenso auch große Ideen verwirklichen.

Zusammenfassend stellen wir fest: Vernunft besteht in der Lebensführung zuerst einmal darin, sich selber zu innerer Klarheit zu bringen und die eigentlichen Ziele des Menschseins zu erkennen. Wenn wir gesagt haben, daß wir dazu die Selbstsucht überwinden müssen, so muß man das richtig verstehen: Denn die Selbstsucht verhindert, daß wir uns selber richtig ausnutzen.

Hierfür ein Beispiel: Nehmen wir einmal an, jemand will eine Ansprache halten, einen Vortrag, eine Rede und leidet an Lampenfieber. Was ist die Ursache? Die Angst vor einer Blamage, die Angst vor dem Steckenbleiben, die Angst vor dem Versagen. Aber warum hat man Angst? Weil das Versagen unangenehm werden könnte, sei es beruflich, sei es im Ansehen. Wenn der Redner jedoch die Sache als solche und nicht seine eigene Person als Wichtigstes voranstellt, wenn er alles, was geschieht, nur von der Sache abhängig macht, dann hört er auf, sich zu ängstigen, dann vergißt er das eigene Ich, dann hört er auf, an sich selber zu denken. In dem Maße, wie sein Denken nicht mehr um ihn selber kreist, sondern die Sache als solche im Mittelpunkt steht, entfallen zwangsläufig die Ursachen für das Entstehen von Hemmungen.

Die Selbstsucht ist eine der Hauptursachen der Angst. Man hat Angst, man könnte zu Schaden kommen oder es könnte uns an den Kragen gehen: Man hat Angst vor diesem und Angst vor jenem und vor allem vor vielen kleinen unwichtigen Dingen und gar nicht so sehr vor den großen. Wir haben zum Beispiel kaum Angst, daß wir sterben könnten, aber Angst vor Lächerlichkeiten. So ist auch die Angst die Hauptursache der Eifersucht. Obwohl es völlig gleichgültig ist, ob wir eifersüchtig sind oder nicht, eine Frau wird ihren Mann oder Freund so und so betrügen, wenn sie es will – und der Mann ebenfalls. Das kann die Eifersucht niemals verhindern, im Gegenteil, die Eifersucht schafft diese Lage oft erst.

Was wir wissen müssen, ist: Würden wir die Selbstsucht und damit die Angst überwinden, könnten wir wirklich zu halben Göttern werden, wie das ein Denkspruch Schiller's ausdrückt. Schiller sagt: »Wenn wir den Menschen die Angst und die Furcht nehmen könnten, dann könnten wir sie zu halben Göttern machen.« Warum unternehmen so viele Menschen nichts, warum trauen sie sich nicht an die Verwirklichung einer großen Idee heran? Weil sie Angst haben, es könnte etwas schief gehen, und weil die Menschen nicht bereit sind, für ein hohes Ziel auch einen hohen Einsatz zu leisten. Darum ist die Welt für sie so eng und klein und ohne wirklichen Erfolg.

Selbstsucht bewirkt seelische Blindheit. Nur ein Mensch, der blind ist, hat Angst. Beobachten Sie das Kind, das falsch erzogen wurde, wie es sich verhält, wenn es allein schlafen-gehen muß und das Licht ausgedreht wird. Es gibt viele Kinder, die deshalb keinen ruhigen Schlaf haben. Wie viele Menschen können nicht allein leben, allein wohnen, weil sie immer Angst haben vor Einbrechern und daß ihnen etwas gestohlen werden könnte. Wie ängstlich ist mancher, wenn er einen größeren Geldbetrag im Hause hat, so ängstlich, daß er das Geld von einem Kasten in den anderen legt und immer wieder nachschaut, ob es auch noch da ist. Ja, warum soll ausgerechnet jetzt jemand kommen, weil man etwas Geld im Hause hat, wenn bisher niemand kam? Das heißt nicht, leichtsinnig zu sein, sondern gläubig Vertrauen haben zu den Kräften des Himmels, Vertrauen zu den großen Gesetzen der Harmonie.

So ist also für jeden, der die Selbstsucht überwinden will, eines Voraussetzung: Er muß glauben, daß es eine Gerech-tigkeit in der Welt gibt. Wenn er daran nicht glaubt, wird er seine Selbstsucht nicht los. Er muß glauben, daß alles, was in der Welt geschieht, zuletzt seinen Ausgleich findet; und er darf diese Gerechtigkeit nicht durch eine falsche Brille sehen. Wenn jemand so wenig von der Materie sieht, daß er sich eine Brille aufsetzen muß, wie will er dann die großen göttlichen Gesetze der Gerechtigkeit erkennen!

Übrigens haben wir – geistig gesehen – fast alle eine Brille auf, und mancher sogar eine sehr schwarze. Nochmals darum: Selbstsucht bewirkt seelische Blindheit. Deshalb müssen wir wahrhaft Mensch sein aus innerer Freiheit. Es ist wunderbar, wenn unser Kind gehorcht aus Liebe zu uns, aus Freude, aus Erkennen, nicht aber aus Angst vor eventueller Strafe.

So ist es auch mit den Kindern im Plan Gottes. Wie wunderbar, wenn die Menschen sich aus höherer Erkenntnis heraus gegenseitig helfen würden. Bislang ist es aber so, daß die meisten sich nur. gegenseitig helfen aus Furcht vor dem Untergang, vor dem Verlust der Existenz, aus Furcht, zu Schaden zu kommen. Gewiß, es gibt viele, die ein hohes sittliches Bewußtsein entwickelt haben und auch danach handeln, die das moralische Gesetz in sich entdeckt haben und darum die Gebote Gottes halten, ohne dazu gezwungen zu werden. Gewiß, wir sind so weit, daß wir keinen Menschen umbringen, auch wenn es das Gesetz »Du sollst nicht töten« nicht gäbe – von Ausnahmen abgesehen. Aber wie wunderbar wäre es, wenn jeder Mensch aus sich heraus, aus freien Stücken also, ein wirklich positiver Charakter wäre – was ja der Wille des Schöpfers ist. Er will uns Gelegenheit geben, aus unseren Fehlern zu lernen, um dadurch aus eigener Kraft zum Guten zu kommen.

Ohne, daß es uns der Verstand zu sagen braucht, ahnen wir: So kann Gott nicht sein; so kann die Macht nicht sein, die sich uns überall offenbart. Denn ein Wille, der alles so sinnvoll und zweckmäßig eingerichtet hat, der alles so wunderbar geordnet und organisiert hat, der dieses ganze Welt- und Planetengetriebe so wunderbar erhält, diese Kraft, die uns auf Schritt und Tritt eine unerhörte Intelligenz beweist, diese Kraft kann nur auf einem Gesetz gründen, nämlich: Dem Gesetz von Ursache und Wirkung, dem

Gesetz, nach dem alle natürlichen Dinge ablaufen, dem Gesetz der Gerechtigkeit.

Warum hat die Wissenschaft überhaupt forschen können und Erfindungen und Entdeckungen gemacht? Weil sie davon ausgeht, daß für alles auch eine Ursache vorhanden sein muß, daß keine Sache aus dem bloßen Nichts entstehen kann. Wenn man eine Erscheinung beobachtet, sagt man sich sofort, es muß ein Grund dafür da sein, daß es diese Erscheinung gibt. Es muß eine Gesetzmäßigkeit dafür existieren. Indem man diesem Gedanken nachgeht, indem man dieser Gesetzmäßigkeit nachspürt, kommt man zum Verstehen der Zusammenhänge. So war es möglich, die größten Entdeckungen zu machen. So war es möglich, die verheerenden Seuchen zu überwinden.

Durch Jahrhunderte hindurch können wir verfolgen, wie durch Erforschung der Gesetzmäßigkeiten eine Geißel der Menschheit nach der anderen beseitigt wird. Das alles ist aber nur möglich, weil man sich sagt: Es muß immer eine Ursache für eine Erscheinung vorhanden sein.

Wir müssen also glauben, daß es nicht nur gut sondern allein richtig ist, wenn wir – und zwar in unserem Interesse und im Interesse des Glücks aller Menschen – die Selbstsucht überwinden. Wenn jemand nicht an die Gerechtigkeit glaubt, geht das natürlich nicht, denn dann sagt er sich: Ich soll mich aufopfern, ich soll mich einsetzen, ich soll mich beschränken, geduldig sein, obwohl die anderen nicht daran denken, ebenfalls positiv zu handeln. Glauben wir aber an Gerechtigkeit, und sagen wir uns, wir müssen unsere Pflicht erfüllen, auch wenn andere sie nicht erfüllen, dann ist es gleichgültig, ob man von den Wirkungen gleich etwas sieht oder nicht. Sie werden kommen, sie werden unbedingt in Erscheinung treten; denn es gibt eine Gerechtigkeit in der Welt, eine Gesetzmäßigkeit, nach der sich alles abwickelt. Dann handeln wir positiv ohne einen Blick auf die anderen.

Wir müssen einen Kraftquell haben, aus dem ein solches

positives Wollen gespeist und möglich wird. Dieser Kraftquell ist der Glaube an die vorhandene Gerechtigkeit im All,
die Notwendigkeit des Guten und die Überwindung aller
Selbstsucht zur Entfaltung der Menschheit. Glauben wir so,
dann gibt uns der Glaube die Kraft zum Handeln.

Es wurde gesagt, daß nicht aus Zwang, nicht aus Furcht
der Mensch gut sein soll – nicht aus Angst vor Strafe. Das
ist notwendig, um glücklich zu sein; denn man muß fähig
sein, glücklich werden zu können, Glück zu empfinden und
wirklich zu erleben. Man muß fähig sein, sich das Glück
zum Bewußtsein zu bringen; denn Glück ist nur da, wenn
wir es genießen. Mancher besitzt viel Geld, hat eine herrliche Wohnung, liebe Kinder und fühlt sich trotzdem in
seiner Haut nicht wohl, so daß jemand, der ein armer
Schlucker ist, sagt: »Herrgott nochmal, wie kann dieser
Mensch in einer so glücklichen Lage so unglücklich sein.«
Glück ist eine Gnade, weil den Menschen das Glück zum
Bewußtsein kommen muß, und sie nur dadurch das Glück
überhaupt erleben können. Deshalb ist auch Glück nicht
unbedingt abhängig von materiellen Dingen. Es kann
jemand bei einem bescheidenen Einkommen viel glücklicher sein als jemand, der Millionen hat.

In einem Herzen, das durch die Eigenliebe wie in einem
Stahlpanzer eingekapselt ist, kann Glück nicht gedeihen.
Deshalb ist die Selbstsucht auch der beste Weg, um sich
vom Glück zu isolieren. Glück ist ein Zustand innerer
Seligkeit, ein Zustand größtmöglicher Harmonie. Darum
macht wahres Glück auch wunschlos. Es ist kein Wunder,
wenn materiell denkende Streber nur immer raffen und
raffen und nie zufrieden sind, sich niemals Ruhe gönnen,
um das Leben glücklich zu genießen. Reichtum ist vielmehr
ein Prüfstein des Schicksals auf dem Weg zur Zufriedenheit,
und großen materiellen Besitz zu haben, ist nicht selten eher
eine Peitsche als wirkliches Glück. Das heißt nicht, daß man
sich vom Streben nach materiellen Gütern abwenden soll,

im Gegenteil, das hat damit nichts zu tun. Als positiver Mensch werden Sie Ihren Gewinn ideell arbeiten lassen und damit auch anderen Menschen das Leben verschönen.

Also: Glücklich sein und glücklich werden können, ist Gnade. Diese Gnade wird uns nur zuteil, wenn man den Weg der Selbstbefreiung von der Ichsucht geht. Das ist zugleich auch der Weg zur Erlösung von allen Hemmungen und Verkrampfungen. Betreten wir diesen Weg, sind wir sofort ein anderer Mensch. Wenn man 50 Jahre alt geworden ist, lacht man leicht über die Dummheiten der Jugendjahre. Was früher aufgeregt und nervös gemacht hat, ist dann eine lächerliche Angelegenheit. Warum aber machen wir uns diese Weisheit nicht schon früher zu eigen? Warum durchschauen wir nicht schon früher die wahren Zusammenhänge? Das gehört zur positiven Lebensgestaltung und kann nur erwachsen aus der Selbstbefreiung vom kurzsichtigen Egoismus. Darum ist es wahr: Selbstsucht bewirkt seelische Blindheit. Wenn wir unsere egozentrische Haltung überwinden wollen, bedarf es dazu aber nicht nur des guten Vorsatzes. Wenn man eine Schlacht gewinnen will, muß man die Mittel dazu haben.

Es gibt bestimmte Gesetzmäßigkeiten, um diesen Kampf gegen die Finsternis mit Sicherheit zu gewinnen. Und es ist nun unsere Aufgabe, diese Gesetzmäßigkeiten aufzuspüren. Das Ziel endet nicht darin, daß wir nur glücklich sind, etwa so wie ein indischer Heiliger, der sich irgendwo auf einen Baumstumpf setzt, die Beine unterschlägt, die Hände auf den Bauch legt und sagt: »So, nun bin ich glücklich.« Nein, denn Glück ist der Zustand, den wir uns wünschen, um in den Vollbesitz unserer Kräfte zu kommen, damit wir das tun können, was die göttliche Zielsetzung von uns will: Ein Mensch zu sein, der durch das eigene Glück auch anderen Menschen zum Glück wird.

Wir wissen noch nicht, was die Wissenschaft in den nächsten Jahrzehnten fertigbringt. Ob sie es ermöglicht, daß wir nicht nur 80 Jahre alt werden sondern 100 Jahre und älter. Zahlreiche Forscher in aller Welt arbeiten schon lange an diesem Ziel. Es liegt zweifellos im Plan der Schöpfung, daß wir schon bald weitere große Umwälzungen auf biologischem Gebiet erleben. Es ist durchaus möglich, daß die Lebenskurve des Menschen völlig verändert wird durch neue Entdeckungen.

Zur Zeit sind wir so weit, daß wir ahnen und zum Teil schon wissen, daß zum Beispiel Krankheiten Störungen elektrischer Natur sind. Möglicherweise finden wir schon bald wirksame Mittel, um die biologischen Vorgänge in der Zelle elektrisch zu beeinflussen. Die Elektroheilung wird sicher eines Tages die Heilung durch Drogen ablösen und viel wirksamer sein , ganz abgesehen von den oft unkontrollierbaren, schweren Nebenwirkungen der Drogen.

Wie es im All und in der Natur überall Ursache und Wirkung gibt, und wie letztlich alles nach einem wunderbaren Plan geordnet ist, so wird auch das menschliche Leben von Gesetzmäßigkeiten getragen und erhalten, durch deren Beachtung wir fähig werden, das zu erreichen, was große Ziele von uns verlangen: Ein schaffender, wirklich positiver Tatmensch zu sein.

Es gibt Gesetzmäßigkeiten, die unsere Persönlichkeit, unseren Charakter, unsere Seele frei und stark machen, unsere körperliche und geistige Leistungsfähigkeit enorm steigern; dazu gibt es noch andere Gesetzmäßigkeiten, die einen Einfluß auf die Umwelt ermöglichen. Im Laufe dieses Buches werden wir diese Gesetzmäßigkeiten studieren und genau zu beachten lernen.

Die Kunst, das Leben in den Griff zu bekommen, ist eine regelrechte Wissenschaft. Jeder von uns muß entscheiden, wie das Ziel seines Strebens aussehen soll: Ein Leben, das sich lohnt, zu leben oder ein Alltagsleben mit all den Schwierigkeiten und Belastungen des Menschen, der sich immer nur von den Ereignissen treiben läßt.

Es gibt drei Kräfte, die unser persönliches Schicksal gestalten: Ein Schicksal, an dem wir nichts ändern können und das anzeigt, daß viele Abläufe in unserem Leben vorherbestimmt sind. Dann die Macht des Zufalls – oder des sogenannten Zufalls die sich nicht im voraus berechnen läßt, und schließlich die Macht unseres eigenen Willens. Schicksal und Zufall werden um so stärker sein, je schwächer unser Wille ist. Aber unser Wille wird nicht stark durch unsere Energie, durch unsere Anstrengung, sondern im wesentlichen durch unser Wissen. Je größer unser Wissen ist, je größer es wird, um so mehr wird daraus eine Macht, die selbst schwerste Verhängnisse zu bannen vermag.

Francis Bacon, einer der großen Erkennenden der Menschheit, sagt hierzu: »Der Menschen Wissen und Macht fällt in eins zusammen, weil Unkenntnis der Ursachen den Erfolg vereitelt.« Wenn Sie die Bedeutung dieses Meisterwortes erfassen, sind Sie schon dabei, zu begreifen, daß Wissen auch in allen Fragen der Lebensführung *Macht* heißt. Und diese Erkenntnis soll auch die Basis sein für das zweite Kapitel.

1.6 Zusammenfassung

Sie können etwas falsch machen, Sie können es aber auch richtig machen. Das gilt auch für die Kunst, zu leben.

Viele Menschen wollen oder können ihr Leben nicht positiv gestalten, weil sie glauben, es ginge nicht, oder weil sie nicht wissen, wie man das machen könnte.

Doch Sie können. Sie müssen nur wollen. Die Lebenskunst beginnt mit der Erhaltung der Gesundheit bis in das hohe Alter.

Weiter besteht die Lebenskunst in der Verwirklichung Ihrer Lebensziele. Dazu müssen Sie Ihre Zeit sinnvoll verwenden und einteilen.

Eine andere Zielsetzung der Lebenskunst ist der rationelle Einsatz Ihrer Kräfte. Das gilt auch für den Verbrauch Ihrer seelischen und geistigen Kräfte.

Es gilt auch für den richtigen Umgang mit uns selbst und mit unseren Mitmenschen. Dazu gehört eine starke Persönlichkeit.

Es ist möglich, die automatisch und unbewußt wirkenden Kräfte, die notwendig sind, um eine starke Persönlichkeit zu werden, zu entwickeln. Jeder – auch Sie – kann das alles erreichen, wenn Sie die dynamischen Kräfte und Gesetzmäßigkeiten einsetzen und beachten, von denen in diesem Buch die Rede ist.

Es kommt dabei auf folgendes an:

Vorsätze fassen und durchführen und sich dabei helfen zu lassen durch bestimmte psychotechnische Hilfsmittel.

Diese wurden entwickelt durch Auswertung von Erkenntnissen über Vorgänge, die sich hinter der Schwelle des Bewußtseins, also im Unterbewußtsein, abspielen.

Im Vordergrund steht dabei die Kunst des Könnens. Dabei kommt es auf ein Handeln an, das den Ursachen des Erfolges entspricht. Dieses Handeln kann man programmieren, d.h. automatisch hervorrufen, dann läuft alles von selbst. Dabei hilft es Ihnen, daß die Seele alles schon weiß, daß also alles Lernen ein Wiedererinnern unserer Seele ist. Dieses Wiedererinnern wird automatisiert und programmiert.

Sie dürfen bei der Programmierung Ihres Wissens und Ihrer Handlungen nichts Unvernünftiges verlangen, sonst geht es nicht.

Ihr Leben soll ein Meisterwerk werden. Dazu müssen Sie zunächst alle Hemmungen und Hindernisse überwinden, die dem entgegenstehen. Sie müssen sich ändern, dann meistern Sie Ihr Leben.

Jeder von uns leistet nur einen Bruchteil von dem, was er wirklich leisten könnte, weil er nicht in der Lage ist, sein

Gehirn richtig auszunutzen. Vernunft und Unvernunft in der Lebensführung hängt von der entsprechenden Schaltung in unserem Gehirn ab. Wenn wir darauf Einfluß nehmen, kommen wir zu einer zielbewußten, positiven Lebensführung.

Es gibt Gesetzmäßigkeiten, die Ihre Persönlichkeit, Ihren Charakter frei und stark machen, Ihre geistige und körperliche Leistungsfähigkeit steigern und Ihren Einfluß auf Ihre Umwelt ermöglichen.

Dieses Wissen macht Sie stark und hilft Ihnen, Ihr Leben zu meistern.

Wissen ist Macht – auch in den Fragen der Lebensführung.

2

Fehler in der Selbstbehandlung

Zielbewußter Einsatz
der aufbauenden Kräfte

2.1 Wie wir Fehler bei unserer Selbstbehandlung abbauen können

Es gibt überall Gesetzmäßigkeiten, auch bei der künstlerischen Führung des Lebens. Diese Feststellung bezieht sich vor allem auf den richtigen Umgang mit uns selbst. Wir machen geheime Fehler in der Selbstbehandlung. Das sind Fehler, von denen wir zunächst gar nichts wissen. Diese Fehler können wir jedoch abstellen durch Vernunft und positives Handeln. Eigentlich, so meint der Alltagsmensch, müsse doch zumindest jeder mit sich selbst richtig umgehen können. Das ist nicht so, ganz abgesehen von der Tatsache, daß dieser Umgang mit sich selbst einem unbewußten Zwang folgt.

Ob Sie Hemmungen haben oder nicht, liegt allein an der richtigen Selbstbehandlung. Ob Sie in Ihrem Inneren verblendet denken über eine Sache oder nicht, ob Sie über den Dingen stehen oder von den Dingen beherrscht werden, liegt allein an der richtigen oder falschen Selbstbehandlung. Ob Sie überhaupt ein Tatmensch sind, positive Kräfte entfalten, Fähigkeiten haben, die Sie aus dem Durchschnitt heraus heben, ist immer das Ergebnis der richtigen Selbstbehandlung.

Sie verstehen, was ich meine, wenn ich Sie an jemanden erinnere, der sich einbildet, krank zu sein, an einen Hypo-

45

chonder. Ist es nicht so, daß ein solcher Mensch fortdauernd in der Angst lebt, daß er sich anstecken oder in Gefahr bringen könnte? Überall wittert er eine Gefahr und denkt dadurch zwangsläufig negativ. Nur, weil er sich dadurch ebenso selbstverständlich negativ behandelt, wird schließlich ein ganzes Heer von Krankheiten in Erscheinung treten. Aber auch, ob man einen Willen hat oder keinen, ob man feige ist oder mutig, ein Draufgänger ist oder ein Schwächling, ist oft nur das Resultat der positiven oder negativen Selbstbehandlung. Wer Achtung vor sich selber hat, weil er weiß, daß er sich vertrauen kann, wird ein anderer Mensch sein als jemand, der sich selber gering einschätzt. Wie man sich behandelt, darauf kommt es an.

An sich wäre das Problem gar nicht so ernst, wenn wir uns nicht unbewußt falsch behandeln würden. Allein aus unbewußter Zwangsläufigkeit erwachsen viele negative Einflüsse auf unser Inneres, arbeitet die innere Maschine so falsch, daß wir Opfer negativer Einflüsse werden.

Wir verstehen die Bedeutung dieser Zusammenhänge, wenn wir bedenken, daß jeder persönliche Erfolg im Leben allein aus Taten wachsen kann. Wie wir handeln, das ist entscheidend und auch, wie wir uns selbst und andere behandeln.

Ich habe hierfür eine Erfolgsformel entwickelt, die inzwischen schon tausenden vorwärtsstrebenden Menschen zum Aufstieg verholfen hat:

Richtigmachen = Erfolg
Falschmachen = Mißerfolg

Vier Worte sind entscheidend für das Leben jedes Menschen. Wenn wir nun aber unbewußt falsch handeln, können wir gar nicht kontrollieren, daß wir selbst die Ursache unserer Mißerfolge sind.

Unzählige Menschen leiden an Hemmungen und

Zwangseinflüssen, die die positive Lebenslinie zunichte machen und den Aufstieg verhindern. Wir Menschen unterscheiden uns nicht so sehr durch die Gehirnkapazität an sich, als vielmehr dadurch, wie wir unser Gehirn ausnutzen.

Verstehen wir es, die in uns arbeitende Gehirnmaschine richtig zu gebrauchen, haben wir Erfolg; gebrauchen wir sie falsch, haben wir Mißerfolg. Vom Gehirn aus steuern wir unseren gesamten Organismus und unser ganzes Wesen positiv oder negativ. Wir müssen also die Voraussetzungen des Erfolges schaffen.

Angenommen, Sie bewerben sich um eine Stellung. Treten Sie sicher auf, wirken Sie sympathisch, ist Ihre Sprache beherrscht und beseelt, wird das richtige Wort zur rechten Zeit gesagt, fassen Sie den Menschen, mit dem Sie verhandeln, von der richtigen Seite an. Kurzum: Sind Sie in Ihrem Wesen so, daß Sie als brauchbarer Mitarbeiter wirken, dann kann der Erfolg nicht ausbleiben. Umgekehrt kommt ebenso selbstverständlich der Mißerfolg: Wenn Sie mit Hemmungen belastet sind, wenn Sie sich schüchtern und unsicher benehmen, nicht wissen, was Sie wollen usw. Das alles ist aber nicht das Ergebnis eines bewußten sondern eines unbewußten Verhaltens.

Denken Sie einmal weiter in diesem Sinne: Behandeln Sie Ihren Körper richtig, antwortet Ihnen Ihr Körper mit guter Gesundheit. Wenn Sie ihn gesund ernähren, ihm genügend Sauerstoff geben, dafür sorgen, daß zwischen Arbeit und Ruhe der richtige Ausgleich herrscht und der Organismus genügend Schlaf bekommt, dann haben Sie als Ergebnis eine tadellose Funktion aller Organe, bestes Wohlbefinden und größte Leistungsfähigkeit. Machen Sie es falsch, antwortet der Körper mit Mißerfolg und Störungen der Nerven, des Herzens, des Magens und des Stoffwechsels usw. Das ist absolut natürlich, und die Wirkung dieses negativen Verhaltens.

Richtigmachen = Erfolg, Falschmachen = Mißerfolg!

Weitere Beispiele: Sie haben ein Kind zu erziehen. Behandeln Sie es richtig, wird es ein positiver Mensch. In diesem Fall werden Sie dafür sorgen, daß das Kind zum Beispiel nicht verweichlicht wird, zwar seinen Willen bekommt, jedoch nicht über die Stränge schlägt und daß Sie es zielbewußt auf die Dinge lenken, auf die es in einem positiven Leben ankommt, indem Sie das Kind nicht verzärteln, nicht verwöhnen, nicht eingebildet und nicht selbstüberheblich machen. Wiederum: Richtigmachen = Erfolg, Falschmachen = Mißerfolg!

Genauso ist es mit dem Geschäftserfolg: Behandeln Sie Ihre Kunden richtig, sind Sie entgegenkommend, treiben Sie ehrlichen Kundendienst, indem Sie das Wohl der Kundschaft in den Vordergrund stellen, indem Sie sich so verhalten, daß der Kunde Freude durch Sie hat, dann wird zwangsläufig der Kundenkreis größer werden, und Ihr Ansehen wächst. Sind Sie jedoch engherzig, kleinlich und nur auf den eigenen Vorteil bedacht und glauben, Sie hätten es nicht nötig, freundlich und entgegenkommend zu sein, dann wird man Ihnen den Rücken kehren. Auch hier wieder: Richtigmachen = Erfolg, Falschmachen = Mißerfolg!

Oder Sie haben eine nette Frau oder könnten sie haben. Auch hier heißt es: Richtigmachen = Erfolg, Falschmachen = Mißerfolg! Achtung und Verständnis machen den Weg frei, um auch hier zum Ziel zu kommen, während das gegenteilige Verhalten zwangsläufig zur unglücklichen Ehe und zur Zerstörung der Zuneigung führt.

Auch die Frau muß es natürlich richtig machen. Niemals sollte sie ihren Mann wie einen Schwächling behandeln, niemals in ihm den Versorger sehen, weil sie mit ihm verheiratet ist.

Sie sollte immer wissen, daß sie dem gemeinsamen Leben der Ehe und der Familie ebenso verpflichtet ist wie der Mann. Auch folgendes ist wichtig zur Verwirklichung unserer Erfolgsformel: Die Frau sollte nicht nur dem äußeren Menschen dienen, sondern auch der Seele des Mannes, indem sie seine beruflichen Anstrengungen würdigt und nicht gleich aus der Haut fährt, wenn er einmal nervös ist, und Sie sollte auch für seine Liebhabereien Verständnis haben, geistig und seelisch mit ihm gehen und ihn zu verstehen suchen. Wiederum: Richtigmachen = Erfolg, Falschmachen = Mißerfolg!

Immer, wenn diese Erfolgsformel beachtet wird, erfüllen wir die Voraussetzungen des Erfolges, senken wir in die fruchtbare Erde des Möglichen den Keim zu positiven Wirkungen. Das ist auf allen Gebieten menschlicher Wirksamkeit so: Im praktischen Leben, wie auch auf allen Gebieten der Kunst, der Wissenschaft usw. Gerade die Wissenschaft liefert uns laufend Beweise für die Richtigkeit dieser Weisheit. Wenn der Chemiker die Elemente richtig mischt, unter den richtigen Bedingungen zusammenbringt, dann muß die erwartete Wirkung gesetzmäßig eintreten. Macht er es falsch, muß ebenso zwangsläufig Mißerfolg das Ergebnis sein. Das ist kein Zufall, sondern natürliche Gegebenheit. Wie es in der Wissenschaft in diesem Sinne keinen Zufall gibt, so gibt es ihn auch sonst nicht, wenn man von der Kunst des richtigen Verhaltens und der Beachtung der Zusammenhänge ausgeht.

So verhält es sich auch bei der Einstellung zu uns selbst. Wir allein haben uns zu einem tatenlosen Schwachkopf erzogen, wenn wir es sind. Nur wir allein sind daran schuld, wenn wir bis heute nichts leisten konnten, andere mehr leisten als wir, weil wir uns falsch behandeln. Wir haben in uns Hemmungen großgezüchtet und sind selbst die Ursache unserer Fehlschläge in geschäftlicher und beruflicher Hinsicht, mag auch in den Verhältnissen und Umständen noch eine andere Ursache zu finden sein. Hauptursache ist der Mensch immer selber, soweit wir normale, gesunde Menschen sind. Darum ist auch der Mensch der größte Feind seines Erfolges.

Aber hier zeigt sich schon die Bedeutung unserer Einstellung. Man muß das einsehen, man darf sich vor dieser Einsicht nicht drücken, man muß diese Tatsache bedingungslos zugeben; denn nur dadurch besteht die Möglichkeit, daß es in Zukunft anders wird, daß man aus den Mißerfolgen der Vergangenheit lernt, um zu einem positiven Leben zu kommen. Deshalb fängt alles Gute mit der Einsicht an. Richtige Selbstbehandlung wurzelt immer in der Einsicht. Das ist auch bei unseren Mitmenschen so. Nur den Menschen können wir zu einem erfolgreichen Leben führen, den wir zur Einsicht bringen können. Wenn jemand so verbohrt und verknöchert ist, daß er nicht einsehen will oder nicht einsehen kann, dann können wir mit ihm beim besten Willen nichts anfangen.

Darum muß man im Streben nach Erfolg vor allem grundehrlich sein und sich zunächst einmal genau erforschen und analysieren. Man wird nur dann die richtige Analyse stellen, wenn man zu folgender Erkenntnis kommt: Ich bin die Hauptursache meines Mißerfolges und meines Versagens, ich, jawohl, ich ganz allein. Ich selber bin daran schuld, wenn ich leidend bin, wenn meine Ehe in die Brüche gegangen ist, wenn meine Kinder nichts taugen. Ich bin die Hauptursache, wenn mein Geschäft brachliegt und auf den Hund gekommen ist. Ich bin die Ursache, wenn ich die deutsche Sprache nicht richtig beherrsche und auf vielen Gebieten nur halbe Leistungen zustande bringe. Ich, ich und immer wieder nur ich bin die Hauptursache.

Selbstverständlich gibt es auch Nebenursachen. Je mehr wir aber das Schwergewicht verschieben – und wir tun das sehr gerne – je mehr wir Ausflüchte suchen und uns zu drücken versuchen, umso mehr laufen wir Gefahr, daß wir dann nie zu einer richtigen Lebensmeisterung kommen.

Wie aber will man diese Einsicht erlangen wenn man nicht beachtet, was ich über die Überwindung der Selbstsucht gesagt habe? Solange man auf einem hohen Roß sitzt, solange man nicht abläßt von seiner ichsüchtigen Einstellung, solange ist auch an wahre Einsicht nicht zu denken; denn wahre Einsicht kennt keine Entschuldigungen, sondern nur das bedingungslose Zugeben der Wahrheit.

2.2 Wie man sein Gehirn unter Kontrolle bekommt

Die Kunst, im Leben erfolgreich zu sein, ist zuletzt nur eine Kunst des Gehirns. Die Hände spielen auf dem Klavier so, wie sich im Gehirn des Pianisten die Vorgänge des Spiels schalten. Nicht die Hände sind der Pianist, sondern die seelische Künstlerschaft und die geistige Befähigung. Selbst ein Paganini müßte versagen, wenn das Gehirn nicht mehr wollte. Wenn Sie ein noch so großes Genie sind und Ihnen platzt eine Ader im Gehirn, wodurch bestimmte Schaltungen des Könnens nicht mehr möglich sind, nützen die geschicktesten Hände nichts mehr, können Sie, auch wenn Sie ein ganz großer Maler waren, nicht einen einzigen Pinselstrich mehr richtig setzen.

Das erste ist also, klar zu erkennen, daß die Kunst des Erfolges vom Gehirn ausgeht. Sie können Reichtümer verdienen, ohne daß Sie auch nur eine Hand rühren. Aber »Köpfchen« müssen Sie haben, wie der Volksmund sagt. Das ist das Geheimnis. Was heißt das: Daß vom Gehirn aus der Strom des Erfolges in die Welt geht, und daß allein vom Gehirn aus das Problem der Organisation des Erfolges und damit auch des Lebensglücks gelöst wird. Die Hände sind unerläßlich; keiner streitet das ab. Wir wissen ganz genau, daß wir die Arme überall brauchen, doch: »Wo rohe Kräfte sinnlos walten, da kann sich kein Gebild gestalten.« Und viel zu viele rohe Kräfte handeln in unserem Ich. Die Kunst, aus dem Leben ein Meisterwerk zu machen, besteht darin, aus dem unkontrollierten Arbeiten der seelischen und geistigen Kräfte in uns – und damit auch aller körperlichen

Äußerungen und Wirkungen – eine bewußt positive Arbeits- und Wirkungsweise zu machen.

Ich wiederhole diesen wichtigen Satz: Die Kunst, aus dem Leben ein Meisterwerk zu machen, besteht darin, aus dem unkontrollierten Arbeiten der seelischen und geistigen Kräfte in uns – und damit auch aller körperlichen Äußerungen und Wirkungen – eine bewußt positive Arbeits- und Wirkungsweise zu machen.

In größter Ruhe und Sicherheit sollen Sie den Erfolg erringen lernen, nicht aber, indem Sie eine große Geschäftigkeit an den Tag legen, die – bei Licht besehen – doch nur hinterher hinkt, wenn wirklich Großes geleistet werden soll. Ich frage die Hausfrau: Wer ist wohl die tüchtigste im Haushalt: Diejenige, die auch noch abends die Schürze umgebunden hat, wenn der Mann von der Arbeit nach Hause kommt, weil sie einfach nicht fertig wird mit ihrer vielen Arbeit, obwohl sie den ganzen Tag über fleißig ist, oder die andere, die schon am frühen Nachmittag alle Zimmer in Ordnung und das Essen fertig hat, weil sie nicht nur fleißig ist, sondern alles vorher plant, was geschehen und getan werden muß. Mit einer klugen Küchenkartei zum Beispiel, wodurch die Frage nach dem ewigen »Was koche ich heute« auf ein Minimum an Zeit- und Kraftaufwand beschränkt wird.

Man meint immer, Lebenskunst und Erfolgstechnik sei eine Sache, die nur den berufstätigen Mann angehe. Aber auch auf die Hausfrau bezieht sie sich. Denken Sie daran, wie schön sich das Leben einrichten läßt, wenn die Hausarbeit nach den Grundsätzen einer vernünftigen Lebensführung organisiert wird. Eine Frau, die denkt, kann sich viel Arbeit und Mühe ersparen und braucht auch nicht Tag für Tag viele Kilometer nutzlos durch die Wohnung zu rennen, weil sie die Arbeit nicht richtig einteilt, die Reihenfolge der einzelnen Arbeiten nicht richtig gestaltet und dadurch höchst unrationell arbeitet und dauernd wertvolle Kräfte verschwendet. Der Haushalt und der Küchenbetrieb können genauso organisiert werden wie ein gutgeleiteter Büro- und Geschäftsbetrieb. Aber denken muß man, nachdenken. Das ist das Geheimnis.

Drei Stunden am Tag hätte die Hausfrau dadurch Zeit für alles mögliche: Für Besuche, für Bekannte, aber auch für die Weiterbildung ihres Geistes. Der Mann sehnt sich doch danach, mit der eigenen Frau zu reden, damit er es nicht nötig hat, wegen seiner geistigen Interessen allein außer Haus zu gehen.

Nicht der Geschäftsmann ist der tüchtigere, der von morgens bis abends in seinem Büro herumwirtschaftet, sich mit abquält Kleinkram, den gut andere für ihn erledigen könnten, sondern der, der sich täglich eine Stunde oder zwei Stunden in Ruhe hinsetzen und über die Organisation seines Geschäftes nachdenken kann, der nicht die Dinge laufen läßt, wie schon der Großvater sie laufen ließ, der nicht sagt: »Es ist schon immer so gegangen, und es geht auch weiter so«, sondern der fortschrittlich denkt und diesen fortschrittlichen Geist bewußt zu verwirklichen sucht.

Gehirnkraft ist das Ergebnis richtiger Selbstbehandlung. Der Mensch hat gewaltige Kräfte in seinem Gehirn. Blicken Sie um sich. Überall sehen Sie, was das Gehirn geschaffen hat: Die ganze Kultur, die gesamte Zivilisation ist eine Frucht des Gehirns. Oder sind die großen Maschinen und die riesigen Industrien etwa entstanden, weil man nur mit den Händen gearbeitet hat? Nein, zuerst mußte der Geist die Grundlage schaffen, zuerst plante der Ingenieur, zuerst dachte der Wissenschaftler und entdeckte die Wege, dann erst ergab sich die Möglichkeit, durch der Hände Werk in die Tat umzusetzen, was der Geist als Idee ins Leben stellte. Gewiß braucht man die Hand, aber die Führung, die Leitung durch den Kopf ist entscheidend. Alle diese Erkenntnisse beziehen sich ebenso auf die richtige Organisation unseres eigenen Ichs, auf die rationelle Verwendung der eigenen Kraft.

Nochmals: Die Ursache der Leistungsfähigkeit des Gehirns ist die richtige Selbstbehandlung.

Also die Behandlung unseres eigenen Ichs, die sich aber nicht darin erschöpfen soll, daß man sich nur körperlich pflegt, sich gut rasiert, die Haare sorgfältig kämmt, die Fingernägel tadellos maniküri und überhaupt nur auf seinen äußeren Menschen besonders Wert legt, obwohl das auch notwendig ist. Denn, wenn man keinen Gefallen an sich selber hat, wird auch der geistige Apparat nicht in die Hochspannung gebracht, mit der man etwas Besonderes zu leisten imstande ist. Wir treten viel sicherer auf, wenn wir einen guten Anzug anhaben, wenn wir gut aussehen. Unsere Wirkung ist dann viel positiver.

Wie viele Hemmungen hat zum Beispiel ein Mensch mit schlechten Zähnen. Wenn der äußere Mensch angenehm und gepflegt wirkt, geht alles sofort viel einfacher und leichter, dann können viele Hemmungen überhaupt nicht aufkommen, die sonst kaum vermeidbar sind. Erreicht werden kann das alles durch richtige Selbstbehandlung, ganz abgesehen von der Tatsache, daß ein gepflegtes Äußeres eine kulturelle Forderung ist. Es wäre unangenehm für uns alle, in einer Welt zu leben, die auf äußere Dinge keinen Wert legt. Darum gibt es schöne Kleider, darum gibt es Friseure, darum gibt es Zahnärzte. Das ist kein Luxus, das ist Kultur, und dadurch unterscheiden wir uns vom Tier, das primitiv dahinlebt und nur für das Animalische Sinn hat.

Wir wollen nicht übertreiben, aber es gibt bestimmte Punkte der Körper- und Schönheitspflege, die unbedingt beachtet werden müssen, sofern wir Wert darauf legen, ein glückliches Leben zu führen. Wenn die Frau ihren Mann gern ohne Bart mag, ihn besonders liebt, wenn er glatt rasiert ist und ihr das viel sympathischer ist, dann erfüllt man ihr diesen Wunsch. Sagen Sie nicht: »Meine liebe Frau, du mußt mich lieben, auch wenn ich einen Bart habe«.

Gewiß, die Frau tut das auch, und sie pflegt und liebt Sie auch, wenn Sie krank werden und vielleicht ein Leiden bekommen, das unangenehm auf die Sinnesorgane wirkt. Sie wird sich bestimmt überwinden und trotzdem zu Ihnen stehen. Doch solange Sie gesund sind, kann sie von Ihnen verlangen, daß Sie ihr auch körperlich sympathisch sind.

Doch auch der Mann wünscht sich das. Die Frau soll nicht meinen, wenn sie verheiratet ist: Na ja, wir sind schließlich ein Herz und eine Seele. Auch körperlich will sich der Mann gern mit Ihnen eins fühlen, und dabei wirkt es unangenehm, wenn etwas an Ihnen ist, was sein Empfinden stört, und was er bei seiner Geliebten früher nicht gekannt hat.

Wissen Sie übrigens, daß es in den USA sogenannte seelische Grausamkeit als Scheidungsgrund gibt? Seelische Grausamkeit liegt vor, wenn in der Ehe ein Partner physische oder psychische Eigenheiten entwickelt, die der anderen Seite nicht zugemutet werden können. So zum Beispiel, wenn er in seinem körperlichen, geistigen oder seelischen Verhalten unästhetisch oder gewöhnlich wird. Damit wird gezeigt, daß eine Ehe durchaus nicht die Berechtigung gibt, sich dem Partner gegenüber völlig gehen zu lassen und nur der eigenen Natur zu leben, auch wenn man sonst kein direktes Vergehen gegen die eheliche Gemeinschaft begeht. Außerdem lebt es sich angenehmer, wenn man gerade diese Punkte des persönlichen Erfolges beachtet. Man sitzt zum Beispiel viel lieber mit einem Menschen zusammen, der anständig essen kann, als mit jemandem, der mit dem Messer ißt und bei dem man jeden Augenblick Angst hat, daß er sich in die Lippen schneidet.

Es gibt einige Dinge, die das Leben erst menschenwürdig machen, zum Beispiel unsere Sprache. Wenn jemand daherwalzt, als habe er von der Schönheit guten Sprechens überhaupt keine Ahnung, dann ist es für einen empfindlichen Menschen unmöglich, auf die Dauer mit einem solchen

Partner zusammen zu sein. Das zieht ihn weg, es entsteht eine Kluft. Das hat nichts zu tun mit der Mundart, die genauso sympathisch sein kann wie gepflegtes Hochdeutsch. Etwas ganz anderes ist gemeint: Das Häßliche, das Gewöhnliche, das Ordinäre, der Gebrauch von Wörtern und Wendungen, die verzerren und herabziehen. Wir aber müssen natürlich immer an die Hauptsache denken: Wir sind nicht in der Lage, bei uns selber einen Erfolg zu erzielen, wenn wir das Gesetz von Ursache und Wirkung bzw. unsere Erfolgsformel nicht auch auf das Funktionieren unserer Geistesmaschine anwenden.

Ich sagte Ihnen, daß man nur mit seinem Kopf Erfolg erzielen kann. Wenn Sie sich selber richtig behandeln, so kommt es nicht nur darauf an, daß Sie sich körperlich richtig behandeln, sondern auch seelisch und geistig.

So wie wir uns durch stoffliche Dinge, durch bestimmte Nahrungsmittel beeinflussen, die wir in den Magen stopfen, können wir uns auch in seelischer und geistiger Hinsicht vergiften oder aber gesund machen. Aus diesem Grund ist die Selbstbehandlung nicht nur auf den Körper anzuwenden, sondern auch auf die Seele und den Geist.

Was Sie während des Tages Ihrem Gemüt, Ihrem Gefühl und Ihrem Geist zu futtern geben – um ganz deutlich zu sprechen – entscheidet über die Stimmung, in der Sie leben, entscheidet darüber, wie Sie in 14 Tagen oder in einem halben Jahr psychisch beschaffen sein werden. Ernähren Sie Ihre Seele mit positiven Gedanken, mit freudigen, liebevollen Gedanken, wird sich Ihr Gesicht entsprechend verändern, Ihr Auge wird einen anderen Ausdruck bekommen, und Ihr ganzes Befinden wird positiver werden.

Es ist wahr, wir sind nicht nur in körperlicher Hinsicht das Resultat unserer Ernährung, sondern auch in seelischer und geistiger Hinsicht. Nur, weil wir Seele und Geist nicht sehen, beachten die törichten Menschen diese Tatsache nicht. Es stimmt, was der Volksmund sagt: »Würde

Dummheit Schmerzen bereiten, würde es vor lauter Weh-klagen nicht mehr auszuhalten sein in der Welt.« Leider tut Dummheit aber nicht weh, und darum denkt man auch nicht an eine Änderung dieser so wichtigen Sache.

Es ist bekannt, daß man durch schlechten Umgang verro-hen kann. Umgekehrt wird man durch guten Umgang geistig und seelisch hochgezogen und veredelt. Jeder weiß, wie stark der Einfluß der Umwelt auf unsere innere Verfas-sung ist. Wenn wir uns bereitfinden, die Gesetze des Auf-baus nicht nur für unseren Körper gelten zu lassen, sondern auch für unseren Geist und unsere Seele, dann haben wir bereits das Grundgeheimnis positiver Selbstbehandlung und Selbstbeeinflussung erkannt.

Wir haben gesehen, daß wir unseren Körper dauernd biologisch beeinflussen durch unsere Ernährung. Das steht wissenschaftlich fest. Durch winzige Spuren von Hormon-sekret ist man in der Lage, größte Veränderungen in den Organen hervorzurufen.

Genauso, wie wir den Körper beeinflussen können, sind wir auch in der Lage, die Struktur unseres Geistes und das Schwingen unserer Seele weitgehend zu beeinflussen. Wenn Sie nur Einmaleinsbücher lesen, dann haben Sie sehr bald Einmalseinsträume und auch eine Einmaleinsgesinnung und -auffassung des Lebens, denn Sie ernähren ja Ihre Seele dauernd mit Einmaleinsgeschichten. Lesen Sie stattdessen Bücher, die größere Anforderungen an Ihr Denken stellen und eine gehobene Bildungsstufe vertreten, so hören die Einmaleinsträume auf. Langsam beginnt eine Wandlung Platz zu ergreifen, und ein anderer Mensch entsteht.

Wir sind also zu einem großen Teil das Produkt unserer Ernährung in geistiger und seelischer wie in körperlicher Hinsicht. Daß sich jede Entwicklung und Veränderung in dem durch Erbmasse gegebenen Rahmen hält – wir verste-hen darunter die Grenzen des Wesens, das große Schicksal – gilt bei diesen Überlegungen als selbstverständlich, und jede mögliche Änderung wird darum unter Berücksichtigung der naturbedingten Grenzen gesehen.

2.3 Wie Gedanken zu Kräften werden

Hierzu ist jedoch hervorzuheben, daß die Erbmasse jedes hirngesunden Menschen einen viel größeren Spielraum läßt, als im allgemeinen angenommen wird. Weit über hunderttausend Menschen aller Kreise lernte ich in meiner über vierzigjährigen Praxis persönlich in meinen Lehrkursen kennen. Fast alle machten innerhalb weniger Wochen eine auffallende Wandlung zum Positiven durch, und nur ein verhältnismäßig kleiner Teil dieser Kursbesucher blieb unbeeindruckt, ließ sich nicht aus dem alten Gleis bringen. Grundsätzlich glaubte jedoch die Mehrzahl der Teilnehmer nicht im voraus an diese Wandlung.

Eines allerdings ist notwendig, um den Durchschnittsmenschen aus seiner negativen Haltung herauszubringen: Man muß es verstehen, das Interesse an diesen Gedankengängen zu wecken. Je nach den vorausgegangenen Einflüssen des Lebens sind dazu mehr oder weniger drastische Mittel nötig. Man muß wissen, zu welchen Menschen man spricht, denn danach sind die Mittel der Beeinflussung zu wählen. Da ein Großteil der Menschen infolge mangelnder positiver Einflüsse im bisherigen Leben nur schwer anspricht, bevor die ersten Äußerungen höheren Erkennens möglich werden, glaubt man, daß eine Beeindruckung und damit eine Entwicklung einfacher Menschen überhaupt nicht möglich sei.

Doch weiter im Thema. Wenn zwei Menschen zusammenleben, wird in der Regel immer einer den anderen beeinflussen. Der Einfluß ist entscheidend, der vom Stärkeren ausgeht. Wie weit dieser Einfluß geht, kann man an älteren Ehepaaren erkennen. Diese Ehepaare werden oft so

58

eins, so ähnlich im Lauf der Jahre, daß man ganz deutlich merkt, daß die beiden langsam über einen Leisten gezogen wurden. Sie zogen sich selber über den Leisten, weil sie sich fortgesetzt gegenseitig beeinflußten. Wir alle sind geneigt, mehr oder weniger Nachahmer zu sein. Wir wollen es denen gleich tun, die es besser können als wir.

Wenn wir aber nun wissen, daß der Einfluß so entscheidend ist, und wenn dabei die Gedankenkraft von so ungeheurer Bedeutung ist, wenn wir wissen, daß unser dauerndes Denken unseren seelisch-geistigen Organismus aufbaut, dann ist es doch nur klug, wenn wir unsere Aufmerksamkeit diesen Vorgängen schenken.

Ich habe schon davon gesprochen, daß die Lebenserwartung des Menschen unserer Zeit bereits 70 Jahre beträgt, und ich habe auch erklärt, daß dies nicht nur durch äußere Einflüsse herrührt, sondern auch aus dem Willen zu einer vernünftigen Lebensführung. Weil wir die Gesetze der Körpervorgänge besser beachten lernten, erzielen wir eine größere Lebenserwartung. Wenn wir nun diesen Willen ausdehnen auf unsere Seele und unseren Geist und uns darin genauso überwachen wie in unserer Ernährung, dann muß es zwangsläufig auch mit unserem inneren Menschen bergauf gehen.

Das bedeutet aber, daß man jenes Maß an Selbsterkenntnis besitzt, das in diesen Dingen zur Einsicht führt, daß man diese Gesetzmäßigkeiten bejaht, daß einem diese Ausführungen nicht nur schöne Worte sind, daß man also wirklich und mit vollem Ernst sich diese Erkenntnisse zu eigen macht und nach ihnen das eigene Leben zu gestalten sucht.

Das ist eine Erkenntnis von umwälzender Bedeutung für uns alle. Es erwächst also im Lauf der Jahre ein ganz bestimmter geistiger und seelischer Mensch. Das ist auch der Grund, warum man vielerorts in der Welt junge Menschen in einem bestimmten Geist erzieht, weil man weiß, daß man nur dann von ihnen etwas erwarten kann. Es wäre nicht möglich, durch das Beispiel auf einen jungen Menschen einzuwirken und ihn dadurch zu formen, gäbe es nicht diese Gesetzmäßigkeiten. Das ist eine grundlegende Erkenntnis, mit der jeder pädagogisch Tätige rechnen und auf der er ganz konsequent aufbauen muß, soll ihm sein Erziehungswerk gelingen. Von gleich großer Bedeutung sind diese Einsichten in das Getriebe des inneren Mechanismus für jeden Vorgesetzten und alle Leiter von Betrieben und Ämtern. Nur dann ist an ein ersprießliches Ergebnis in der Zusammenarbeit zu denken, nun dann kommt man mit seinen Mitarbeitern gut aus, wenn man diese Erkenntnis zum Ausgangspunkt seines Verhaltens macht.

Der Merksatz hierfür lautet: Behandle Deine Mitarbeiter richtig, und sie gehen mit Dir durch Dick und Dünn; behandle sie nicht richtig, also falsch, dann werden sie nur bloße Arbeiter und Angestellte sein. Mancher Chef hat schon einen Mitarbeiter für untüchtig erklärt, während ein anderer den gleichen Menschen nicht genug loben konnte. Ursache ist immer nur die Fähigkeit oder Unfähigkeit in der Menschenbehandlung. Man muß die Seele des Menschen verstehen. Man muß wissen, wie es in seinem Inneren aufgrund der herrschenden Gesetzmäßigkeiten schaltet.

Wir müssen also einsehen, daß es sich hier um Gesetze handelt, die wir unbedingt beachten müssen, wenn wir mit Menschen und Umständen erfolgreich fertigwerden wollen.

Hier liegt der Kardinalpunkt, der uns Meisterschaft verleiht über das Leben. Wir sind nicht vom Schicksal dazu verurteilt, eine Null oder ein fünftes Rad am Wagen zu sein. Das Wollen des Menschen ist weitgehend frei. Wäre es nicht so, stünde die ganze Schöpfung auf dem Kopf, wäre Gott niemals der liebende Gott, an den wir glauben, und wir selber wären keine Menschen, sondern Marionetten. Also ist es ein Gesetz, daß es eine geistige und seelische Ernährung ebenso gibt wie eine Ernährung des Körpers. Ist das klar, so ist auch der Sinn bzw. das Prinzip einer richtigen Selbstbehandlung klar. Denn wenn wir feststellen, daß durch negatives Denken, durch das Denken von Angstgedanken, durch das Denken selbstsüchtiger und disharmonischer Gedanken usw. ein Geist und eine Seele aufgebaut werden, die krank sind und unfrei, dann gibt es nur eine Konsequenz: Die geistig-seelische Ernährung umstellen! Zum Beispiel nicht mehr denken, daß ein schlimmes Schicksal auf uns wartet, etwas schiefgehen könnte, wir Gefahr laufen, um irgendwelcher nichtiger Dinge willen krank zu werden, daß wir uns überarbeiten, wenn wir uns einmal anstrengen, daß wir uns kaputtmachen, wenn wir uns einmal mehr zumuten, als die Regel es vorschreibt usw., daß wir also nicht mehr an das denken, was mit Angst, Furcht, Hemmungen, Schwächen, aber auch mit Neid, Gehässigkeit, Eifersucht oder Falschheit zusammenhängt.

Umstellen, umschalten, den Hebel umschalten! Den Hebel des Denkens auf die andere Seite legen, wie den Hebel einer Weiche, damit der Zug des Denkens in positiver Richtung seinen Weg nimmt.

Wenn wir uns nun in diesem Geist einstellen und unser ganzes Leben auf eine positive Ebene bringen, dann fallen auch alle Hemmungen von uns ab, dann muß als gesetzmäßiges Ergebnis der dadurch bewirkten richtigen Ernährung unserer Seele ein positiver Mensch in uns wachsen. Genau das gleiche erleben wir auf den Wirkungsgebieten unseres geistigen Menschen, auf den Gebieten unserer Tatkraft und unseres Könnens. Wie können wir von uns erwarten, daß wir vorwärts kommen, beruflich Bestes leisten, eine tüchtige Persönlichkeit werden, wenn uns dauernd Vorstellungen unserer Unfähigkeit oder Mittelmäßigkeit oder des Nichtkönnens und anderer Schwächen belasten.

Gedanken sind Kräfte! Nur, wenn wir an uns glauben, nur, wenn wir Tag für Tag in dem Gefühl leben, daß auch in uns starke Kräfte wohnen, sind die seelischen Voraussetzungen erfüllt, um große Leistungen zustande zu bringen. Nur, wenn wir stark werden im gläubigen Bejahen unserer inneren Werte, gehen wir freudig und zuversichtlich an unsere Entfaltung heran. Glauben müssen wir an das, was wir wollen; an das eigene Können unentwegt glauben und in diesem Glauben streben und handeln. Keiner denkt daran, an sich zu arbeiten, wenn wir im voraus wissen, daß wir doch nichts erreichen. Wenn wir aber glauben, dann handeln wir auch, und wir tun das um so kraftvoller, um so konzentrierter, je stärker der Glaube ist. Das aber ist dann das Ergebnis der andauernden zielbewußten Selbstbeeinflussung, der fortdauernden positiven Ernährung unserer Seele. Glauben wir nicht an uns, dann unternehmen wir nichts, und wenn wir nichts unternehmen, dann geschieht nichts. Darum geht der positiven Tat immer das positive Denken voraus, aber nicht das einmalige, aus Laune, aus Freude an einer augenblicklichen Stimmung, sondern das planmäßig durchgeführte, andauernde positive Denken. Man muß seinen ganzen Tagesablauf, seine ganze Lebensführung auf diese Tatsache einstellen, muß über den Ablauf eines jeden Tages ein Tagebuch führen und seine Erfolgsplanungen schriftlich fixieren.

Ob wir wirklich positiv schalten, beweist unter anderem unser Verhalten negativen Mitmenschen gegenüber. Sagt einer: »Ach, mir geht es miserabel«, so erwidern wir nicht: »Ach, mir auch«, sondern lachen ihm ins Gesicht und sagen: »Kopf hoch, hab' Vertrauen, hab' Mut, hab' Glauben, daß es bald wieder besser wird.«

Was wird nicht alles geredet und geschrieben in der Welt an negativen Dingen in Gesprächen, in Zeitungen, in Versammlungen. Fortgesetzt versuchen tausende Menschen die geistige Atmosphäre zu vergiften und die Menschen krank und mutlos zu reden und zu schreiben. Warum diese falsche Ernährung des Geistes und der Seele? Glauben muß man haben, daß alles gut geht, alles Schwere bald wieder vorübergeht. Glauben an die Macht des Guten.

Kommt ein unabwendbares, großes Schicksal, eine schwere Krankheit, der Tod eines lieben Menschen oder schlimme Naturereignisse oder was sonst an Großunglücken auf die Menschheit lauert, dann muß man erst recht glauben. Glauben, daß man dennoch besteht, dennoch überlebt, dennoch auf den Beinen bleibt. Unserem großen Schicksal werden wir zwar schwer entkommen, aber am allerwenigsten dann, wenn wir Angst haben und mutlos werden. Apropos Mut: Mit Recht sagt der Volksmund: »Dem Mutigen gehört die Welt.« Das gilt in Unglückslagen ebenso wie bei der Meisterung des Daseins. Nur, wer den Mut hat, Brücken hinter sich abzubrechen und sich zu einer großen Idee bekennt, der hat die Chance, Bedeutendes zu schaffen. Nie aber jemand, dem ewig die Angst im Nacken sitzt und der immer nur auf Nummer Sicher baut.

Angst ist eine negative Macht. Sie macht uns krank in vielen Fällen, in denen wir absolut nicht krank zu sein brauchten. Der »liebe Augustin« fiel während der Pestzeit in Wien in einen Haufen Pesttoter und schlief dort seinen Rausch aus, ohne daß er sich ansteckte. Angst kann urplötzlich unser Herz zum Stehen bringen, ganz abgesehen von den vielen Hemmungen und Komplexen, die allein aus der Befürchtung – also aus der Angst – entstehen. Man hat Angst beim Reden, daß man stecken bleibt, und schon sitzt man fest. Man hat Angst, daß man sich erkältet; und schon beginnt das Niesen. Man hat Angst, man könnte sich in einer Sache blamieren; und schon blamiert man sich.

Angst ist der Nährboden negativer Vorstellungen. Ich wiederhole: Angst ist der Nährboden negativer Vorstellungen. Angst macht erbärmlich, Angst macht unglücklich, Angst macht schwach und unfähig. Schon Schiller sagte: »Wenn wir den Menschen die Angst und die Furcht nehmen könnten, so könnten wir sie zu halben Göttern machen.«

Stellen Sie sich vor, was man allein durch die Verwirklichung dieses Satzes erreichen kann. Noch ein Wort Schillers, das hierzu besonders gut paßt. »Setzest du nicht dein Leben ein, nie wird das Leben gewonnen sein.« Das gilt nicht nur in religiöser Hinsicht, das gilt überall in einem meisterlichen Leben. Es muß alles im Dasein bezahlt werden, es hat alles seinen Preis. Ebenso wenig wie Faulheit und Erfolg vereinbar sind, ebenso wenig lassen sich auch Angst und Mut vereinen. Das schließt nicht aus, daß auch der Mutigste Angst haben kann. Aber dann siegt eben der Mut und nicht die Angst.

Doch wieder zurück zu unserem Thema. Es kommt also auf die Ernährung unseres Geistes und unserer Seele an. Wir müssen aber die großen Gesetzmäßigkeiten, die hierbei wirken, nicht nur bejahen, nicht nur einsehen, daß es so ist, wie es diese Gesetzmäßigkeiten lehren, sondern wir sind die Produkte dieser Kräftewirkungen, weil wir alle durch negatives oder positives Denken das aus uns gemacht haben, was wir heute sind. Wir müssen also diese Kräftewirkungen nicht nur bejahen, sondern zugleich müssen wir diese Kräfte vor unseren Lebenswagen spannen. Tun wir das, dann führen uns diese Kräfte aufwärts, den Sternen zu. Es ist so: Was wir denken, was uns gedanklich über unser Gefühl beherrscht, macht uns klein oder groß, krank oder gesund, stark in der Leistungsfähigkeit oder schwach und auch glücklich oder unglücklich.

Der Begriff Mensch kommt aus dem Griechischen und heißt Denker. Wir sind allein deshalb Menschen, weil wir denken können. Aber die Denkkraft ist nicht nur eine intellektuelle, sondern auch eine seelische Macht. Wenn Bilder und Vorstellungen im Bereich unserer Seele Macht gewinnen, dann werden diese Bilder und Vorstellungen, diese Gedanken zu Wesen, die völlig selbsttätig eine Beeinflussung unserer Nerven und Organe erzeugen.

Gedanken sind Kräfte! Gautama Buddha hatte recht,

wenn er das schon vor 2500 Jahren behauptete. Wie anders sollte uns sonst auch die in den Nerven, Gehirnen, Organen und Zellen steuernde Kraft beeinflussen können, wenn nicht durch die Medien des Bewußtseins und Unterbewußtseins, also durch die Impulse dessen, was wir »*Denken*« nennen. Das umfaßt aber nicht nur unser erkennendes Denken, sondern ebenso unser Gefühl.

Aus allem ergibt sich, daß wir lernen müssen, während des ganzen Tages positiv zu schalten. Das geschieht, indem wir eine bejahende Haltung zum Leben einnehmen und uns dazu systematisch im positiven Denken trainieren; also kraftvolle, positive Leitbilder und Leitsuggestionen immer wieder von neuem in unserem Innern aufleuchten lassen.

Wir sprachen von der seelisch-geistigen Ernährung, analog zu der Ernährung unseres Körpers. Alles, was an mentalen Urbildern in uns aufleuchtet und in uns lebendig wird, ist Nahrung in diesem Sinne. Alles, was in den Milliarden Gehirnzellen hunderttausendfach hin- und herzuckt als bioelektrischer Strom, als Reflexe unseres Denkens, ist Aufbaunahrung unseres Geistes, des Charakters, der Persönlichkeit, sofern es positiv ist. Es ist aber Gift, wenn Furcht oder Selbstsucht das Denken steuern.

Wollen wir uns selber in die Hand bekommen, wollen wir ernsthaft aus unserem Leben ein Meisterwerk machen, dann müssen wir diese Gesetzmäßigkeiten zum Ausgangspunkt aller unserer Planungen und Handlungen machen. Nur dann ist unsere Selbstbehandlung positiv, nur dann hören die geheimen Fehler auf, die uns zum Stümper in der Lebenskunst machen. Wir stehen und fallen aber immer wieder mit den Grunderkenntnissen. Solange wir dumm und egozentrisch denken, solange wir meinen, daß für uns selber diese Grundsätze keine Bedeutung haben, solange geht das alles nicht. Darum müssen uns die Erkenntnisse zum Evangelium werden. Es handelt sich um Lehren von allergrößter Tragweite.

Da diese Lehren überall Beachtung finden, wo man nach den Ursachen menschlichen Glücks und Unglücks sucht, und da jeder Kenner der menschlichen Seele diese Gesetzmäßigkeiten bejaht, wären wir geistig rückständig, wenn wir ihnen in unserem weiteren Leben nicht die Bedeutung einräumen würden, die ihnen kraft ihrer Wirkung und Tragweite zukommt.

2.4 Wie wir uns programmieren können

Doch noch einmal zurück zum Kernthema. Sie hörten, daß wir uns systematisch mit der Installierung positiver Antriebe, positiver Impulse in unserem Innern beschäftigen müssen, daß wir unsere Lebensführung so gestalten müssen, daß wir von außen angeregt werden, zielbewußt positiv zu denken. Dazu müssen wir uns Helfer schaffen, die uns zurufen, wie unsere Haltung sein soll. Wir wissen nun schon, daß das so sein muß, weil Gedanken Kräfte sind und weil uns die Macht des Denkens dazu führt, daß unser Unterbewußtsein immer stärker positiv schwingt. Da nun der Grund für diese Auffassung in uns gelegt ist, lassen Sie mich das Problem auch in der Sprache der Psycho-Dynamik darlegen, also der seelischen Dynamik.

Dynamik ist eine Kraft, die alles in Bewegung bringt und alles in Bewegung hält. Wenn wir also im Sinne unserer positiven Lebenseinstellung von psycho-dynamischen Kräften sprechen, so meinen wir die im Unterbewußtsein bzw. in unserem Gehirn wirkenden Kräfte.

Es ist notwendig, diese Erkenntnis in Beziehung zu setzen zu unseren Lehren von der Macht des Denkens und vor allem zu unserer Auffassung vom Gehirn als dem Organ der Aktivierung des Einflusses auf uns selbst und auf unser Handeln. Um das richtig zu verstehen, müssen wir erfassen, wie sich schon von Kindheit an die Macht des Denkens beweist. Daraus ergibt sich die Praxis unserer psycho-dynamischen Lebensführung und damit der Erfolg in unserer positiven Lebensführung. Das Kind erwacht zum Menschen durch den Einfluß seiner Umwelt. So lernt es sprechen, lernt es verstehen, wird es ein Mensch. Was die Augen sehen, die Ohren hören, die Sinne ertasten und von der Umwelt aufnehmen, speichert sich im Gedächtnis des Kindes und wird zum Baumaterial der eingeborenen Kräfte und des erwachenden Geistes.

Der Mensch ist so eingerichtet von der Schöpfung, daß alles in ihm automatisch vor sich geht. Wir gleichen darin einem Computer, nur viel vollkommener gestaltet, als es eine von der Technik gestaltete Apparatur sein kann. Von Kind an wird alles in uns hineinprogrammiert, was wir von unserer Umwelt und vom Leben wissen.

Aus diesem geistigen Baumaterial ensteht die Welt unserer Ideen, unserer Gedanken und Vorstellungen. Sind diese Ideen, Gedanken und Vorstellungen ihrer Natur nach positiv, wird unser Wesen, unser Charakter, unser Wollen von guten Kräften gesteuert. Sind die Ideen, Gedanken, Vorstellungen schlecht, also negativ, dann sind es krankmachende, den Mißerfolg erzeugende disharmonische Kräfte. Diese Kräfte beherrschen das Gehirn und die Nerven. Es ensteht dadurch ein Einfluß auf alles, was den Menschen ausmacht: auf Körper, Geist und Seele.

Darum handelt der Mensch gut oder schlecht; darum fühlt er sich wohl oder wird krank. Auch die Leistung seines Geistes hängt davon ab. Wenn der Mensch mit seinem Willen eine Störung seines Organismus beseitigen will, dann kostet das viel Mühe und geht meistens überhaupt nicht. Die in seiner Struktur schaltenden negativen Kräfte machen ihn unfähig; er reagiert wie eine automatisierte Maschine. Ist die Programmierung der Maschine falsch, wird sie fehlerhaft arbeiten; ist die Programmierung richtig, wird die Arbeit ebenfalls richtig sein. Will man eine Änderung herbeiführen, muß der Computer, der die Maschine steuert, umprogrammiert werden. Genauso wirkt und schaltet auch der Computer im menschlichen Gehirn.

Alle unsere Mängel und Schwächen entstehen durch falsche Impulse, die automatisch an den Organismus gegeben werden. Darum hat der Mensch sein Unbehagen, seine Komplexe, seine körperlichen, geistigen und seelischen Störungen. Sein Unterbewußtsein arbeitet falsch. Die leitende Zentrale in ihm ist falsch programmiert. Der Mensch wird gesund, wenn gesunde Impulse seine Organe steuern. Der Mensch wird leistungsfähig auf allen Gebieten, wenn in der inneren Zentrale positive Kräfte wirksam sind. Der Mensch wird glücklich und ein Künstler seines Lebens, wenn in seinem Computer positive Daten verarbeitet werden.

Was ergibt sich aus diesen Erkenntnissen? Der Mensch muß lernen, sich umzuprogrammieren in seinem Unterbewußtsein, in seinem Inneren. Das geschieht, wenn wir neue positive Fakten in unseren Computer, in unser Unterbewußtsein einspeichern, positive Zielvorstellungen, positive Wünsche, positive Befehle an unser Gehirn an unsere Nerven geben.

Hierin besteht die Aufgabe der von mir geschaffenen *Seelephonie*-Platten oder –Cassetten. Diese wirksamen Hilfsmittel der seelischen Automation sind die Programmierer der neuen positiven Fakten, die in unser Unterbewußtsein eingespeichert werden müssen, wenn die Arbeitsweise der Steuerungszentrale in Zukunft positiv sein soll.

Wie ist das zu verstehen? Ich wiederhole: Unsere innere Steuerungszentrale soll und muß in Zukunft positiv arbeiten. Dieser Zielsetzung muß die Selbstbehandlung entsprechen. Die Selbstbehandlung verlangt, daß die Gesetze des Denkens beachtet werden. Das heißt: Es muß bewußt einprogrammiert werden, was im Unterbewußtsein als Antrieb wirksam werden soll. Wir programmieren, wenn bestimmte mentale Bilder und Vorstellungen immer wieder vor unserem Geist, vor unserer Seele lebendig gemacht werden.

Es gibt dazu zwei Möglichkeiten: Die Autosuggestion und die Fremdsuggestion. Um das Schaltwerk des Denkens im Sinne einer Suggestion zu steuern, muß es durch uns selbst – das ist Autosuggestion – oder durch einen Suggestor – das ist Fremdeinfluß – in die Richtung bestimmter Zielvorstellungen gezwungen werden. Entscheidend ist hierbei die Macht der Wiederholung. Entweder müssen wir durch das eigene Denken immer wieder bestimmte Zielvorstellungen denken; zum Beispiel: Ich werde gesund ... Ich werde gesund ... Ich werde gesund ... Das ist Autosuggestion, reine Selbstbeeinflussung. Oder wir müssen uns von außen – das ist Fremdsuggestion – sagen bzw. einreden lassen, wie wir innerlich schwingen wollen. Beispiel: Alle Organe arbeiten immer besser und besser ... Du wirst gesund ... Alle Organe arbeiten immer besser und besser ... usw.

Zielvorstellung ist alles, was uns an Wünschen und Ideen beherrschen muß, wenn wir positiv sein wollen. Jetzt kennen Sie auch die Bedeutung der Fremdsuggestion, z.B. der *Seelephonie*-Platten oder -Cassetten zur Aktivierung der schöpferischen Kräfte im Unterbewußtsein.

Ich bin auf dieses Verfahren gekommen, als ich selber dringend eine Hilfe zur Entfaltung meiner Kräfte und Fähigkeiten brauchte. Schon seit den zwanziger Jahren gibt es von mir Suggestions-Schallplatten und später Cassetten. Die Wirksamkeit beruht auf der Magie der Sprache. Was wir immer wieder suggestiv hören, dringt tief in das Unterbewußtsein ein und wird uns zur zweiten Natur.

Ich wiederhole diese wichtige Erkenntnis: Was wir immer wieder suggestiv hören, dringt tief in das Unterbewußtsein ein und wird uns zur zweiten Natur. Die Magie dieses Einflusses beschäftigt heute viele Psychologen. Durch Suggestion werden nicht nur die Heilung vieler Krankheiten bewirkt, sondern auch Talente in vorher scheinbar unbegabten Menschen geweckt. Dr. Vladimir Rajkov erklärt in einem Bericht. Ich zitiere wörtlich: »Unter Hypnose, also unter Fremdeinfluß, Fremdsuggestion, lassen sich leichter neue Empfindungen suggerieren, lassen sich der Rhythmus der Herztätigkeit beschleunigen oder verlangsamen, um zwei bis drei Grad die Hauttemperatur der Hände erhöhen, die Aufmerksamkeit aktivieren, das Sehvermögen steigern. Man kann bis auf den Grund der Psyche eines Menschen einwirken, schöpferische Fähigkeiten stimulieren und entwickeln und schließlich diese Fähigkeiten, sofern sie in der Tiefe schlummern, zu Tage fördern. «

Ich glaube, das erklärt, was wir meinen. Auch über den Weg der Verwirklichung einer neuen schöpferischen Idee gibt der Autor eine Erklärung, die ebenfalls eine Bestätigung des von mir aufgezeigten Weges ist: »Nach einigen Hypnoseversuchen gestaltet sich die im Trancezustand eingeprägte Information – also die Programmierung in unser Gehirn – zu eigenen Gedanken und gräbt sich ins Unterbewußtsein ein. Beim achten oder zehnten Versuch bewirkt die quantitative Speicherung der Information im Trancezustand einen qualitativen Sprung, der sich darin äußert, daß das Versuchsobjekt im wachen Zustand besser zu zeichnen beginnt. Es kann sich an die Hypnoseversuche gar nicht mehr erinnern und entdeckt staunend eine neue Fähigkeit, einen neuen Zustand in sich. Es scheint ihm – also dem Medium – daß die mühsame Arbeit vorüber ist und daß ihm alle Wege zum schöpferischen Schaffen offen stehen, für das es alle Fähigkeiten besitzt. « So weit Doktor Rajkov.

In diesen Ausführungen wird aufgezeigt, wie sich die innere Wandlung unter dem Einfluß neuer Impulse aus dem Unterbewußtsein vollzieht und wie sich seelisch und körperlich die Neuprogrammierung auswirkt. Es kommt also darauf an, dem Unterbewußtsein suggestive Befehle zu geben, das dann im Sinne dieser Befehle zu arbeiten beginnt. Man kann das erreichen durch einen Suggestor, also einen Fremden, der zum Medium direkt spricht oder durch Suggestionsmedien. Die Wirkung kann bei Anwendung der Suggestionsmedien sogar noch größer sein, weil Platte oder Cassette über Stunden hinweg beeinflussen kann und sogar, ohne daß die Suggestionen bewußt gehört wird während der Arbeit am Tage oder nachts während des Schlafes. Das Unterbewußtsein hört feiner, viel feiner als das Oberbewußtsein.

Um das möglich zu machen, müssen Sie eine bestimmte Suggestion immer wiederholen. Grundsätzlich gilt dabei: Nur leise spielen, kaum hörbar.

Das Unterbewußtsein nimmt feinste Geräusche auf. Hören Sie nur durch einen Kopfhörer oder einen kleinen Lautsprecher. Wenn Sie vorerst noch kein geeignetes Gerät haben, geht es auch, daß Sie sich bewußt entspannen, körperlich und seelisch-geistig, und dann die Suggestion auf sich wirken lassen, wobei es Ihnen freisteht, diese Suggestionssitzung mehrfach zu wiederholen.

Noch einfacher können Sie es sich machen, wenn Sie sozusagen ganz nebenbei die Suggestion in sich aufnehmen, während Sie arbeiten, sich unterhalten, fernsehen oder Rundfunk hören.

Denken Sie daran, was Doktor Rajkov in seinem Bericht erklärte: Beim achten oder zehnten Versuch – also bei der achten bis zehnten Wiederholung – bewirkt die quantitative Speicherung der Information bzw. die Bewußtmachung einer Zielvorstellung einen qualitativen Sprung, also eine Auswirkung der Information auf das Unterbewußtsein.

Es folgen Kern- und Merksätze, die das Entscheidende zusammenfassen. Auch hierbei kommt es auf die Wiederholung an. Viel Freude bei dieser geistigen Arbeit.

Ich weiß, daß Gedanken Kräfte sind, daß Gedanken sich in Wirklichkeit umsetzen, wenn ich sie immer wieder denke ... Alle Macht kommt aus dem Geiste.

Ich werde von innen her gesteuert und gelenkt durch die Impulse, die in mir die Oberhand haben. Der größte Teil aller Abläufe in mir ist automatisiert.

Was mir bewußt wird, vermehrt meinen Einfluß durch mein bewußtes Wollen. Alle Fehlhaltungen müssen mir bewußt werden, dann kann ich sie abstellen.

Positive Urbilder sind: Ich kann, was ich will ... Ich bin ein positiver Mensch ... Ich habe Macht über mich ... Alles wird gut ... Alles wird wieder besser ... Ich habe Vertrauen zur Macht des Guten.

Alle Gedanken und Vorstellungen, die das Gute, Schöne und Edle verkörpern, sind positive Urbilder. Negativ ist alles Häßliche, Niedere und Unfruchtbare.

Mein Unterbewußtsein zu programmieren, heißt: In meinem Denken oder vor meinen Sinnen das Positive lebendig machen, das Aufbauende aktivieren.

Ich muß diese positiven Gedanken immer wieder hören und denken. Ganz automatisch werden sie dadurch zu Schalthebeln im Gehirn und Unterbewußtsein.

Dieser mächtige Einfluß kommt aus den Kräften der Natur. Er kommt absolut gewiß, wenn ich mich nach diesen Naturgesetzen richtig verhalte und danach trainiere.

Ich trainiere danach, wenn ich neue positive Urbilder in mein Unterbewußtsein hineinprogrammiere, also immer

wieder und immer wieder positive Urbilder durch bewußtes Wollen vor mir und in mir erstehen lasse.

Will ich leistungsfähiger, gesunder, froher und freudiger
werden, so muß ich immer wieder Leistungsfähigkeit,
Gesundheit, Frohsinn und Freude in meinem Denken hervorrufen und erleben.

Mein Inneres, meine Seele muß erfüllt sein mit Lebensbe-
jahung und absolutem Glauben an die Macht des Guten. Die
Atemluft meiner Seele muß rein, klar, gesund und voller
Kraft sein.

Dem Einfluß Unwissender entziehe ich mich. Ich gehe
meinen Weg aufrecht und zielbewußt.

Das mentale Training ist das Gegenstück zum Körpertrai-
ning. Es trainiert mein Gehirn, es schaltet mein Gehirn wie
einen Computer.

Wenn es mir gelingt, die Vorgänge bei der Psycho-
Dynamik zu verstehen, dann erst kann ich mich richtig
hingeben bei den psycho-dynamischen Übungen. Wenn ich
nicht richtig verstehe, bleibe ich ohne Einsicht und dadurch
ohne richtige Hingabe an das Training.

Das richtige Verstehen kommt, wenn ich mir alle geistigen Bausteine des dynamischen Denkens bewußt mache.
Ein Machtmittel von unbegrenzter Größe kommt in meine
Hand, wenn ich das mentale Training der Psycho-Dynamik
systematisch betreibe.

Das ist der Generalsatz der mentalen Dynamik: Gedanken, die mein Gefühl beherrschen, lenken und leiten mich,
lassen mich siegen oder untergehen.

Man kann ein ganz neuer Mensch werden mit ganz neuen Kräften und Fähigkeiten. Man muß sich fragen, ob man noch mehr will vom Leben. Wenn ich diese Frage aus vollem Erkennen bejahe, dann werde ich das mentale Training betreiben wie ein Kunsthandwerk.

Das Naturgesetz der Entwicklung mentaler Macht sagt: Fortdauernde Behauptung einer Möglichkeit wird zum Glauben, der Berge versetzt. Zum Glauben, das heißt: Das sich dauernd wiederholende mentale Urbild dringt in das Unterbewußtsein ein und macht sich dort selbständig.

Wenn wir von einem bestimmten Glauben beherrscht werden, dann regiert uns nicht mehr unser bewußtes Wollen, sondern unser Gefühl.

Aus der Macht dieses Glaubens wird alles möglich, weil dieser Glaube der absolute Schalthebel ist, der im Sinne seines Zielstrebens die Schaltungen im Gehirn beherrscht.

Das geschieht ohne unser Zutun. Darum können wir durch negatives Denken zugrunde gehen, wie wir auch aus tiefster Bedrängnis frei werden können durch positives Denken.

Ich denke positiv ... Ich denke positiv ...

Ich denke positiv, ganz positiv, ganz positiv ...

2.5 Zusammenfassung

Wir machen Fehler in unserer Selbstbehandlung, ohne es zu wissen. Diese Fehler können wir abstellen durch Vernunft und positives Handeln, denn Richtigmachen = Erfolg,

Falschmachen = Mißerfolg. Das hängt vom richtigen Gebrauch des Gehirns ab.

Bei den Naturwissenschaften ist das selbstverständlich, in der Lebenswissenschaft nicht. Auch in der Selbstbehandlung gibt es Naturgesetze, deren richtiger Gebrauch uns Erfolg bringt. Wenn wir das nicht tun, sind wir selber die Ursache unserer Mißerfolge.

Richtige Selbstbehandlung beginnt mit der Einsicht, daß man etwas falsch gemacht hat, und was man falsch gemacht hat, also mit dem schonungslosen Zugeben der Wahrheit, ohne Entschuldigung, ohne Ausflüchte.

Wir werden dann sehen, daß die unkontrollierte Arbeit unseres Gehirns, also die seelischen und geistigen Kärfte, die uns steuern, uns zwangsläufig zum Falschmachen treibt. Unsere Kunst besteht darin, diese Vorgänge unter Kontrolle zu bringen und sie bewußt positiv und wirkungsvoll einzusetzen.

Ursache der Leistungsfähigkeit des Gehirns im positiven Sinne ist die richtige Selbstbehandlung.

Ebenso, wie wir den Körper dauernd biologisch beeinflussen durch unsere Ernährung, so können wir über das Gehirn auch die Strukturen unseres Geistes und unserer Seele weitgehend beeinflussen und damit unser Wollen und Können.

Voraussetzungen sind Selbsterkenntnis und Bejahen der Gesetzmäßigkeiten und Erkenntnisse, die das eigene Leben beeinflussen. Das gilt auch für die Beeinflussung anderer. Ausgangspunkt ist unser Gehirn, also das Denken.

Gedanken sind Kräfte. Nur, wenn wir an uns glauben, erfüllen wir die seelischen Voraussetzungen für große Leistungen. Wir müssen lernen, während des ganzen Tages positiv zu schalten, uns systematisch im positiven Denken zu trainieren. Alles, was wir dauernd denken, beeinflußt unseren Charakter, unsere Persönlichkeit. Der Mensch, bzw. sein Gehirn, gleicht in seiner Arbeitsweise, wenn auch viel vollkommener, einem Computer. Alles in uns ist automatisiert. Von Kindheit an wird alles in uns hineinprogrammiert, was wir von unserer Umwelt und vom Leben wissen. Vieles wurde durch Vererbung vorprogrammiert. Diese Programme, so heißt es in der Computersprache, steuern uns. Sie bestimmen unsere Welt, unsere Ideen, unsere Gedanken und Vorstellungen.

Sind Sie positiv, so wird unser Charakter, unser Wesen positiv gesteuert. Sind sie negativ, also schlecht, so wird unser Charakter ebenso schlecht, und Mißerfolg ist die Folge.

Alle unsere Mängel und Schwächen entstehen also durch Fehlsteuerung im Gehirn. Alle Erfolge, Glück und Zufriedenheit entstehen, wenn wir positiv gesteuert werden durch unser Gehirn. Wir müssen also lernen, uns umzuprogrammieren in unserem Gehirn, vor allem in unserem Unterbewußtsein.

Wir müssen neue, positive Fakten, positive Zielvorstellungen, positive Wünsche, positive Befehle an unser Gehirn geben.

Das kann geschehen durch: Autosuggestion (Selbstbeeinflussung) oder durch Fremdsuggestion (Fremdbeeinflussung).

Eine gute Hilfe dabei sind die Automations-Schallplatten oder -Cassetten des Schellbach-Institutes.

3
Möglichkeiten zur Änderung des Charakters

Wie man sich dadurch Menschen zu Freunden macht

3.1 Wie wir durch unser Denken unseren Charakter beeinflussen.

Naturgesetze sind eine gegebene Tatsache. Sie können von Menschen gefunden, nicht aber gemacht werden. Ein Erfinder kann nur dann etwas erfinden, wenn sich dafür die Möglichkeit in der Natur vorfindet. Wo keine Möglichkeit existiert, sind Erfindungen unmöglich. Aus diesem Grund ist das Erfinden viel mehr ein Finden, ein Finden von Zusammenhängen nämlich. Man muß feinfühlig sein, man muß Spürsinn haben für unbekannte Zusammenhänge und daneben konstruktives Denken besitzen.

Manchmal hängen Erfindungen in der Luft, wodurch nicht selten Entdeckungen gleichzeitig auf verschiedenen Kontinenten gemacht werden. Es gibt in der Welt und im All nichts, was sich nicht aus den naturgegebenen Möglichkeiten ergibt. Alles, was geschieht, untersteht bestimmten Gesetzmäßigkeiten.

Ich verweise auf diese Gedanken, um Ihnen zu erklären, daß sich unsere Lehren zur Führung eines glücklichen Lebens weder aus willkürlichen Annahmen ergeben, noch von mir oder einem anderen erfunden wurden. Vielmehr sind diese Lehren das Ergebnis der Beobachtungen von Gesetzmäßigkeiten auf bestimmten Gebieten der Lebensmeisterung. Wenn wir voraussetzen, daß wir uns nach gegebenen Gesetzmäßigkeiten richten müssen, dann ist das keine Einschränkung unseres Willens; denn an uns liegt es, ob wir diese Gesetzmäßigkeiten beachten oder nicht. Wissen müssen wir, daß man sich nach den Erfahrungen richten muß, die in dieser Hinsicht gemacht wurden und die das Vorhandensein der Gesetzmäßigkeiten bestätigen.

Wir müssen drei Arten von Gesetzmäßigkeiten beachten: In den Dingen der Entwicklung zur Persönlichkeit, in den Dingen des Umgangs mit der Umwelt und schließlich in den Dingen der geistigen Leistungssteigerung und der schöpferischen Ideenentwicklung.

Wenn Sie meine Ausführungen aufmerksam verfolgen, werden Sie feststellen, daß alle Gedanken in Beziehung stehen und daß sich das eine immer aus dem anderen ergibt. Das ist von großer Bedeutung für die Einstellung zum Leben. Man kann nicht das eine tun und das andere weglassen, wenn man zu einer Meisterung des Lebens kommen will. In dem Maße, in dem man das Wissen anwendet, wird auch die Führung des eigenen Lebens vollkommener und glücklicher.

So haben wir zum Beispiel erkannt, von welcher außerordentlichen Wichtigkeit unser Denken ist, und daß durch die verschiedenartige Ernährung der Seele und des Geistes verschiedenartige Produkte entstehen. Wir haben erkannt, daß man nicht von sich verlangen kann, ein erfolgreicher, mutiger, tatkräftiger Mensch zu sein, wenn man sich nicht zielbewußt darauf vorbereitet, indem man in sein Bewußtsein nur solche Gedanken hineinläßt, die sich in ihrem Charakter mit diesem Ziel – also mit dem erstrebten Mut, mit der Tatkraft, mit dem Glauben an die eigene Kraft usw. decken. Gleichzeitig haben wir erkannt, daß man sich durch negatives Denken regelrecht zerstören kann, wenn man fortgesetzt an sich herumnörgelt und zweifelt oder Gedanken des Mißtrauens gegen die eigenen Kräfte in sich enstehen läßt.

Solche Umstände können zum Beispiel gegeben sein durch das Alter. Durch irgendeine Veranlassung kann plötzlich der Gedanke auftauchen, daß man sich auf einem absteigenden Ast befindet. Redet man sich wiederholt diesen negativen Gedanken ein, dann muß schließlich die ganze Persönlichkeit ins Wanken kommen. Es ist auch möglich, daß uns von außen negative Suggestionen zufliegen. Es kann eine regelrechte Psychose entstehen, der man bestimmt unterliegt, wenn die von ihr ausgehenden negativen Vorstellungen keine sofortige strikte Ablehnung finden.

Eine solche Wirkung geht zum Beispiel von der Auffassung aus, daß man mit 40 Jahren bereits verbraucht sei. War es nicht immer in Zeiten kritischer Arbeitsverhältnisse so, daß man nach Möglichkeit nur junge Leute haben wollte und die Älteren damit abspeiste, daß sie schon zu alt seien, um noch voll leistungsfähig zu sein? Selbstverständlich ist der Grund dieser Ablehnung fast immer Materialismus. Doch das hinderte nicht, daß sich noch durchaus rüstige Menschen einbildeten, schon zu alt zu sein. In solchen Zeiten ist mancher Stellungslose zu mir gekommen, um mir zu erklären: »Herr Schellbach, welchen Wert hat Ihre Lehre für mich, der ich doch schon so alt bin. Ja, wenn ich jung wäre, dann ...«

Ich kann Ihnen sagen, es hat oft harte Arbeit gekostet, diese Menschen zu überzeugen, daß man mit 40 Jahren eigentlich erst anfängt, richtig zu leben. Ich würde jeden auslachen, der zu mir sagen würde: »Mein lieber Herr Schellbach, Sie sind zu alt, es geht nicht mehr, Sie müssen abtreten!« Ich glaube, alle, die schon über Vierzig sind, sind darin mit mir einer Meinung.

Stoßen wir auf Persönlichkeiten, auf wirkliche Leistungsmenschen, die sind mit vierzig erst richtig drin im Leben, die fangen erst an, die großen Erfolge des Lebens zu schaffen und aufzubauen. Doch wir müssen verstehen, welche

Kräfte hier wirken. Die Suggestion des Sich-zu-alt-fühlens vermag tatsächlich einen Menschen zu erschüttern, wenn man ihr unterliegt. Man muß sich nur Tag für Tag im Spiegel betrachten, um Alterszeichen zu entdecken und dabei beobachten, wie sich spürbar immer mehr das Gesicht in Falten legt. Das führt dann dazu, daß man jede Lust an der Pflege des äußeren Menschen verliert, und man begreift, wie schnell eine solche negative Gedankenführung Folgen zeigt.

Aber genauso wie dieses negative Ergebnis, stellt sich auch das Gegenteil ein! Es kommt darauf an, mit welchen Gedanken und mit welchen Gefühlen man sich in seinem Spiegel betrachtet: Ob man ein freudiges, positives Lächeln zeigt, oder herabhängende Mundwinkel. Wenn man beim Lächeln sagt:»Ich werde immer jünger, immer netter; jetzt weiß ich erst, was leben heißt, jetzt begreife ich erst das Leben«, dann ist schon nach kurzer Zeit eine Verwandlung zum Positiven selbstverständlich. Das soll jedoch keine Selbsteinrede ohne Grund sein. Vielmehr muß man bei solchen positiven Worten wissen, warum man berechtigt ist, von dieser Verwandlung überzeugt zu sein. Man muß sich zum Bewußtsein bringen, daß der Grund dazu gegeben ist, weil man das Leben mit anderen Augen betrachtet, weil man nun erst, nachdem man eine gewisse Reife erlangt hat, über den vielen Banalitäten steht, die bisher das Leben vergällten und in Unruhe brachten. Das führt dann dazu, daß eine große Harmonie in die Seele einzieht, die Schönheit der Seele wachruft, was wir in der Veränderung unserer Gesichtszüge erleben.

Man sagt, das Gesicht, der Gesichtsausdruck sei der Spiegel der Seele. Mit Recht sagt man das, wie wir hier sehen. Es ist tatsächlich die Seele bzw. unser inneres Fühlen und Empfinden, unsere Einstellung zum Leben, zu den Mitmenschen und zu allen Dingen, die wie ein Künstler unser Angesicht meißeln. Ist es nicht so, daß das Gesicht eines jeden Menschen etwas ausstrahlt, durch das man innerlich sympathisch berührt oder abgestoßen wird? Was vermag nicht allein das Auge zu sagen. Jedes Menschen Auge spricht. Es redet vom inneren Leben des Menschen. Ebenso auch der Mund. Es gibt keinen Menschen, der auf Dauer verhindern kann, daß sein Angesicht nicht die Züge seiner Seele annimmt, und jede Veränderung in der Seele wird schließlich äußerlich wahrnehmbar.

Diese Feststellung ist von größter Bedeutung für unseren Einfluß auf die Umwelt. Auch von uns selber geht eine Ausstrahlung aus und lenkt unbewußt das Empfinden und Fühlen unserer Umgebung. Man mag noch so gut Komödie spielen, noch so geschickt eine Maske zur Schau tragen, das hilft alles nichts. Jeder Mensch, der mit uns öfter und länger zusammen ist, wird durch unser wahres Wesen in seinem Denken über uns beeinflußt. Man kann sich also nicht verstecken. Die Wahrheit kommt an den Tag, wenn auch manchmal nur fühlend und ahnend.

Doch das ist das Entscheidende: Ob wir anziehend oder abstoßend wirken, ob wir durch unsere Umgebung und unsere Umgebung durch uns harmonisch oder disharmonisch beeinflußt werden. Aus diesem Grunde gibt es auch nur einen Weg, um sich auf Dauer beliebt zu machen und die Mitmenschen für sich zu gewinnen: Man muß in seinem inneren Wesen wohlwollend und gütig eingestellt sein. Schwingt man so in seinem Innern, dann prägt das den Gesichtsausdruck und schafft ein Minenspiel und einen Blick der Augen, die Kraft und Sympathie ausstrahlen, ohne daß es in unserer Absicht liegt. Alle übrigen Künste zur Erringung von Beliebtheit und vor allem von Zuneigung sind – bei Licht betrachtet – nur Äußerlichkeiten. Die Kraft der Wahrheit ist stärker als jedes andere Mittel.

Doch kommen zurück wir auf die Gesetzmäßigkeiten des Denkens. Wir müssen damit rechnen, daß der Gedanke eine Macht ist und daß er unser ganzes Leben zu verändern vermag und daß er fortgesetzt wesentlichen Anteil hat am Ablauf unseres Lebens und damit unseres Schicksals. Wenn jemand unter den Lesern ist, der das bis heute noch nicht erkannt hat und nun mit einem Male begreift und dadurch das Machtinstrument entdeckt, das er in seinem Denkapparat besitzt, dann muß ihn diese Feststellung mit einer ungeheuren Spannung erfüllen und so überraschen, als wenn er plötzlich in den Besitz eines riesigen Kapitals gekommen wäre.

Es ist wirklich und wahrhaftig so: Durch das Denken bauen wir unser Leben auf oder richten es zugrunde. Was wir in zehn Jahren sein werden, das denken wir heute schon; das ist die Frucht unseres heutigen und künftigen Denkens!

Wir machen uns durch die Summe unseres Denkens stark und leistungsfähig, oder aber auch krank und elend. Weil das so ist, kommt auch den Ausführungen über die seelische und geistige Ernährung, die wir schon behandelt haben, die größte Bedeutung zu. Wir müssen konsequent danach streben, alle negativen Gefühle, die durch negative Vorstellungen in uns entstehen, auszuschalten. Wir müssen ein regelrechtes Sieb in unser Bewußtsein einbauen, das verhindert, daß negative Gedanken überhaupt in unser inneres Ich gelangen. Wir müssen uns so vollsaugen mit Kraft, daß wir sie nicht mehr loswerden.

Ich sprach schon davon, welche Bedeutung der Macht der Gewohnheit zukommt, daß wir *unbewußt* falsch handeln und reagieren und deshalb unbewußt die meisten Fehler in der Selbstbehandlung und auch in der ganzen Lebensführung machen.

Zur Hauptsache ist das Funktionieren sowohl des körperlichen als auch des geistigen und seelischen Organismus auf sogenannte Zwangsabläufe zurückzuführen. Daß unser Körper von selber arbeitet, weiß jedes Kind. Unser Herz schlägt, ohne daß wir uns darum zu kümmern brauchen. So arbeiten auch unbewußt der Atmungsapparat, der Verdauungsapparat, der Stoffwechsel, die gesamte Blut- und Säftezirkulation, die innere Sekretion, wie überhaupt der gesamte Laboratoriumsbetrieb unseres Körpers. Für uns ist das selbstverständlich, zumal es völlig ausgeschlossen ist, die vielen Funktionen, die außerdem alle aufeinander abgestimmt sind, selbst zu organisieren. Es ist schon genug, daß man essen und trinken muß, für eine gute Darmfunktion und für alle anderen Lebensbedingungen zu sorgen hat. Wie wir wissen, werden selbst diese Dinge von vielen Menschen nicht sorgfältig genug beachtet. Wenn die Natur bei einer Vernachlässigung nicht von sich aus manchmal energisch Protest erheben würde, gäbe es die unliebsamsten Komplizierungen.

Was für den Körper gilt, nämlich daß das Leben im Körper sich sozusagen selbst erhält, das gilt weitgehend auch für den geistigen und seelischen Apparat. Hier ist die Erkenntnis des Einflusses den die Macht der Gewohnheit hat, von größter Bedeutung. Man muß wissen, wie eine bestimmte Gewohnheit entsteht, wie sie sich heranbildet. Dem Wesen nach versteht man darunter die Neigung bzw. das Bestreben, im Organisationsbetrieb unseres körperlichen, geistigen und seelischen Menschen einen bestimmten Vorgang, eine bestimmte Art des Funktionierens – zum Beispiel eines Organs – von sich aus zu wiederholen, wenn dieser bestimmte Vorgang mehrmals bzw. eine zeitlang in der gleichen Weise eingetreten ist.

Ich wiederhole diese wichtige Erkenntnis: Man muß wissen, wie eine bestimmte Gewohnheit entsteht, wie sie sich heranbildet. Dem Wesen nach versteht man darunter die Neigung bzw. das Bestreben, im Organisationsbetrieb unseres körperlichen, geistigen und seelischen Menschen einen bestimmten Vorgang, eine bestimmte Art des Funktionierens – zum Beispiel eines Organs – von sich aus zu wiederholen, wenn dieser bestimmte Vorgang mehrmals bzw. eine zeitlang in der gleichen Weise eingetreten ist.

Es entsteht dadurch ein Zwangsablauf, der so stark werden kann, daß der Wille dagegen völlig machtlos wird. Man kennt unzählige Gewohnheiten, gute wie auch schlechte. Wer zum Beispiel an der Gewohnheit des Nägelkauens leidet, ertappt sich immer wieder, wie er an den Nägeln herumbeißt. Der beste Vorsatz wird zunichte, immer wieder zwingt ihn die Macht der Gewohnheit, ohne daß er das weiß. Es gibt die verschiedensten Ursachen für das Entstehen solcher Gewohnheiten. Oft wird etwas aus Gedankenlosigkeit oder aus dem Wunsch nach Ablenkung getan, wobei die daraus sich ergebene Befriedigung im Innern unseres Wesens den Wunsch nach Wiederholung entstehen läßt. Hierin liegt der erste Grund für das Entstehen einer Gewohnheit. Viele Gewohnheiten entwickeln sich aus der Übung. Man exerziert dem inneren Mechanismus etwas ein, was er dann von sich aus so automatisch wiederholt, als wenn es eine unerläßliche Lebensnotwendigkeit wäre.

Grundsätzlich kann man dazu sagen, daß der innere Mechanismus nicht darüber urteilt, ob die gewohnheitsmäßige Wiederholung eines Ablaufes schädlich oder nützlich ist. Die Zwangsläufigkeit ist einfach da und wirkt sich aus. Die Gewohnheit, zum Beispiel ständig kopfhängerisch zu grübeln, das Leben durch eine schwarze Brille zu sehen, kann so schwere Depressionen und Neurosen erzeugen, daß jemand aus diesem Grund sogar den Freitod suchen kann.

Der Hang zum Schwarzsehen, zur lebensverneinenden Betrachtung wird so mächtig und stark, daß sich der Betreffende gar nicht mehr davor retten kann, während ursprünglich vielleicht nur eine leichte Verstimmung über einen Mißerfolg der Grund war.

Wenn sich gute, also aufbauende Gewohnheiten in uns entwickeln, kann das selbstverständlich nur gut sein. Deshalb hat auch die Macht der Gewohnheit eine gute und eine schlechte Seite. Wenn wir mit einem Menschen zusammen sind, der eine gute Kinderstube gehabt hat, freuen wir uns über diesen Menschen. Ein solcher Mensch ist sympathisch, ist umgänglich. Einen solchen Menschen sieht man gern. Er hat Taktgefühl, er beachtet Distanz, er ist nicht so dreist, sich in unsere persönlichen Angelegenheiten einzumischen, er weiß genau, wie weit er gehen darf, kurzum: Er ist ein gern gesehener Mensch.

Aber warum ist dieser Mensch eigentlich so? Wenn wir ihn fragen, kann er uns darauf keine Antwort geben. Wir wissen aber, was das Geheimnis ist: Die gute Kinderstube, die richtige Erziehung. Dieser Mensch ist eben anständig und positiv erzogen worden. Daß aber ein solches Ergebnis möglich ist, beweist die Wirksamkeit der Gesetze der Gewohnheit; denn die Eltern haben ihr Kind in diese gute Lebensart, in dieses taktvolle Verhalten von frühester Jugend an eingeführt. Weil sich das Kind von früh auf darin übte, mußte ihm diese gute Lebensart zwangsläufig in Fleisch und Blut übergehen. Der Betreffende ist also nicht so, wie er ist, weil er meint, er sei ein anständiger Kerl, sondern er kann gar nicht anders. So ist seine Natur. Denn wie wir hörten, wirkt sich die Gewohnheit aus, ohne unseren Willen zu fragen. Es handelt sich um die Äußerung eines unbewußten Willens, und dieser ist in der Gewohnheit verankert.

Ähnliches trifft auch auf den Charakter zu, den man nicht hat, weil man ihn haben will, sondern weil er uns hat. Wenn jemand mit Berechnung handelt – sei es gut oder schlecht – ist das nur indirekt eine Angelegenheit des Charakters. In erster Linie ist es eine Frage des bewußten Wollens, das aus einer höheren oder niederen Vernunft bzw. einem höheren oder niederen Verstand geboren ist.

3.2. Wie wir durch unseren Charakter unser Leben verändern können

Wo sich etwas ursprünglich bzw. unwillkürlich zeigt, wenn z.B. jemand treu ist, weil er eben aus seinem Charakter nicht untreu sein kann, wenn jemand anständig ist, nicht betrügt, weil er es einfach nicht fertigbringt, weil er das Unedle nicht zu tun vermag und nicht etwa, weil er sich sagt: Ich darf das nicht. Das ist eben sein Charakter.

Versuchen Sie, das Wesen eines treuen Hundes zu erfassen, dann wissen Sie, was ich meine. Oder will man vielleicht sagen, daß der Hund überlege, wenn er in seinem Verhalten so treu ist, daß er z. B. sein Leben für seinen Herrn läßt? Nein, denn das Tier kann gar nicht wie ein Mensch überlegen, es handelt allein aus Instinkt, aus innerem Müssen, eben aus Charakter. Genauso handelt ein Mensch mit Charakter aus innerem Müssen, aus seiner unter der Oberfläche seines Bewußtseins ruhenden Wesensart.

Darum spricht man auch von einem bestimmten Menschenschlag. Selbstverständlich spielen dabei auch biologische Gründe eine Rolle und natürlich die Eigenart, die in der Erbmasse liegt.

Wer hier tiefer sehen will, muß wissen, von welcher Tiefe des Wesens man bei der Beurteilung einer Veranlagung spricht. Es gibt Einflüsse, die erst im Verlauf unseres Lebens wirksam werden und einen entsprechenden Niederschlag bewirken. Veränderungen, die zum Beispiel entstehen durch eine Beeinflussung der Zellen, durch Gifte und Krankheiten, aber auch durch die von uns und unserer Umwelt hervorgerufenen Einflüsse auf unsere geistig-seelische Struktur. Daneben gibt es Einflüsse, die schon vorgeburtlich wirkten, die schon in den Ahnen, ja, in den Uranfängen des Entstehens einer Rasse wirksam wurden. Je tiefer die Tiefe ist, in der Einflüsse wirksam sind, je mehr der letzte Grund des Wesens die letzte Wesenstiefe ist, die eine bestimmte Artung zeigt, um so schwieriger ist es möglich, einen verändernden Einfluß auszuüben, um so mehr sind die Grundakkorde eines Individuums fixiert. Daraus ergeben sich die bestimmten Eigenschaften der Rassen, der Völker, der Stämme, der Sippen und der Familien, deren Einzelglieder aus dem inneren Wesenskern so handeln und fühlen, *wie* sie handeln und fühlen.

Die in der Tiefe des menschlichen Wesens möglichen Veränderungen reifen erst im Verlauf von langen Zeiträumen, weshalb sie auch nicht das einzelne Glied der Menschheit entscheidend verändert zeigen und sich nur feststellen lassen, wenn wir ganze Generationen und Geschlechter untersuchen. Ganz langsam bildet sich ein bestimmter Wesenskern heraus, der nach menschlichen Zeitberechnungen unveränderlich scheint. Diese innerste Veranlagung, welche die ganze Entwicklungsgeschichte der Menschheit umschließt, bezieht sich auch auf den Gesamtablauf des Daseins, auf das große Schicksal des Menschen und darüber hinaus aller Völker und biologisch gebundenen Gemeinschaften.

Aus dieser inneren Verklammerung kann der Mensch nicht heraus. Diese Grundveranlagung seines Wesens kann er nicht durch die Macht seines Willens bezwingen. Wenn dennoch von einem solchen Geschehen berichtet wird, handelt es sich um die Überwindung der für das menschliche Wesen als Regel geltenden Naturgesetzlichkeiten.

Diese Erkenntnis mag auch der Grund der Lehre Schopenhauers gewesen sein, nach der der menschliche Charakter feststehend und unveränderlich ist, wobei wir aber annehmen, daß auch Schopenhauer die letzte Wesenstiefe – also die Grundveranlagung eines Individuums – mit dem Begriff Charakter gemeint hat. Durchdenken wir diesen Gedankengang, dann wissen wir, daß deshalb auch die Grenzen der Freiheit, die sich aus einer bestimmten Entwicklung der Erbmasse erkennen lassen, dafür entscheidend sind, wie weit wir selber in uns frei zu werden vermögen, und daß keiner die Grenzen seiner Erkenntnis zu erweitern vermag, in dessen Anlagen nicht schon die Möglichkeit für diese Freiheit eingeboren ist.

Doch dürfen wir uns hiervon nicht beeinflussen lassen, indem wir meinen, daß ausgerechnet nur bei uns die Grenzen so eng sind, daß keinerlei Aussicht auf Entwicklung bzw. Entfaltung bestehe.

Ganz im Gegenteil: Wir dürfen sicher sein, daß die Veranlagung zur Erlangung einer überdurchschnittlichen geistigen Höhe von vornherein gegeben ist; und daß unsere Arbeit folglich darin besteht, von den uns eingeborenen Möglichkeiten Gebrauch zu machen. Wenn wir in diesem Zusammenhang von der Macht der Gewohnheit sprechen, berührt das ebenfalls nur die Gesetzmäßigkeiten und Dinge, die im Rahmen der gegebenen Möglichkeiten liegen.

Es sind, wie gesagt, verschiedene Einflußzentren anzunehmen. Ebenen, in denen die Jahrtausende der Entwicklungsgeschichte wirken und gestaltend arbeiten und die die letzten Tiefen unseres Wesens angehen; andere, die schon mehr in der Nähe des Tagbewußtseins liegen, wo wir selber schon aktiv sind.

Das Innere des Menschen gleicht dem Meer. Auf dem Grund wirkt allein die Macht der Elemente, unbeeinflußbar durch menschliche Gewalt, während die oberen Regionen von der Menschenkraft durchflutet werden. Auch unsere Erde gleicht des Menschen Wesen. Tief im Innern, zehntausende Meter tief, schafft und gestaltet allein die unentwegt tätige Schöpferkraft der Natur, während wir Menschen mit Hacke und Spaten nur die äußere dünne Kruste durchdringen und unseren Zwecken dienstbar machen können. Aber auch in den Sphären über uns ist es so wie im eigenen Innern. Was ganz oben ist, ist allen unbekannt, bleibt Annahme, Vermutung, obwohl wir dabei sind, den Weltenraum zu erobern. Der unendliche Raum ist ein Rätsel. Aber dennoch: In den Grenzen seines Wesens ist der Mensch frei!

Darum sind wir auch frei in den Grenzen der Lebensgebiete, die wir aufgrund unserer Anlagen und unserer Erkenntnis zu durchdringen vermögen, das heißt, daß man immer so viel zu leisten vermag an bewußtem Eingriff in den Ablauf seines Lebens, wie klar und bewußt wird. Wenn wir dazu noch erkennen, daß es die Macht der Gewohnheit gibt, dann sind wir durch diese Erkenntnis befähigt, diese Macht in unseren Dienst zu stellen.

Was wir soeben von der Erkenntnis hörten, ist von größter Bedeutung. Denn gelingt es uns nicht, in uns oder in einem anderen Menschen den Funken der Erkenntnis wachzurufen, um eine ganz bestimmte Gesetzmäßigkeit zu begreifen und einzusehen, dann sind wir außerstande, uns selber oder einen anderen auch nur einen Schritt vorwärts zu führen. Das zeigt uns, daß wirklich nur Erkenntnis und nicht der Wille uns freimachen kann. Setzen wir voraus, daß jemand aus innerem Zwang ein schlechter Mensch ist, einen schlechten Charakter hat, dann können wir diesen Menschen nur dann ändern, wenn wir ihn zur Vernunft bringen können.

Wer in seinem Wesen schlecht ist aus Charakter, der denkt über seine Schlechtigkeit nicht nach, sondern ist in der Hand des Bösen ein regelrechtes Werkzeug. Es ist möglich, durch die Kunst kluger Führung einen solchen Menschen zu bessern. Doch die beste Führungskunst versagt, wenn keine Erkenntnismöglichkeit besteht, und durch Entwicklungsgegebenheiten – also durch die Grundveranlagung – das Schlechte das Übergewicht über das Gute hat. In solchen Fällen ist nichts zu machen. Deshalb gibt es Menschen, die man nicht erziehen kann.

Ohne Rücksicht auf solche Fälle und ohne zu erwägen, wie weit im eigenen Leben die Entwicklungsvoraussetzungen zum Positiven gegeben sind, muß man seinen eigenen Charakter so formen bzw. die Gesamtsumme der im eigenen Innern herrschenden und unter den Willen zu zwingenden Gewohnheiten so gestalten, daß damit den Gesetzmäßigkeiten eines glücklichen, positiven Lebens entsprochen wird. Denn das ist wahr:

Unser Charakter ist unser Schicksal. Wenn überhaupt eine Meisterung des Lebens möglich werden soll, dann nur durch den Charakter. Durch unseren Charakter werden wir erfolgreich und vorwärtsstrebend, oder bleiben ein Pechvogel und Unglückspilz, wenn wir es sind. Allein durch unseren Charakter sind wir faul, dickfellig, nachlässig, oberflächlich, schwung- und kraftlos, oder aber umsichtig, fleißig, tüchtig, zielbewußt, tatkräftig und willensstark.

Bitte verstehen Sie recht: Durch unseren Charakter! Und weshalb? Weil die Maschinerie des Erfolges so viele Hebel hat, die man bedienen muß, daß sie nur der Charakter meistern kann, nicht aber unser Wille.

Ich wiederhole auch diesen sehr wichtigen Lehrsatz: Weil die Maschinerie des Erfolges so viele Hebel hat, die man bedienen muß, daß sie nur der Charakter meistern kann, nicht aber unser Wille.

Apropos Willenskraft: Unser Wille, von dem so viele das Geheimnis des Erfolges abhängig machen, ist gar nicht das Entscheidende; denn auch unser Wille steht ausschließlich im Dienst des Charakters. Ist der Charakter schlapp, ist auch der Wille schlapp. Ist der Charakter stark, dann ist auch der Wille entsprechend.

Die Maschinerie des Erfolges oder der Auswirkung bestimmter Eigenschaften ist außerordentlich vielseitig, besonders, wenn es sich um die Zusammenfassung aller Erfolgseigenschaften eines Menschen handelt. Es ist unmöglich, diese Maschinerie mit ihren tausend Schaltern mit dem Oberbewußtsein zu überblicken. Doch bedient muß sie werden und zwar richtig. Denn nur, wenn sie richtig bedient wird, läuft sie richtig und führt uns zum Erfolg. Die Lenkung dieser Maschinerie ist darum zur Hauptsache eine unbewußte Sache, eine Angelegeheit des Unterbewußtseins, die durch den Charakter funktioniert, vom Charakter aus gesteuert wird.

Darum sprechen wir von einem Computer, weil uns der Computer ein Begriff ist für eine große Vielseitigkeit. Bewußt wird uns das, wenn wir daran denken, daß im Gehirn, dem Instrument des Computers, 10 bis 20 Milliarden Ganglien arbeiten. Ich brachte schon ein paar einleuchtende Beispiele. Ein Klavierspieler kann mit seinem Oberbewußtsein nur einen ganz kleinen Teil von dem beachten, was beachtet werden muß, um ein gutes Spiel zustande zu bringen. Wenn er nun virtuos, also vollendet spielt, dann spielen nicht eigentlich seine Hände und sein Oberbewußtsein, sondern sein Unterbewußtsein.

Bitte, begreifen Sie das. Oder denken Sie an einen Redner. Was muß der alles beachten, um ein anständiger Sprecher zu sein: Seine Ausdrucksweise, die Deutlichkeit seiner Sprache, die richtige Bildung der Vokale und Konsonanten, seine ganze Haltung, seine Hände, seine Augen, das Tempo des Sprechens, ganz abgesehen von der geistigen Seite des Vortrags, vom Aufbau der Sätze, von der Logik, vom roten Faden. Glauben Sie, es gäbe auch nur einen einzigen Menschen, der in der Lage wäre, all das bewußt zu beachten, all das mit voller Überlegung zu machen? Den gibt es nicht. Das muß alles von selber laufen. Ganz von selber muß er all die Punkte beachten, auf die es ankommt, damit er nichts weiter zu tun hat, als die Kontrolle über die einwandfreie Funktion des Ganzen auszuüben, die Richtung anzugeben, in der sich die innere Maschine betätigt und bewegt. Mehr kann man nicht leisten, alles andere macht der Computer, macht der innere Apparat. Das geht aber wunderbar, daß die herrlichste Gedankenentwicklung entsteht, völlig automatisch, ohne sich bewußt darum zu bemühen.

Selbstverständlich ist es notwendig, daß dazu die geistigen Kräfte voll eingesetzt werden. Das ist Voraussetzung.

3.3 Wie unser Unterbewußtsein uns steuert

Genauso ist es auch auf allen Gebieten eines positiven Lebens. Was muß man alles beachten, um vorwärts zu kommen, um Erfolg zu haben, um sich im Leben zu bewähren – im Umgang mit den Mitmenschen ebenso wie im Umgang mit den Vorgesetzten. Tausend Dinge reichen nicht aus, auf die es ankommt: Auf den äußeren Menschen müssen Sie achten, auf den inneren Menschen, auf die körperliche und geistige Ernährung, wie Sie sich geben. In unzähligen Dingen müssen Sie sich richtig verhalten. Dazu kommen noch die vielen Punkte, auf die es ankommt, wenn man sich im Hinblick auf die geistige Leistungsfähigkeit richtig verhalten will.

Doch hier kommt der springende Punkt: Eine solche Arbeit kann man Ihnen gar nicht zumuten. Kein Mensch, auch wenn er noch so befähigt ist, mutet sich das zu. Vielmehr muß das alles von selbst gehen, von selbst arbeiten. Die ganze Erfolgsmaschinerie muß sich von selbst bedienen. Darum brauchen wir einen Organisator und Leiter. Das ist unser Charakter. Der Erfolgscharakter muß in uns hinein, muß in uns aufgebaut werden. Dann sind wir Tatmenschen, ohne daß wir besondere Mühe haben. Dann handeln wir richtig, ohne daß wir uns verzweifelt anstrengen. Dann machen wir alles aus dem Gefühl heraus richtig. Dann steuern wir unseren Lebenswagen genauso richtig, wie wir unser Auto fahren.

Autofahren ist doch gewiß eine verantwortungsvolle Sache, besonders beim heutigen Verkehr. Was tun wir aber, wenn wir richtig fahren können? Wir legen uns zurück in unser Polster, umfassen mit krampfloser Hand unser

Steuer, das wir ganz leicht lenken. Zugleich führen wir ein interessantes Gespräch mit unserem Mitfahrer oder hören Radio. Am allerwenigsten sind wir mit unserem oberbewußten Denken bei der Bedienung unseres Wagens. Ich wiederhole: Am allerwenigsten sind wir mit unserem oberbewußten Denken bei der Bedienung unseres Wagens. Und doch sind wir in der Lage, jede Situation sofort zu meistern, wenn es darauf ankommt. Plötzlich sehen wir vor uns einen anderen Wagen. Schon bevor wir ihn mit unseren Augen richtig erfassen, stellen wir fest, wie unsere Hände das Steuer etwas nach links gedreht haben, so daß genau die Entfernung entsteht, die wir brauchen, um das Hindernis im Bogen zu überwinden. Bevor wir also überhaupt wissen, worum es geht, hat unser Körper schon gehandelt, ist unser Fuß vom Gashebel herunter- und wieder heraufgegangen, waren wir in Bereitschaft, sofort zu bremsen, wenn es sich als notwendig erwiesen hätte, wurde überhaupt alles getan, um den Wagen nicht aus der Gewalt zu verlieren. Das ging spielend und ohne Aufregung vor sich. Wie ist eine solche komplizierte, verantwortungsvolle, geistige Arbeit zu leisten, wenn wir uns dabei mit unserem Freund unterhalten oder ein Radioprogramm anhören.

Hier zeigt sich die Macht, die das Unterbewußtsein mit seiner automatischen Reaktion und Funktion hat. Hier zeigt sich die Fähigkeit der inneren Maschinerie. Es geht von selbst, sagen wir. Aber nichts kann von selbst gehen, wie wir wissen, alles hat eine Ursache. Also ergibt sich die Feststellung, daß wir in uns eine Organisation haben, die das aus eigener Regie glänzend zu leisten imstande ist. Wir brauchen nur die Oberaufsicht auszuüben, die Richtung anzugeben, in der sich die Maschine betätigen soll. Wir brauchen nur zu sagen: Wir fahren heute nach München und den Befehl dazu zu geben, schon geht es los, schon setzt sich die Organisation in Betrieb.

Genauso wie mit der Steuerung Ihres Automobils ist es

auch mit dem Automobil des Erfolges. Nur der kann erfolgreich im Leben sein, der sozusagen der geborene Erfolgsmensch ist. Wohlverstanden, ich schließe dabei nicht etwa diejenigen aus, die bisher das Gegenteil von einem Erfolgsmenschen waren. Doch, wenn das der Fall ist, dann muß man von neuem geboren werden, dann muß es so werden mit der Selbsterziehung, als machte man eine neue Geburt durch. Das heißt, daß die Organisation des inneren Mechanismus geändert, umgebaut, umgeschaltet werden muß. Das erreichen wir, indem wir die Gesetzmäßigkeiten hier studieren und dabei vor allem beachten, was wir über die Bedingungen der seelischen und geistigen Ernährung gehört haben. Denn dadurch, daß wir nur aufbauende Gedanken in uns aufkommen lassen, fängt die innere Maschine an, in der Richtung eines positiven Wollens zu arbeiten. Wenn wir uns Tag für Tag eindringlich sagen – durch Autosuggestion, z. B. durch Automationstafeln – daß wir unbedingt ein erfolgreicher Mensch werden wollen, wenn wir uns Tag für Tag immer wieder zum Bewußtsein bringen, wie wir sein möchten, dann entsteht in uns das Urbild des Menschen, der wir tatsächlich sein können. Nach diesem Urbild fängt die innere Maschinerie an, zu arbeiten. Es bildet sich ein System von positiven Schaltungen heraus, nach dem wir später kraft des Gesetzes der Gewohnheit zwangsläufig handeln. In dieser späteren Zwangsläufigkeit, also in diesem späteren Automatismus ruht dann das Geheimnis der Verwirklichung unserer Wünsche.

Um das zu erreichen, sind Einsicht und innere Freiheit notwendig. Hier zeigt sich erneut der innere Zusammenhang aller Erkenntnisse von der Gestaltung eines positiven Lebens. Erst müssen wir einmal mit uns zu Rate gehen und den guten Willen haben, auf die große Linie des Lebens zu kommen. Was ist der Sinn des Lebens? Nur zu essen, nur zu trinken, nur dieses Leben rein körperlich zu erleben? Oder steht hinter dem Ganzen ein großes schöpferisches Geschehen, das den vollen Einsatz unserer Persönlichkeit, unsere ganze Hingabe erfordert? Allem voran muß das Erkennen des Schöpferwillens gehen, der uns ins Dasein stellte. Allein aus diesem Erkennen erwacht die Kraft zur notwendigen Überwindung der Selbstsucht. Darum sagen wir nicht mehr: Ich will nur leben, ich will nur mein Dasein genießen, sondern: Das Werk muß getan werden. Wir hören auf, uns zur Hauptsache zu machen. Unsere Arbeit, unser Wollen, unser Streben steht weit über dem eigenen Ich. Das heißt jedoch nicht, sich selbst aufzugeben, sondern das Leben erst wirklich zu gewinnen. »Setzest du nicht dein Leben ein, nie wird das Leben gewonnen sein«, sagte schon Schiller. Erkennen wir die Notwendigkeit unseres Einsatzes für ein positives Werk, eine positive Aufgabe, für ein Ziel mit produktivem Inhalt, dann ergibt sich auch die Auswertung aller unserer Möglichkeiten, durch die wir in der Lage sind, unsere Kräfte und Fähigkeiten so zu steigern, damit wir unser Ziel erreichen. Wenn wir irgendwo ein Mitarbeiter an einem Werk sein wollen, ganz gleich, wo wir im Augenblick stehen: Ob wir an der Schreibmaschine sitzen, in einer Baugrube arbeiten oder als Betriebsleiter ein Unternehmen zu leiten haben, es kommt immer darauf an, daß wir ganz bei unserer Arbeit sind. Also müssen wir uns die Quellen öffnen, die dahin führen. Und gerade hier zeigt sich, daß solche Fähigkeiten und Kräfte, wie sie der vollkommene Einsatz erfordert, nur vorhanden sein können, wenn uns der Erfolgscharakter in Fleisch und Blut steckt, wenn wir von innen heraus ein Erfolgsmensch sind.

Denn das stellen wir fest: Nicht aus der bewußten Überlegung, nicht aus dem Verstand oder dem Oberbewußtsein, sondern allein aus dem Unbewußten, aus dem Gefühl können wir das Hebelwerk der Maschinerie, die zu diesen Kräften und Fähigkeiten führt, bedienen. Wenn ein gewandter Geschäftsmann einen Brief diktiert, braucht er vorher nicht lange zu überlegen. Er sagt das Richtige im Augenblick des Diktates, spielend sagt er es, wie es notwendig ist. Der unterbewußte Denkapparat ist darauf eingestellt, die von ihm verlangte Arbeit erfolgreich und richtig zu leisten. Diese vollkommen selbständige Tätigkeit des Unterbewußtseins zeigt sich überall, wo produktive Kräfte verlangt werden.

Der Pianist weiß nicht und denkt auch gar nicht daran – jedenfalls nicht im Augenblick des Spiels – wie die Note heißt, die bestimmt, wohin seine Finger im Bruchteil eines Augenblicks auf der Tastatur des Klaviers greifen müssen. Er spielt rein gefühlsmäßig. Genauso, wie die Hand rein gefühlsmäßig arbeitet, wenn wir mit großer Geschwindigkeit eine Niederschrift machen, ja, noch weiter, wie wir Laut um Laut beim Sprechen formen, ohne auch nur einen einzigen Augenblick darüber nachzudenken, wie man das eigentlich macht.

Überall stellen wir die Äußerung dieser außerordentlichen Fähigkeiten fest. Darum ist es auch absolut richtig, wenn wir sagen: Gelingt es uns nicht, diese Maschinerie einzuspannen in den Dienst des Erfolges und eines glücklichen Daseins, um innerlich so zu werden, wie es ein geborener Erfolgsmensch von Anfang an ist, werden wir nie wirkliche Meisterschaft über das Leben erlangen. Gefühl ist alles, kann man auch hier sagen. Wer sein Gefühl für den Erfolg nicht einzuspannen vermag, wird immer ein Wurstler und Dilettant bleiben. Dies gilt übrigens für Mann und Frau. »Eine kluge Frau« – so schrieb ich einmal in einem Buch – »ist ein Kleinod ohnegleichen, wenn sie ihr Gefühl und ihre Liebe einzuspannen vermag für jede Sache, die richtig werden soll.« Mit schlafwandlerischer Sicherheit wird sie das Rechte treffen bei der Auswahl ihrer Mittel. Sie wird handeln, wenn ihr das Gefühl sagt, daß gerade jetzt der richtige Augenblick zum Handeln gekommen ist.

Harte Verstandesarbeit ist notwendig. Nicht genug können wir tun, um unsere Logik zu bilden, unsere Vernunft zu wecken. Doch alles das ist nur Anleitung und Ankurbelung der inneren Anlage, ist Wegweisung für die Betätigung der Kräfte des Geistes.

Wenn ich Ihnen diese Zusammenhänge so eingehend auseinandersetze, dann ist das ebenfalls nur der Weg, um in Ihrem Gefühl das Verständnis für das zu wecken, worauf es ankommt. Die Sprache ist viel zu arm, und die Zeit viel zu kurz, um alles vermitteln zu können, was man tun muß, um den rechten Weg des Erfolges zu gehen. Darum muß auch bis ins letzte klar werden, was dieses Innere vermag, und wozu es befähigt ist, wenn wir erfüllen, was wir als Bedingungen zum Erwachen der inneren Kräfte im Laufe unserer Ausführungen erkannt haben.

3.4 Wie man andere richtig zu behandeln lernt

Ich wiederhole diesen wichtigen etwas schwierigen Satz. Wenn ich Ihnen diese Zusammenhänge so eingehend auseinandersetze, dann ist das ebenfalls nur der Weg, um in Ihrem Gefühl das Verständnis für das zu wecken, worauf es ankommt.

Es sagte schon der weise Sokrates: »Alles Lernen ist nichts als ein Wiedererinnern unserer Seele.« Nie hätte er das sagen können, ohne zu wissen und zu erkennen, wie leistungsfähig das eigene Innere ist.

Damit haben wir nun die Grundlage geschaffen, um auch das Geheimnis der richtigen Behandlung unserer Mitmenschen zu erfassen. Wir selber sind der Schlüssel in der Konstruktion unseres eigenen Wesens. Wenn wir wissen, wie die Kräfte in uns arbeiten und unter welchen Voraussetzungen sich die positiven Kräfte betätigen, wird uns klar, wie unsere Einstellung sein muß, um in der Menschenführung und in der Menschenbehandlung eine glückliche Hand zu haben. Wenn wir sagen, daß wir nicht aus dem Willen, aus der Überlegung so sind, wie wir sind, sondern im wesentlichen aus der inneren Natur, aus dem Charakter heraus und aus der Zusammenwirkung der verschiedensten Gewohnheiten, dann ist es nicht schwer, aus diesen Erkenntnissen ein System kluger Menschenbehandlung zu entwickeln, das uns befähigt, uns überall so zu verhalten, daß wir auch in dieser Hinsicht wirkliche Künstler sind.

Wenn ich weiß, daß die Umwelt zwangsläufig reagiert, daß nur durch einen positiven Einfluß etwas erreicht werden kann, dann bin ich nicht barsch und grob, sondern so, wie es der positive Aufbau eines wohlwollenden Innenlebens der Mitmenschen erfordert. Klugheit beherrscht meinen Weg, nicht blinde Gewalt. Überall versuche ich nur, durch die richtige Einstellung die Mitwelt zu verändern, wenn ich mit ihr nicht zufrieden bin. Ein bekanntes Wort Goethes heißt: »Wenn wir die Mitmenschen behandeln, wie sie sind, dann machen wir sie schlechter, wenn wir sie dagegen behandeln, als wären sie bereits das, was sie sein sollten, dann bringen wir sie dahin, wohin sie zu bringen sind.«

Wie wunderbar trifft das den Kernpunkt. Dieser Regel folgend, dürfen wir also nicht zu unserem Kind sagen: »Du bist schlecht, Du bist ein Taugenichts, Du wirst überhaupt nichts im Leben erreichen, Du bist dumm.« Tun wir das, machen wir das Kind – nach Goethe – schlechter.

Wenn wir die Menschen dagegen behandeln, als wären sie bereits das, was sie sein sollten, bringen wir sie dahin, wohin sie zu bringen sind. Ganz deutlich heißt das: Nur dann kann das im Grunde des Wesens ruhende mögliche Gute in Erscheinung treten, wenn wir durch unsere kluge Behandlung sein Bewußtsein damit erfüllen. Das ist keine Annahme, sondern eine Tatsache, die sich auf strenge Naturgesetzmäßigkeit gründet.

Verstehen Sie es nur recht: Halte ich einem Menschen

100

Tag für Tag immer nur seine Schlechtigkeit vor und seine Sünden, denke ich nicht daran, ihn wissen zu lassen, daß trotz seiner augenblicklichen Schlechtigkeit dennoch das Gute in seinem Inneren wohnt, an das ich glaube und von dem ich überzeugt bin, daß es eines Tages kraftvoll in Erscheinung treten wird, dann leuchtet das Gute überhaupt nicht in ihm auf. Nur das Schlechte sieht er immer wieder, muß es sehen, weil er zwangsläufig denkt und weil ebenso zwangsläufig das Wirken der negativen Kräfte immer mehr genährt wird. Weil das so ist, können wir gar nichts anderes erwarten als das, was wir erleben, daß nämlich der von uns fortdauernd nur mit Vorwürfen Bedachte überhaupt keine Neigung zur Besserung zeigt. Er ändert sich nicht, weil die Voraussetzungen zur Änderung nicht erfüllt sind. Machen wir es dagegen umgekehrt, denken wir bewußt an das Gute, heben wir bewußt das Positive hervor, dann sagen wir zu einem nervösen, überreizten Menschen auch nicht: »Du bist nervös, du machst mich verrückt, es ist nicht mehr auszuhalten mit dir«, sondern: »Laß nur, du wirst schon wieder ganz ruhig werden, das macht nichts, wenn du dich mal aufregst; heute siehst du schon viel besser aus als gestern.«

Sprechen wir so, dann erzeugen wir in dem nervösen Gesicht keine Verzerrung aus Unwilligkeit, aus Unverstandensein, sondern ein Aufleuchten, eine innere Befriedigung. Umso stärker wird unser Einfluß sein, je mehr wir es verstehen, im Bewußtsein des Nervösen die Vorstellung zu wecken, daß alles gar nicht so schlimm ist, daß alles vorübergeht, immer mehr das Schöne und Positive auch für ihn kommen wird. Mit mächtiger Geisteskraft legen wir den Hebel in seinem Bewußtsein auf die andere Seite, stellen wir die Weichen um. Bewußt ernähren wir das Positive in ihm, das bis dahin verkümmert war; wodurch wir dann auch die Grundlage schaffen, daß ohne Gewalt, ohne Zwang und allein durch die Glättung der Seele, durch unsere verständnisvolle, bewußt positive Einstellung der ganze Mensch sich ändert.

101

Doch das geschieht nicht, weil diese Einstellung menschlicher ist, das sowieso, sondern weil damit den Gesetzmäßigkeiten des Seelenlebens entsprochen wird. Ist es nun schwer, hieraus die Kunst kluger, positiver Menschenbehandlung abzuleiten, Glück auszustrahlen durch diese Einstellung?

Wir sagten früher: Nur aus der inneren Ruhe heraus können wir die großen Erfolge des Lebens erzwingen. Wer in Erkenntnis dieser Gesetzmäßigkeit lebt und sich in diesem Erkennen zu seinen Mitmenschen einstellt, der wirkt dann auch in dieser Beziehung aus der inneren Ruhe heraus.

Wie falsch behandeln viele Frauen ihre Männer, wie negativ, wenn die Frau zum Manne spricht: »Ich bereue es, daß ich Dich geheiratet habe, andere, die sind so tüchtig und umsichtig zu ihrer Frau und Du, Du kümmerst Dich gar nicht um mich, vernachlässigst mich.« Es kann gar nicht sein, daß solche Gedanken positive Wirkungen hervorbringen können. Nur ärgerliche Gefühle können sich entwickeln. Wenn die Frau so unklug ist und spricht wiederholt so falsch und negativ, dann kann sie gar nichts anderes erwarten, gar nichts anderes ernten, als einen verstimmten, ärgerlichen Mann, der schließlich unausstehlich wird. Sie hat mit ihrer falschen Behandlung, mit ihrem negativen Einfluß eine solche Unausstehlichkeit regelrecht herangezüchtet. Doch gleiches gilt auch für den Mann. Wie viele sind erst wenige Jahre verheiratet und haben doch schon lange aufgehört, ihrer Frau etwas Liebes und Zärtliches zu sagen. So spricht er zu einer fremden Frau: »Ach, Frau Müller, Sie sehen wieder einmal ganz entzückend aus, das Kleid ist wunderbar und Ihre Haare!« Und zur eigenen Frau? »Mach, daß Du fertig wirst, das dauert ja ewig!« Es ist gar kein Wunder, daß eine solche Frau nicht so will, wie er es will. Bei dieser negativen Beeinflussung kann gar nichts anderes herrschen in ihr als das Negative.

Leider verhält es sich mit den Menschen so – und auch das

ist eine Frage der Selbstsucht – daß wir immer zuerst vom anderen verlangen, daß er Verständnis hat und Einsicht. Keiner findet sich zum ersten Schritt bereit. Die Selbstsucht kribbelt im Blut, in allen Nerven. Wenn der andere nicht so will, wie wir es wollen, steigt etwas in uns auf. Das ist der Beweis dafür, daß der Satan uns in seinen Klauen hat.

Wie in der Ehe, so ist es überall im Umgang mit Menschen. Man muß als erster den Anfang machen, vernünftig zu sein, sich nach den Gesetzen glücklicher Lebensführung zu verhalten, als erster aufhören, dem anderen viel übel zu nehmen, ihm unangenehme Worte zu sagen, zumal man ihm doch nicht so viel übel nimmt, sondern froh ist, daß es ihn gibt, wenn er auch nicht ganz so will, wie wir es möchten. Warum kann man sich nicht das Leben angenehm machen? Warum kann man nicht durch eine kluge Einstellung den anderen dahin bringen, wohin er zu bringen ist? Es mag sein, daß auch etwas Diplomatie – wie man so schön sagt – im Spiel ist. Doch hier heiligt wirklich der Zweck die Mittel. Diese Diplomatie kann man verantworten. Es ist tausendmal besser, positiv in seinen Worten zu sein als Ausdruck der Erkenntnis, daß man damit zum Ziel kommt, als herumzupöbeln und zu schimpfen und dadurch das letzte bißchen Gute, das letzte bißchen Sympathie zu zerstören. Viele verheiratete Frauen pflegen sich nicht genug, könnten viel hübscher aussehen, viel schöner. Der Mann müßte es nur fertigbringen, sie klug auf dieses Ziel hinzulenken; durch Befolgung der Gesetze des Erfolges in ihnen den Sinn wecken für das Gepflegte und Schöne. Freilich kann er das nicht erreichen, indem er schimpft. Diplomatie ist die Kunst, durch klug gewählte Mittel sein Ziel zu erreichen.

Aber ist das wirklich nur Diplomatie, wenn man aus kluger Einsicht positive Worte zu sprechen fähig ist? Was meinen Sie wohl, wie innig sich das Verhältnis von Mann und Frau gestalten kann, wenn beide nur ein klein wenig klug sind, oder wenigstens zunächst einer. Einer muß den

Anfang machen. Man darf nicht vom anderen verlangen, daß er zuerst anfängt. Gerade darum muß man auch die Selbstsucht überwinden.

Ich weiß, daß ein solches Verhalten oft dort am schwersten fällt, wo man sich innerlich am nächsten steht. Aber ist das nicht ein Prüfstein für das Maß an Einsicht, das man besitzt? Wir müssen aufhören, an allem zu kritisieren, was uns vor Augen kommt und müssen uns ein Beispiel nehmen an der Sonne, die die ärmlichste Pfütze noch vergolden kann. Woher soll denn das Glück unseres Lebens kommen, wenn nicht aus unserer positiven Einstellung zum Leben. Das sind keine allgemeinen Lehren des guten Tons. Diese Einstellung der ist Beweis für Weisheit und wirkliche Lebenskunst. Es ist ein Zauber um diese Weisheit; denn das positive Fluidum unseres Wesens, das wir uns wünschen, tritt dadurch glücklich in Erscheinung. Die Kräfte der Sympathie strahlen aus allen unseren Gedanken. Jedes Wort, das aus unserem Munde kommt, schwingt im Zeichen dieser Kräfte und wirkt unbewußt in der Seele unserer Mitmenschen fort. Eine seelische Resonanz ensteht, die Liebe und Zuneigung unbewußt erzeugt. Mancher glaubt, man könne sich nur Einfluß verschaffen und sich durchsetzen, wenn man sich nichts gefallen läßt und gegen alles angeht, was einem nicht paßt. Gewiß, im harten Daseinskampf ist das manchmal ein Weg zum Sieg. Doch es ist kein Weg zum Glück, zum wahren Verstehen mit Menschen, mit denen zusammen wir glücklich sein wollen. Ich pfeife auf jeden Respekt, wenn ich nicht die Liebe meiner Mitmenschen habe, das Vertrauen, die Zuneigung, die aus dem Herzen kommen müssen und für die ich aber, durch meine richtige Einstellung, die Ursache, die Veranlassung sein muß.

Das ist der Sinn glücklicher Lebensführung, daß wir uns freuen können am Leben, freuen am Schaffen, freuen am Tätigsein und freuen am Glück, das sich aus dem harmonischen Zusammenleben mit unseren Mitmenschen ergibt.

Doch das kommt nicht von selbst. Das kann nur kommen, wenn wir die Scheinwerte der Welt überwinden, uns aus der seelischen Blindheit lösen und unser selbstsüchtiges Streben verbannen. Manchmal heißt das: Verzichten auf besondere Geltung, verzichten, der Mittelpunkt zu sein, um den sich alles dreht. Doch das ist unwesentlich. Ein Vielfaches gewinnt man ja durch diese Haltung: Mehr Liebe erntet man; und das ist die Hauptsache. Was haben wir von einem Kind, das uns gehorcht, weil es Angst hat vor unserer Strenge? Ist das ein Zeichen für gute Erziehung? Wenn es aber gehorcht aus Liebe, wenn wir es fertiggebracht haben, es auf unsere Seite zu ziehen mit seinem Gefühl, und es dadurch mit seinem Herzen an uns hängt, dann haben wir etwas erreicht.

Wir müssen es fertigbringen, so viele Menschen wie nur irgend möglich zu wahren und wirklichen Freunden zu machen. Das kann aber nur gelingen, wenn wir die Menschen so behandeln, als wären sie bereits das, was sie sein sollen.

Sagen wir zu einem in der Erziehung vernachlässigten, ungepflegten Menschen, der aber dennoch ein guter Kerl wäre, wenn er nur richtig geführt würde: »Du Trottel, mach, daß du wegkommst, ich will dich nicht am Tisch hier sehen«, dann ist das ein ganz anderer Einfluß auf das Seelenleben dieses Menschen, als wenn wir aufbauend zu ihm sagen: »Mein lieber Freund, weißt du, du legst doch großen Wert darauf, daß du dich bei uns wohlfühlst, nicht wahr? Ich würde an deiner Stelle mal ein klein wenig die Möglichkeiten studieren, durch die man das Zusammenleben angenehm gestaltet. Stell dich mal ein bißchen auf uns ein, ich meine, du bist doch auch ein gepflegter Mensch, du hast doch auch Sinn dafür.«

Was meinen Sie, wie gepflegt dieser Mensch das nächste Mal an Ihrem Tisch erscheint, sich freut, daß man ihn nicht verachtet, sich freut, daß man ihn nicht in die Ecke schubst,

sondern ihn anerkennt. Wenn man überhaupt eine Möglichkeit hat, einen Menschen vorwärts zu bringen, dann nur
dadurch, daß man diesem Menschen die Hand reicht und an
das Gute in ihm glaubt. Also müssen Sie die Möglichkeiten
erschöpfen, darauf kommt es an. Wir können viel erreichen,
wenn wir uns so einstellen.

Glücklich zu leben und erfolgreich zu sein in seinem
Streben, ist gar nicht schwer. Nur dann ist es schwer, wenn
wir ohne Überlegung in den Tag hinein leben, von unserer
Selbstsucht getrieben werden und nicht daran denken, die
Gesetzmäßigkeiten zu achten, die einem glücklichen Leben
zugrunde liegen. Möchten wir doch alle bald zur letzten
Einsicht kommen in diesen Dingen und nicht zögern, wenn
sich uns Gelegenheit bietet, auch andere Menschen teilhaben
zu lassen an dieser Einsicht.

3.5 Zusammenfassung

Alles, was geschieht, unterliegt bestimmten Gesetzmäßigkeiten, auch die Lebensmeisterung.

Durch unser Denken bauen wir unser Leben auf oder
richten es zugrunde. Was wir in zehn Jahren sein werden,
das denken wir heute schon, das ist die Frucht unseres
heutigen und künftigen Denkens.

Unsere Absicht, positiv zu denken, muß zur Gewohnheit
werden, zum Zwangslauf. Wir brauchen uns dann gar nicht
mehr darum zu kümmern, wir denken automatisch nur
noch positiv.

Durch unseren Charakter sind wir erfolgreich und vorwärtsstrebend, umsichtig, fleißig, tüchtig, zielbewußt, tatkräftig und willensstark, oder aber wir sind durch unseren
Charakter faul, dickfellig, nachlässig, oberflächlich,
schwung- und kraftlos usw. Nicht durch unseren Willen,
sondern durch unseren Charakter.

Dieser unserer Charakter bedient unsere Erfolgsmaschinerie. Wir können ja gar nicht auf alles oberbewußt achten, was uns erfolgreich macht. Der Erfolgscharakter muß in uns hinein, muß uns automatisch steuern. Dann sind wir erfolgreich.

Wenn wir uns Tag für Tag eindringlich sagen, durch Autosuggestion, durch Fremdsuggestion, durch Automationstafeln, daß wir ein erfolgreicher Mensch werden wollen, wenn wir uns Tag für Tag immer wieder zum Bewußtsein bringen, wie wir sein möchten, dann ensteht in uns das Urbild des Menschen, der wir sein können. Nach diesem Urbild, nach diesem Programm richtet sich die Erfolgsmaschinerie in uns. Sie bildet ein System positiver Schaltungen im Gehirn, nach dem wir dann Kraft des Gesetzes der Gewohnheit automatisch, zwangsläufig handeln. Um das zu erreichen, sind Einsicht, Willensfreiheit und die Erkenntnis, daß es so richtig ist, notwendige Voraussetzungen.

Wenn wir wissen, wie die Kräfte in uns arbeiten, dann wird klar, wie unsere innere Einstellung sein muß, um positiv auf andere einzuwirken.

Woher soll das Glück unseres Lebens kommen, wenn nicht aus unserer positiven Einstellung zum Leben und damit zum Mitmenschen.

4
Leben
auf Kugellagern

Grundregeln großer Frische und Leistungsfähigkeit

4.1 Wie man leistungsfähig wird und bleibt

Körperliche Frische und geistige und auch körperliche Leistungsfähigkeit sind unerläßlich zum Erfolg und unerläßlich auch zum Lebensglück. Wie kommt es nun, daß so viele Menschen in den besten Jahren schon verbraucht sind und daß sich oft auch junge Menschen kraftlos, schwach und matt fühlen, besonders wenn von ihnen intensive geistige Arbeit verlangt wird? In der Regel ist es so, daß mit dem körperlichen Befinden Hand in Hand die Leistungsfähigkeit geht und daß die Kurve der Leistungsfähigkeit sinkt, wenn wir uns nicht wohlfühlen. Daß diese Kurve schon bei Witterungseinflüssen schwankt, ist ein Beweis dafür, wie stark die Wechselbeziehungen zwischen Körper und Geist sind. Schon Goethe klagte, daß er bei schlechtem Wetter nicht richtig arbeiten konnte, während seine Leistungsfähigkeit sich steigerte, wenn sich das Wetter besserte.

Wenn wir wissen, daß wir in uns eine Gedankenmaschinerie haben, einen Apparat, durch dessen Wirksamkeit das Denken entsteht und damit die Funktion des Geistes, dann ist auch zu verstehen, daß diese Maschine gewartet werden muß. Wenn man nicht geschlafen hat, ist man auch geistig müde. Man kann so müde werden, daß einem die Augen zufallen, sodaß es einem beim besten Willen nicht mehr möglich ist, sich zu konzentrieren. Die Konzentration, die geistige Sammlung ist das A und O der Leistungsfähigkeit. Je mehr es uns Mühe macht, uns zu konzentrieren, um so schwerer fällt uns das Arbeiten mit dem Kopf. Gerade durch sorgsame Beachtung der Abläufe im Organismus und der biologischen Vorgänge erreichen wir, daß wir uns aus Kraftüberschuß leicht konzentrieren könne.

Die geistige Sammlung ist eine Angelegenheit unserer Nervenbatterie und eine Frage geistiger Disziplin. Wenn wir eine erschöpfte Nervenbatterie haben, weil wir uns überarbeitet haben oder, weil wir mit unseren Nerven Raubbau getrieben haben, dann ist die geistige Sammlung mit großer Mühe verbunden. Es kann sogar so weit kommen, daß wir uns überhaupt nicht mehr konzentrieren können, daß wir keinen Einfluß und keine Gewalt mehr über unsere Nerven haben, weil die Kraft der Nerven verbraucht ist.

Pflegen wir uns dann, sorgen wir für Ruhe, dann ist es möglich, daß sich die Nervenzellen wieder erfrischen, wieder erholen. Eine gesunde Nervenzelle ist prall und frisch, während eine kranke oder geschwächte in sich zusammengesunken und wie vertrocknet ist. Man nimmt Lecithin, man behandelt sich mit allen möglichen Hormonen und versucht damit, seiner Nervenkraft wieder auf die Beine zu verhelfen. Alle diese Mittel sind aber mehr oder weniger Surrogate gegenüber einer wirklich positiven Behandlung des Nervensystems nach den Gesetzen der Gesundheit. Die Nervenmaschine braucht sich überhaupt nicht zu verbrauchen, denn es ist nicht die Arbeit, die die Nerven kaputt macht – die Arbeit als solche – sondern die Reibung, die mit der Arbeit verbunden ist. Wir müssen vor allem Kurzschlüsse in uns vermeiden. Denken Sie hierbei an einen Akkumulator, wenn wir beide Pole eines Sammlers kurzschließen, verbraucht sich die Ladung in kürzester Zeit in sich selbst. Er wird so heiß, daß er zu glühen beginnt, die Platten verbiegen sich, und die Zellen werden zerstört.

Das gleiche haben wir auch bei unserer Nervenbatterie. Jede Art von Überanstrengung, jede Art von besonderer Hochspannung bringt eine zerstörende Belastung des Nervensystems, der Nervenbatterie mit sich. Solange man jung ist, merkt man nichts von diesem Mißbrauch der Nervenkraft. Man gibt sich vielen Ausschweifungen hin und sagt sich: Was kann mir denn passieren, meine Nerven sind stark wie Kälberstricke. Das ist ein Irrtum. Obwohl man keine Nachwirkungen spürt, verbraucht man dennoch in dieser Zeit sein Nervensystem. Aber warum spürt man das nicht? Einfach deshalb, weil uns die Natur mit einer großen Kraftreserve ausgestattet hat. Solange wir von dieser Reserve zehren, spüren wir keine unmittelbare Belastung, spüren wir keinen Verfall. Aber im Verlauf der Jahre – oft auch schon nach Monaten – schwindet die zur Verfügung stehende Reserve, und wir kommen dann an jene Menge von Nervenkraft heran, die gerade noch da sein muß, um unsere Lebensfunktionen aufrecht zu erhalten. Sind wir dort angelangt, merken wir plötzlich jede Anstrengung.

Wohlverstanden, die Grundlage zu dieser Situation wurde bereits im Laufe unseres Lebens gelegt, nur merkten wir die bereits eingetretenen Schwächen und Schäden nicht. Wenn wir einen Mangel an Nervenkraft feststellen, sind wir bereits am Anfang vom Ende angelangt, und es ist dann allerhöchste Zeit, zu retten, was noch zu retten ist.

Stellen Sie sich vor, der Körper sei eine elektrische Kraftmaschine. Er erzeugt in sich durch eine wunderbare Organisation, durch die Tätigkeit seiner Organe die Nervenelektrizität. Gleichzeitig wirken dabei die Kräfte des Kosmos und alle Einflüsse mit, die den Menschen treffen. Solange der Körper in Ordnung ist, die Zellen frisch sind, kann sich diese Lebenstätigkeit dahin auswirken, daß genügend Kraft, sei es durch die Nachtruhe oder durch die Arbeitspausen, immer wieder geschaffen und aufgespeichert wird.

Wir alle hängen nämlich an dem großen elektrischen

Schaltwerk der Natur, ähnlich, wie wir einen Akku anschließen, um ihn von neuem aufzuladen, wenn er verbraucht ist. Doch genauso wie ein Akku sich nicht mehr auflädt, wenn die Zellen zerstört sind oder nur sehr wenig Kraft aufnehmen kann, weil nur ein Teil der Zellen noch erhalten ist, geht es auch dem Menschen, der mit seinem Nervensystem heruntergekommen ist. Dieser Mensch kann zwölf Stunden schlafen, aber er erholt sich nicht mehr richtig, während ein anderer, der ein gesundes Nervensystem hat, sich unter Umständen in zwei Stunden wieder vollkommen regenerieren, aufladen kann. Über die Fülle der Nervenkraft und über die Kraft der Nerven entscheidet also die Beschaffenheit des Nervensystems.

Ist das Nervensystem gut, also unbeschädigt, die Zellen gut erhalten, dann kann man durch die gebotenen biologischen Möglichkeiten seinen Akku ordentlich füllen. Dann kann man sich auch einmal mächtig überanstrengen, ist dann totmüde, vollständig erschöpft. Aber nach acht Stunden oder sogar schon nach vier, ist man dann trotzdem wieder kräftig. Ist man aber heruntergewirtschaftet mit seinen Nerven, dann geht das nicht mehr. Dann tritt das gleiche ein wie bei einer elektrischen Batterie. Die Zellen sind kaputt. Wir können den Akku vier Wochen lang an den Strom hängen, er wird nicht mehr aufgeladen. Im ersten Augenblick wird ein solcher Akku noch Spannung hergeben, doch die Spannung sinkt sofort, wenn wir ihn belasten.

So ist es auch mit dem Körpersystem des nervösen Menschen. Er kann im Augenblick noch etwas unternehmen, aber schon nach kurzer Zeit spürt er, wie er schwach wird, wie er einfach gegen Widerstände nicht mehr aufkommen kann. Entscheidend für die Menge an Nervenkraft, die er zur Verfügung hat, ist immer, wie lange er eine bestimmte Tätigkeit aushält, wie lange er sich hintereinander konzentrieren kann, wie lange er einer Beanspruchung seiner Nerven gewachsen ist.

Das sind zunächst einmal die Grundgedanken, die wir uns einprägen müssen. Wir müssen also eine Lebensweise haben, die es verhindert, daß in uns Kurzschlüsse entstehen; denn die Kurzschlüsse sind es, die unsere Nerven schwächen und krank machen. Kurzschlüsse ergeben sich aus allen Aufregungen und ärgerlichen Dingen bzw. aus allen Situationen, in denen in uns etwas aufsteigt, was das Herz abschnürt, auf den Magen drückt, uns elend macht, das Blut in den Kopf jagt, unsere Hände zum Zittern bringt, uns also aufregt und verrückt macht.

Wie weit diese Überspannung führen kann, zeigt ein Ärger, der uns augenblicklich umwerfen kann. Sie spüren in den Knien, in den Beinen, wie die Kräfte schwinden, nur durch Ärger. Sie verstehen das, wenn Sie sich den Vorgang so vorstellen, wie ich ihn geschildert habe. Der Ärger erzeugt eine Überspannung, also einen Kurzschluß, und anstatt nur ein Tausendstel Ampère ist Ihr Kraftverbrauch zehn Ampère oder noch mehr, um das einmal in Zahlen auszudrücken. Viele Menschen glauben, sie arbeiten zu viel, weil sie sich durch die Arbeit elend und kraftlos fühlen. Das ist meistens ein Irrtum, denn die Nervenkraft wird weniger durch die Arbeit als vielmehr durch die vielen Reibungen verbraucht, die im Zusammenhang mit der Arbeit und durch eine falsche Gedanken- und Lebensführung auftreten. Wenn wir von rationeller und ökonomischer Arbeit sprechen, so ist gemeint, daß man mit einem Minimum an Kraft große Leistungen hervorbringen muß, und das heißt, Reibungen vermeiden, Reibungen ausschalten, Kurzschlüsse vermeiden und überall Kugellager einbauen, wo es nur geht. Das sind Erkenntnisse, die wir beachten müssen, wenn wir erfolgreich arbeiten wollen.

Betrachten wir einmal im Zusammenhang diese Gedanken:

1. Der Organismus des Menschen ist eine Anlage, eine Maschine, die Kraft zur Leistung erzeugt.
2. Diese Maschine darf nicht überanstrengt werden, weil sie sonst keine Kraft mehr erzeugen kann.
3. Die Kraft darf nicht verbraucht werden durch Reibungen, sondern nur durch nutzbringende Leistung; durch eine Leistung, die mit einem Minimum an Krafteinsatz möglich wird.

4.2 Worin die Lebenskunst besteht

Das ist eine Sache der Erfolgstechnik und der Lebenskunst. Grundsätzlich brauchen wir unsere Kraft zunächst für die Inbetriebsetzung des Gehirns. Ich habe Ihnen schon erklärt, daß diese Wundermaschine – unser Gehirn – das Geheimnis jedes Erfolges ist. Wir können mit den Händen in den Taschen die größten Leistungen hervorbringen, wenn wir es verstehen, klug und produktiv mit den Milliarden unserer Gehirnzellen zu arbeiten. Wir können eine einfache Grundregel aufstellen, um in diesem wichtigen Punkt positiv zu schalten: Versuchen Sie stets, zu Ihren Arbeiten das Einverständnis Ihrer Seele zu haben, dann klappt es immer, dann geht es immer spielend. Macht Ihre Seele mit, bejaht die Seele das, was Sie wollen, dann geht alles wie von selbst. Wehrt sich dagegen Ihre Seele, widerspricht sie, handeln Sie gegen Ihr Gefühl, dann verbraucht nicht die Arbeit an sich Ihre Kraft, sondern die Überwindung dieses seelischen Widerstandes. Dieses Über-den-seelischen-Berg-müssen ist die große Anstrengung, nicht die eigentliche Leistung.

Wie gut schmeckt eine Arbeit, wenn Sie dabei ein Lied singen oder ein Lied hören können und nicht mit Krampf arbeiten. Dann sind Sie bereit, bis in den Morgen zu arbeiten. Sie merken es kaum, wenn Sie es tun. Wehe aber, Ihnen ist jede Ablenkung verboten, wehe, Ihre Seele hat keine

116

Freude an der Arbeit, wehe, Sie dürfen nichts tun oder denken, was beglückt, dann wird das Arbeiten zur Qual. Wenn Sie dann endlich Ihre Arbeitszeit hinter sich gebracht haben, sind Sie so erschöpft, daß Sie glauben, vor Erschöpfung umfallen zu müssen.

Diese Zusammenhänge gilt es, zu beachten. Deshalb muß man sich vor unnützen Reibungen hüten und wissen, daß dazu alle Disharmonien gehören. Reibungen sind natürlich auch solche Gedanken, die mit einer negativen Lebensauffassung im Zusammenhang stehen.

Von verheerender Wirkung ist hierbei alles, was mit Angst, Furcht, Zweifel und Hoffnungslosigkeit zu tun hat. Wenn Sie in sich das Gefühl tragen, daß ja alles doch keinen Zweck hat, was Sie machen, dann geht es Ihnen wie dem Mann, der versuchte, gegen Windmühlenflügel anzukommen. Dann müssen Sie ein Vielfaches an Kraft aufwenden und sich immer wieder zwingen. Das Sich-immer-wieder-zwingen-müssen, das verbraucht Ihre Kraft.

Sie müssen es so einrichten, daß Sie sich nie aufzuraffen brauchen, sondern aufgerafft werden, nämlich von der Lust zu arbeiten und zu leben. Alles muß so eingerichtet werden in Ihrem Leben, daß die Lust kommt. Sie kann natürlich nicht kommen, wenn Sie nicht zunächst einmal über Ihre Arbeit oder das, was Sie tun müssen, philosophieren bzw. sich tiefere Gedanken machen. Der kluge, positive Mensch hat eine klare Lebenseinstellung, die sich immer wieder um die Lebensweisheit dreht. Er bejaht vor allem. Er ist der bejahende Mensch; denn nur aus der Bejahung – und damit aus dem Glauben – wächst die Kraft unserer Seele. Nur so erreichen wir die Bereitschaft unserer Seele zur Mitarbeit. Während umgekehrt aus der Verneinung in irgendwelcher Form die Lebensflucht erwächst. Wenn die Seele kein Ziel für sich sieht, mag sie nicht mehr; dann dämmert sie dahin.

Man braucht als alter Mensch nicht gehirnschwach zu werden. Man wird es nur, weil die Interessen sterben, weil man keine Ziele mehr hat, weil man keine Lebensnotwendigkeiten mehr kennt und nicht einsieht, daß es trotz vorgerückten Alters noch etwas zu leisten gibt. Man interessiert sich nur noch für das Essen und Trinken und sagt sich: Ich muß meine Zeit absitzen, die ich noch hier bin. Wer solche Gedanken hat, dessen Seele zieht sich zurück, dessen Seele bereitet sich schon im fünfzigsten Lebensjahr – oft noch früher – auf den Abgang vor. Was soll eine Seele auf der Welt, wenn keine Interessen da sind, wenn ihr nicht gedient wird, wenn sie keinen Daseinssinn kennt, keinen Lebenszweck verfolgt? Wenn dagegen eine Seele weiß, daß es sich lohnt, aktiv zu sein – auch noch im hohen Alter – wenn die Seele in Harmonie und Freude schwelgt, sei es in der Vorfreude, Erfolg zu haben, durch ihre Anteilnahme am Leben, sei es durch das Handeln an sich, durch das Zielgerichtetsein auf positive Werte. Dann ist die Seele dabei, dann wird sie zu einem magnetischen Pol, der alle Kräfte steigert und uns zur höchsten Leistung befähigt.

Wir müssen Interesse an der Arbeit gewinnen, daß wir ihre Notwendigkeit und auch ihren höheren Zweck einsehen und nicht nur ihren augenblicklichen Wert für die Erhaltung des Körpers. Das ist das Nebensächlichste. Die Seele will Befriedigung. Wir sind nicht von Gott erschaffen, um Lasttiere zu sein, sondern um höchste Befriedigung durch das Leben zu haben, eingeschlossen den Kampf um den Erfolg. Wenn jemand aber dauernd nur kämpft, ohne ein höheres Ziel vor Augen zu haben, nur immer sich bemüht, mit den sich entgegenstellenden Schwierigkeiten fertig zu werden, dann macht die Seele nach einiger Zeit nicht mehr mit, weil sie das nicht will – zunächst aus dem Gefühl, solange man noch jung ist, später aus Pessimismus und vermeintlicher Erkenntnis. Man muß also die Bereitwilligkeit der Seele erringen. Wenn man die Gewißheit hat, daß die Seele mitmacht, dann ist schon der größte Teil aller Hemmungen und Reibungen ausgeschaltet.

Wenn Sie zu Ihren Freunden sprechen, eine Rede halten, dann finden Sie Worte noch und noch, da werden Sie launig und lustig, da geht es Ihnen wie einem Verliebten, der aus seiner Liebe heraus plötzlich poetisch wird, der auf einmal eine dichterische Ader in sich entdeckt, obwohl er sonst vielleicht ein nüchterner Zahlenmensch ist. Wie das kommt? Die Seele spielt mit, die Seele fühlt Befriedigung. Stirbt die Liebe zum Leben, hört alles auf, was sie interessiert. Dann ist es, als fließe uns Blei in den Gliedern; dann ist auf einmal nichts mehr anzufangen mit uns. Aus diesem Grund bin ich auch dafür, daß wir alle ein Steckenpferd haben, irgendeine Liebhaberei, die das Leben zur Freude werden läßt, wenn wir in unserer Arbeit nicht die volle Befriedigung finden.

Ich kann verstehen, daß jemand an seiner Arbeit keine Freude findet, wenn er zum Beispiel eine eintönige Arbeit hat, wenn er Tag für Tag das gleiche tut, von morgens bis abends. Tatsache ist, daß er aus Pflichtgefühl diese Tätigkeit treu erfüllt. Aber es kommt doch nicht nur darauf an, daß er nur arbeitet, sondern daß er sein Bestes und Höchstes leistet. Es ist auch Tatsache, daß ein solcher Mensch früher verbraucht ist, wenn er sonst keine richtige Einstellung zum Leben besitzt, wenn er also neben seiner Arbeit nicht irgendeine Liebhaberei, ein Steckenpferd hat.

Lebenskunst ist in erster Linie eine Sache der Ausschaltung von Hemmungen und Reibungen. Man muß aus Liebe zur Steigerung seiner Schaffenskraft Lebenskünstler werden, aus Liebe zur eigenen Schaffenskraft.

An Ihnen liegt es nun, praktische Lebenskunst in dieser Hinsicht auszuüben, das Leben lieb zu gewinnen um einer bestimmten Liebhaberei willen, die Sie ganz erfüllt und auf die Sie sich schon den ganzen Tag freuen und die immer wieder mehr oder weniger Ihre ganze Arbeit, Ihr ganzes Sein vergoldet und durchstrahlt. Wer eine Liebhaberei hat, irgendetwas, was seinem Herzen Freude macht und wodurch das Leben für ihn erst lebenswert wird, für den ist es dann so, als ob das ganze Leben auf der Sonnenseite liegt, während andere nur arbeiten und in stickiger, dunkler Atmosphäre leben.

Ich will Ihnen einige Beispiele nennen, wie man sein Leben nach diesen Fakten organisieren kann: Man kann zum Beispiel der Freundschaftspflege besondere Aufmerksamkeit schenken, Zusammenkünfte haben mit lieben Menschen, sein Wochenende ganz besonders gestalten, so daß man sich schon die ganze Woche hindurch auf den nächsten Sonnabend und den nächsten Sonntag freut. Das kann so organisiert und aufgebaut werden, daß es eine Freude ist, jedesmal wieder so ein schönes Wochenende zu erleben. Man kann sich auch bestimmte Steckenpferde schaffen, die man nach der Tagesarbeit mit Elan und Schwung reitet, sei es, daß man sich der Musik hingibt, daß man einen Garten hat, den man selbst bearbeitet oder, daß man einem bestimmten Studium seine Aufmerksamkeit schenkt, ganz abgesehen von der Verfolgung eines das ganze Dasein erfüllenden ideellen Zieles, von dem ich noch an anderer Stelle sprechen werde.

Folgendes ist interessant und Tatsache: Wenn jemand eine Liebhaberei hat und macht diese Liebhaberei zu seinem Beruf, dann stumpft meistens nach kurzer Zeit sein Interesse dafür ab. Wenn er diese Liebhaberei dagegen als Nebenbeschäftigung betreibt, hat er immer Freude daran. Davor müssen wir uns hüten, daß wir abstumpfen. Abstumpfen werden wir aber nicht, solange wir in unserer Lebensführung nirgends übertreiben. Es ist keine schwere Kunst, das Leben harmonisch und glücklich zu gestalten, wenn man von dem Gebrauch macht, auf das ich schon mehrfach hingewiesen habe: Nämlich vom Schaltwerk des Denkens.

Nicht die rohen Kräfte sind das Geheimnis des Erfolges, sondern die feinen, zarten und doch so mächtigen Kräfte des

Denkens. Aber hierzu ist es notwendig, daß man zuerst das Ziel erreicht: Die Überwindung der Selbstsucht. Denn solange jemand seine Taschen nicht voll genug bekommt und immer nur nach äußerem Erfolg strebt, so lange fängt die Seele nicht an, zu spielen. Ja, darauf kommt es an: Die Seele muß spielen; das heißt: Die Seele muß sich freuen und Vergnügen am Dasein empfinden.

Eine Mutter hat ihr Kind. Sie beobachtet es, spielt mit ihm, zieht es schön an. Das kostet nicht viel, aber sie freut sich. Mit größter Liebe, mit größter Hingabe verrichtet sie alles, was zum Nutzen des Kindes notwendig ist; und das Glück lacht ihr dabei aus den Augen.

Oder ein anderer bastelt, wenn er von der Arbeit nach Hause kommt, baut einen Schrank, baut sich einen Radioapparat oder sonst etwas. Mit welcher Sorgfalt arbeitet er, mit welcher Hingabe. Die harmonische, schöne Stimmung, die er empfindet, wenn er arbeitet, dieses freudige, liebevolle Streicheln, das geistige und körperliche Streicheln seines Werkstückes, schafft seiner Seele Befriedigung. Er hat einen Lebensinhalt, er ist begeistert; und das gibt ihm auch die nötige Schwungkraft für seine sonstige Arbeit.

Wir Menschen sprechen immer von Kultur. Ich sage Ihnen, daß die meisten Menschen fast überhaupt keine betreiben. Denn Kultur besteht nicht darin, daß man sich die Zähne putzt, die Fingernägel pflegt, sich gut anzieht. Kulturträger sind nicht nur die wenigen Großen der Welt, sondern das ist jeder Mensch, der seinen Geist und seine Seele pflegt, der danach strebt, daß alles sich harmonisch versteht.

Fichte sagt: »Kultur zielt auf Selbsttätigkeit ab, niemand wird kultiviert, jeder muß sich selbst kultivieren.«

So haben auch wir in uns ungezählte Möglichkeiten des Ausdrucks. Doch wir machen keinen Gebrauch davon, wir schlagen immer nur die Pauke oder die Trommel. Hat jemand ein freches Mundwerk, einen frechen, disharmoni-

121

schen Ton, dann ertönt immer nur die Knarre. Würde er harmonisch sprechen, dann könnte er sich leicht aller Möglichkeiten der seelischen Einwirkung auf seine Umwelt bedienen und würde nicht nur seine Mitmenschen, sondern zugleich sich selber glücklich machen. Dann wäre, anstatt des rauhen Tons, ein Schwingen von Harmonie.

Goethe sagt: »Wer recht wirken will, darf niemals schelten.« Wieviel hat das für sich, und wie oft vergehen wir uns gegen dieses wichtige Gebot der Kultur. Wir versuchen erst gar nicht, uns dem Menschen anzupassen und alles herauszuholen, was in ihm liegt.

Ich habe schon von den Zärtlichkeiten gesprochen, die Mann und Frau zueinander sagen sollen. Es gibt so viele Blumen der Liebe. Warum streuen wir sie nicht aus, warum machen wir keinen Gebrauch davon, warum beherrschen wir so wenig die Kunst, durch Takt und Höflichkeit und durch die Vielzahl kleiner Aufmerksamkeiten das Herz der Umwelt und der Mitmenschen zu gewinnen. Es gibt unzählige Möglichkeiten der Liebenswürdigkeit. Nur wenige kennen sie, und die allerwenigsten machen davon Gebrauch. Wie herzlich ist es zum Beispiel, wenn der Mann nach einem guten Essen zu seiner Frau sagt: »Danke, das war ausgezeichnet, das schmeckte gut.« Was meinen Sie, welches Instrument sofort in der Frau erklingt? Alles, was mit Lebensfreude und Lust zur Arbeit im Zusammenhang steht, erwacht in ihr. Das Gegenteil ist jedoch der Fall, wenn sich der Mann hastig an den Tisch setzt, hastig ißt und nur sagt: »Ich habe keine Zeit, ich muß wieder fort, ich muß arbeiten.« Gewiß, er kann sich trotzdem beeilen. Diese kleinen Liebenswürdigkeiten brauchen nicht viel Zeit, und tausendfach strömen sie auf uns zurück. Warum also nicht Lebenskünstler sein, da gerade in der Ehe so viel damit zu erreichen ist.

Viele sind so arm an wahrer Lebenskunst, daß sie sich zu alt oder zu vornehm vorkommen, um liebenswürdig zu sein. In Wirklichkeit sind das Trottel. Es kostet doch nichts und ist doch so wohltuend, zu jemandem zu sagen: »Ich freue mich über Sie.« Weil wir aber oft selbst solche unliebenswürdigen Zeitgenossen sind, ernten wir auch nicht das Entgegenkommen von unserer Umwelt. Aber man muß von diesen Dingen Gebrauch zu machen lernen; man darf sie nicht nur anderen überlassen.

Hier beginnt die eigentliche Kultur unseres Lebens. Es ist so einfach nach diesen Erkenntnissen zu handeln. Wenn die Frau sich z. B. ein schönes Kleid genäht hat, muß man sie loben, sich darüber freuen. Sie dürfen nicht sagen: Das ist doch selbstverständlich. Nein, das ist es durchaus nicht. Außerdem fühlen wir doch genauso. Wie gut tut es uns, wenn uns jemand etwas Schönes sagt.

Wie freut sich ein Mitarbeiter, wenn man zu ihm sagt: »Herr Müller, ich bin mit Ihrer Arbeit sehr zufrieden und freue mich, einen so tüchtigen Mitarbeiter gefunden zu haben.« Glauben Sie nicht, wenn Sie dem Manne das öfter sagen in ernster, positiver, herzlicher Weise, daß Sie in diesem Mann ein ganz anderes Gefühl wecken, als wenn Sie nur sagen: »Es ist gut, danke schön.«

Die Kunst der richtigen Menschenbehandlung ist ein wesentliches Geheimnis, Reibungen auszuschalten. Überall sind Reibungen, selten von der Natur aus, meistens von Menschen geschaffen und hervorgerufen. Die Welt, die Natur ist vollkommen, überall. Wir sind es selber, die das Elend und Leid zeugen und schaffen. Das alles hat aber nicht nur den Sinn, unser Leben blumig, freudig und harmonisch zu gestalten, sondern vor allen Dingen erhalten wir damit auch unsere Nervenkraft. Wenn Sie es fertigbringen, sich nur 20 Prozent weniger zu ärgern und aufzuregen, dann macht das per Saldo drei bis vier Lebensjahre aus, die Sie länger leben können. Man muß sich ernst nehmen in dieser Hinsicht. Man muß einmal über die biologischen Zusammenhänge nachdenken.

Die Wissenschaft hat festgestellt, daß der Ärger in die Galle fährt, daß eine Beeinflussung des Blutes stattfindet. Wenn man von einem verärgerten Menschen das Blut untersucht, dann hat es eine andere Zusammensetzung als in ruhigem Zustand.

Also vergiftet Ärger. Wie der Ärger vergiftet, so vergiftet auch alles andere Negative, das aus der Selbstsucht geboren wird, all die albernen Gedanken, die aus einer neidischen und kleinlichen Auffassung entstehen. Gedanken, die entstehen, daß man z. B. anderen einen Erfolg nicht gönnt, daß anderen Menschen kein Recht werden soll, daß man sich selber getreten fühlt, weil man seelisch überempfindlich ist usw. Warum das alles? Das ist doch gar nicht nötig. Mit philosophischer Ruhe muß man über den Dingen stehen, den Lauf des Lebens mehr als einen Ablauf betrachten, der ein Experiment ist.

Die Menschen haben zu ihrer richtigen Lebensart bis heute noch nicht gefunden – nur einzelne. Aber warum sollen wir nicht Vorläufer der Menschen sein, die das Leben anders und richtig anfassen, die experimentieren aufgrund der gewonnenen Einsichten und Erfahrungen aus der Vergangenheit? Warum sollen wir immer wieder die gleichen Fehler machen, die schon Großvater und Großmutter gemacht haben? Wir machen immer wieder den gleichen Unsinn, treten in die gleichen negativen Fußstapfen. Warum? Warum sollen wir unser Leben nicht auf einer völlig neuen Grundlage aufbauen, durch die wir weniger Reibungen haben. Wenn Sie etwas Vernünftiges im Leben leisten wollen, dann müssen Sie ein großer Schaffer und Schufter werden. Ich sage das so, wie es wirklich gesagt werden muß: Sie müssen schuften, sonst kommen Sie nicht vorwärts. Aber dieses Schuften ist bei einer positiven Geisteshaltung nicht etwa ein Sich-verbrauchen, sondern nur ein Sich-richtig-einsetzen. Viele, die vom Schuften reden, verbrauchen ihre Kräfte weniger durch schweres Arbeiten sondern durch Reibungen. Man schlägt sich mit allen möglichen Widerständen herum, die durch eine kluge Einstellung zum Leben, durch eine gewisse Sanftheit des Gemütes und eine vernünftige Lebensphilosophie leicht zu beseitigen sind. Warum müssen wir uns überhaupt ärgern? Das ist doch ganz und gar unnötig. Viele ärgern sich, weil man sie beleidigt. Ist das tatsächlich ein Grund? Hier hilft keine Entrüstung, sondern nur kluge Einsicht. Wenn man eine Beleidigung richtig betrachtet, fällt in der Mehrzahl aller Fälle jeder Ärgergrund weg. Entweder ist dann die Beleidigung eine Gemeinheit, die uns jemand aus Mißgunst oder Gehässigkeit zufügt oder eine Dummheit aus übereiligem Urteil, der Verkennung unserer Persönlichkeit oder unserer Absicht oder aber, was recht oft der Fall ist, eine Wahrheit. Gegen Gemeinheit gibt es viele Mittel. Solchen Menschen geht man in Zukunft aus dem Wege, oder man verlangt Genugtuung an höherer Stelle. Gegen Verkennung gibt es nur die ruhige Aufklärung und gegen eine Wahrheit nur die aus der Vernunft geborene Einsicht. Wozu sich also ärgern? Ist das etwa auch ein Mittel? Höchstens eines zur Vergeudung unserer Kraft.

Der kluge Mensch ärgert sich nicht. Seine Nervenkraft ist ihm für solche Reibungen zu schade – abgesehen von der Tatsache, daß man sich meistens über lächerliche Kleinigkeiten und Bagatellen ärgert. Und auch das ist wahr: Daß sich nahezu jeder Ärger irgendwie um unsere Selbstsucht dreht.

Wie es sich mit dem Ärger verhält, so ist es mit allen kleinlichen Gefühlen, die uns quälen und unsere Kräfte unnütz vergeuden. Hierzu zählt alles, was mit Neid, Mißgunst, Griesgrämigkeit, spießbürgerlichem Denken und Egoismus zu tun hat. Wenn eine Frau ein schönes Kleid anhat, warum muß man dann neidisch sein, nur weil uns etwas nicht paßt, weil man vielleicht selber nicht so ein schönes Kleid hat. Solange es nicht gefährlich wird, also einen anderen Menschen schädigt, macht das doch gar nichts. Es ist doch viel besser, sich zu freuen, anstatt neidisch zu sein oder sich in irgendwelche Urteile und Gedankengänge hineinzusteigern, zu denen man sich von Rechts wegen gar nicht aufschwingen darf. Warum kümmert man sich nicht viel weniger um die Angelegenheiten anderer? Das ist doch viel klüger.

Wir belasten uns in unserer Lebensführung viel zu viel. Wir müssen reibungsloser leben und mehr Positives tun. Seien wir deshalb in den Dingen des persönlichen Lebensablaufes viel gemütlicher, netter mit uns selbst und mit den anderen, und fassen wir dagegen unsere Lebensaufgaben umso ernster und energischer auf. Die meisten Menschen handeln umgekehrt. Da, wo es darauf ankäme, die eigenen Kräfte einzusetzen, sind sie schlapp, können sie morgens nicht aufstehen. Aber da, wo es nicht so sehr darauf ankommt, sind sie die ersten.

Wenn Sie sich einmal die großen Menschen der Zeitgeschichte vergegenwärtigen, das Wesen der Denker und Dichter, so werden Sie feststellen, daß diese Menschen großzügige Naturen waren. Oder können Sie sich vorstellen, daß zum Beispiel Immanuel Kant und Goethe sich in solchen Kleinigkeiten verloren haben könnten, wie es der Denkinhalt vieler spießiger Geister ist? Sich freimachen von allem Nebensächlichen, von allem Ballast im Denken und sich vor jedem Kurzschluß hüten! Die Situationen, in denen Sie überkochen wollen, sind dabei die allerschlimmsten.

Wenn wir diese Punkte beachten, dann haben wir schon wesentliche Voraussetzungen erfüllt, um uns frisch und leistungsfähig zu erhalten. Dann nützt der einzelne Tag unsere Nervenkraft nicht mehr bis zum Umfallen aus, sondern es bleibt noch eine gewisse Reserve; und das ist gut so. Denn nur dadurch kann ein geschwächtes Nervensystem sich wieder erholen, und es wird möglich, in Zukunft besonderen Anforderungen gewachsen zu sein. Unser

Leben muß also so sein, daß Kraftreserven entstehen, und das verlangt, daß wir so reibungslos wie möglich leben.

Wohlverstanden, nicht der Kampf um den Erfolg soll ausgeschaltet werden, sondern nur alles Unnütze an Kraftverschwendung. Für die Erholung des Nervensystems, die sehr viele Menschen nötig zu haben glauben, sind diese Hinweise besonders wichtig. Das Nervensystem erholt sich nicht, wenn man von Zeit zu Zeit einmal in die Ferien oder in ein Sanatorium geht, im übrigen aber fortgesetzt weiter gegen die Gesetze der Gesundheit lebt.

Wer diese Grundsätze einer klugen, positiven Lebensführung zu seinen ständigen Regeln erhebt, macht die beste Nervenkur durch, die man sich denken kann. Sein Nervensystem wird unverwüstlich, und die größten Aufgaben kann er bewältigen. Alle unnützen Reibungen vermeiden, darauf kommt es an!

Bis hierher noch einmal zusammenfassend die wichtigsten Punkte: Der Mensch ist ein lebender Akku. Er hat eine bestimmte Kapazität, je nachdem, wie gesund er ist. Es kommt darauf an, mit dieser Kraft hauszuhalten. Wir verbrauchen unsere Kraft zum Teil vollkommen unnütz durch Reibungen. Also Kugellager einbauen, alles in Öl legen. Was leichter geht, leichter machen, sich in Gedanken nicht so viel mit negativen Dingen belasten, sich weniger Sorgen machen, weniger Angst haben, mehr positiv streben, sich nicht so viel ärgern. Alle Kurzschlüsse vermeiden, weil diese sofort den Akku verbrauchen und die Zellen zerstören. Hierauf das ganze Leben, den Tageslauf analysieren und untersuchen, wie wir diese Lebensweisheiten in unsere Lebensführung einbauen können. Dann vor allem beachten, daß bei unserem Wollen unsere Seele befriedigt wird. Unser Leben so einrichten, daß wir immer Freude am Leben haben. Die Erhöhung der Lebensfreude bedeutet stets Ausschaltung von Hemmungen und Beseitigung von Reibungen. Je mehr wir des Lebens überdrüssig werden, umso mehr strengt uns die Arbeit an. Wir haben schließlich überhaupt keine Lust mehr, etwas zu tun, weil wir an nichts mehr Freude haben.

Also viel Freude schaffen und das Maß der Freude dauernd erhöhen. Das ist zuerst eine seelische Angelegenheit und dann eine Frage der Organisation unseres Lebens. Sich eine Liebhaberei schaffen, ein Steckenpferd; neben der eigentlichen Arbeit etwas, was immer wieder Freude macht, an dem wir wirklich hängen.

4.3 Wie man gesund lebt

Das sind wichtige Punkte zum rationellen Verbrauch der Nervenkraft. Nun lassen Sie mich einiges sagen über die Pflege der körperlichen Gesundheit. Da heißt es zuerst: Sich richtig, also vernünftig ernähren. Das ist kein kleines Problem bei dem Riesenangebot an Nahrungsmitteln aller Art. Nicht umsonst gibt es für die Volksernährung staatliche Beratungsstellen. Wieviel muß man essen, was muß man essen, wie oft muß man essen, was ist für wen besonders bekömmlich? Fragen über Fragen. Jeder Landwirt ernährt seine Tiere nach den Erkenntnissen der Ernährungsphysiologie, also biologisch richtig. Überall wird die Zucht verbessert durch neue Erkenntnisse. Und wir, der Mensch? Unterstehen wir nicht den gleichen Naturgesetzen? Der größte Teil aller Erkrankungen ist auf Ernährungsfehler zurückzuführen, auf einen Mißbrauch der den Menschen in dieser Frage eingeräumten Freiheit. Wir können essen, was wir wollen und wieviel wir wollen. Natürlich haben wir dann auch die Folgen zu tragen. Diese Folgen können ebenso Wohlbefinden wie Krankheit und Siechtum sein. Wir müssen überlegen, wie hoch der Preis ist, den wir für Üppigkeit und törichtes Handeln bezahlen müssen. Krankheiten vieler Art, Leistungsunfähigkeit, Mattheit, schlechter

Körpergeruch und manches andere Übel haben als Ursache nur eine falsche Ernährung.

Es gibt viele Arten, sich richtig zu ernähren: Es gibt die Fleischkost ohne Gemüse und Salate; die gemischte Kost, also ein Drittel Fleisch oder Fisch, zwei Drittel Gemüse und Beilagen; dann die verschiedenen Reformernährungen und vegetarische Kost und Rohkost, die sehr arm an Kalorien sind und darum für Übergewichtige eine Idealkost sind. Außerdem die vielen Diätkostarten für Gallekranke, für Diabetiker usw. Oder die Trennkost, über die ich nachher noch sprechen werde. Welche Ernährungsweise die zuträglichste ist, läßt sich im voraus nur bedingt bestimmen. Maßgebend sind die Konstitution und der biologische Zustand des Betreffenden.

Wer an inneren Erkrankungen leidet, läßt sich am besten von einem Internisten beraten. Das gilt auch für alle Arten von Schonkost, zum Beispiel für Herz, Leber, Nieren, Blase, Darm.

Bei der gemischten Kost – wie auch sonst – ist die Zubereitung wichtig. Man muß dafür sorgen, daß Nährsalze und Spurenelemente erhalten bleiben. Das ist nicht der Fall, wenn nach dem Kochen die Gemüse abgegossen werden. Auch auf die verschiedenen Vitamine kommt es an. Das Quantum der Nahrung bzw. die Fülle der Mahlzeiten werden bestimmt vom Alter und der Tätigkeit. Je älter der Mensch ist, mit umso weniger Nahrung kommt er aus. Schwerarbeiter können am Tag über 3000 Kalorien verzehren. Wer geistig arbeitet, kommt mit weniger als 2000 aus. Sammelt sich viel Speck an, hilft leichter Sport wie Radfahren, Schwimmen, Wandern. Am besten aber hilft, weniger zu essen. Will man wirklichen Lebensgenuß haben, heißt es, seinen Gaumen in Zaum zu halten. Der halben Stunde Genuß beim Vielessen folgen Müdigkeit und Schlappheit. Wir verbrauchen viel direkte Lebenskraft für den Verdauungsprozeß. Natürlich wirkt in uns die Gewohnheit, daß wir nicht ordentlich arbeiten können, wenn wir nicht ordentlich essen. Aber das hängt wirklich nur mit der Gewohnheit zusammen. Und – wie gesagt – das Alter ist sehr entscheidend.

Jetzt noch einen besonderen Hinweis zur Trennkost, die sehr bekömmlich ist. Dabei wird Eiweiß nie zusammen mit Kohlehydraten gegessen, immer nur getrennt durch Stunden und Mahlzeiten. Mittags zum Beispiel Eiweißkost, abends Kohlehydrate. Eiweißkost ist: Fleisch, Wild, frische Fische, Milch, Eier, Käse, Sojamehl. Kohlehydrate sind u. a. in: Vollkornbrot, Vollkorngetreide, Naturreis, Bananen, Kartoffeln. Hier gilt der populäre Satz: »Wurst schmeckt auch ohne Brot«, diesmal nicht dem Gaumen, sondern der Gesundheit zuliebe. Neutrale Nahrungsmittel sind pflanzliche und tierische Fette: Butter, Rahm, Quark; dazu Gemüse: rote Rüben, Karotten, Zwiebeln, Bohnen, grüne Erbsen, Spargel, Spinat, Rettich, Sellerie, Fenchel, Rotkohl, Weißkraut, Sauerkraut, Gurken, Kürbis, rohe Tomaten.

Diese Fette, Gemüse, Salate kann man also zu allen Mahlzeiten essen. Ein amerikanischer Arzt, Dr. Hay, der die Trennkost gefunden hat, behauptet, daß der Körper bzw. der Verdauungsapparat chemisch nicht zugleich Eiweiß und Kohlehydrat einwandfrei verdauen kann. Also muß man trennen, wenn man keine Ansammlung von Giften im Körper haben will. Wer mit dem Verdauungsapparat und dem Stoffwechsel Schwierigkeiten hat, sollte diesen speziellen Hinweis unbedingt beachten. Ich spreche aus Erfahrung, und zwar aus guter Erfahrung.

Eine andere strittige Frage bewegt sich um die zulässige Menge an Fett und Eiweiß in der Nahrung. Durch Gemüse und Salate kann man sich kaum überfüttern, wohl aber durch konzentrierte Nahrungsmittel wie Fleisch, Eier und Fett.

Je älter der Mensch wird, umso mehr muß die Menge an Fett gekürzt und die Menge an Eiweiß erhöht werden.

Entscheidend ist auch hier die Konstitution. Dickbäuchige haben so große Fettdepots, daß sie mit sehr wenig Fett auskommen.

Milch ist von großer Wichtigkeit für die Ernährung, nicht nur wegen der Nährsalze, sondern auch wegen der lebenswichtigen Proteine und des Butterfettes. Milch ist übrigens in der Trennkost neutral, kann also zu allen Mahlzeiten genossen werden.

Ein Wort auch über das Fasten. Es gibt kaum eine bessere Heilmethode gegen viele Erkrankungen, als eine planmäßig durchgeführte Fastenkur. Es gibt viele Sanatorien für diesen Zweck. Aber auch eine Nahrungsenthaltung während einiger Tage bringt ein gelegentliches Unbehagen wieder in Ordnung. Selbst schwerste Erkrankungen sind für konsequente Fastentage ansprechbar. Man berate sich hierüber mit einem Arzt. Man wird es nicht bereuen.

Daß natürliche Fruchtsäfte nützlicher und bekömmlicher sind als Aufgüsse von Tee oder Kaffee, bedarf keiner Unterstreichung. Beim Trinken wie beim Essen spielt die Gewohnheit eine große Rolle. Man muß sich nicht nach den Wünschen des Gaumens, sondern nach der Bekömmlichkeit richten. Man muß trinken, um den Körper durchzuspülen. Aber die Getränke sollen ohne Reizstoffe sein. Klares, frisches Wasser tut bessere Dienste als Limonade mit Farbstoffen.

In den Fragen einer gesunden Lebensführung wird Ihnen vieles schon bekannt sein.

Aber Goethe sagt: »Es genügt nicht, daß man etwas weiß, man muß auch danach tun.« Wie vieles wissen wir und handeln doch nicht danach. Aber ich kann Ihnen sagen, daß ich nie in meinem schon hohen Alter die Kraft hätte, täglich 10 bis 12 Stunden an meiner Schreibmaschine zu sitzen, wenn ich nicht von innen her die Energie und Lust dazu verspürte. Wenn Sie heute noch jung oder jünger sind, hat diese Aussage noch wenig Bedeutung für Sie. Doch es kommt die Zeit, in der auch Sie dem Gesetz der Natur Tribut zollen müssen. Sicher ist, je früher Sie beginnen, Ihre Lebensführung nach den Erfahrungen kluger Leute zu richten, umso mehr Freude werden Sie dann an Ihrer Schaffenskraft haben, jetzt schon und erst recht, wenn Sie älter werden.

Jetzt wollen wir über den Schlaf sprechen, den großen Kraftquell unseres Lebens. Wenig Schlaf macht uns nervös, lähmt unsere Schaffenskraft und macht uns krank und elend. Allein im Schlaf regenerieren wir und füllen uns mit neuer Lebenskraft. Viele glauben, durch Essen und Trinken werden wir stark und leistungsfähig. Das stimmt nicht, obwohl die Nahrung dazu gehört. Vielmehr werden wir stark durch unsere Aufnahmebereitschaft für die universale Lebenskraft, von den Indern Prana genannt. Das setzt zwei Bedingungen voraus: Seelische Ruhe und körperliche Entspannung. Ich wiederhole: Seelische Ruhe und körperliche Entspannung.

Man muß immer dafür sorgen – und das muß eine Hauptsorge sein – daß man bestens schläft. Die Schlaflosigkeit ist in unserer hektischen Zeit zu einem Massenübel geworden. Es wird bekämpft mit Rauschmitteln und Schlaftabletten. Beides sind Wege zur Hölle. An Schlaflosigkeit zu kranken, ist schlimmer als die Last, die man mit einem Organleiden hat.

Zunächst einige Allgemeinheiten: Man schläft bestens, wenn der Schlaf möglichst tief und traumlos ist. Nach Professor von Kraft Ebing ist das Schlafminimum des Erwachsenen sieben Stunden. Greise kommen mit fünf Stunden aus. Kinder brauchen zwölf bis vierzehn Stunden. Im übrigen ist der Schlaf eine ganz persönliche Sache des einzelnen. Mancher erholt sich in 5 Stunden Schlaf besser als jemand, der 10 Stunden im Bett liegt. Der große amerikanische Erfinder Thomas Alva Edison, der Erfinder der langlebigen Glühlampe, schlief immer nur 4 Stunden, und die meistens in seinem Labor. Lebenskraft ist ein ätherischer Strom aus dem Kosmos. Im Schlaf, in der Entspannung füllt sich der menschliche Akku mit dieser universalen Kraft. Bedingung ist allerdings, daß er am bioelektrischen Stromkreis angeschlossen ist.

Wenn man zur unrechten Zeit schlafen geht und dann noch unruhig schläft, ist das nicht der Fall. Seine eigene richtige Zeit zum Schlafen zu finden, ist das größte Problem für einen gesunden, erholsamen Schlaf. Der Körper, die Seele und der Geist müssen auf das Eintreten der Entspannung vor dem Einschlafen eingestellt sein. Je kürzer der Zeitraum ist, in dem wir die elektrische Koppelung mit der Lebenskraftquelle in der Natur finden und herstellen, umso kürzer kann die Dauer der Ruhe sein.

Hiermit im Zusammenhang steht auch der sogenannte Naturschlaf. Er fordert, daß man möglichst früh vor Mitternacht ins Bett gehen soll. Das bewirkt, daß der Schlaf schon gleich nach Mitternacht wieder beendet sein kann. Aber auch hier gilt das nicht für alle. Man muß für sich herausfinden, wie man sich am besten durch den Schlaf erholt. In enger Verbindung hiermit steht die Macht der Gewohnheit, die auf den Eintritt des Schlafes starken Einfluß hat. Wenn man sich zum Schlafen niederlegt, darf man sich nicht noch lange im Bett herumwälzen, sondern muß schnellstens abschalten können. Das ist keine Kunst, sondern ein automatischer Vorgang, der durch die Macht der Gewohnheit ausgelöst wird. Abschalten, das heißt: Weg mit allen grübelnden Gedanken vor dem Einschlafen, mit aller Sorge und allen negativen Gefühlen. Nur ein Ziel darf es geben: Ganz tief einzuschlafen, um sich so stark wie möglich von neuem mit Lebenskraft aufzuladen.

Die neue Schlafgewohnheit verlangt, daß man immer möglichst zur gleichen Zeit ins Bett geht. Das kann früh oder spät sein. Hauptsache ist die Regelmäßigkeit. Die Gewohnheit muß sich einspielen. Wer immer morgens um sechs erwachen muß, braucht keinen Wecker mehr. Ihn weckt das Unterbewußtsein bzw. die Gewohnheit. Schon vor dem Zubettgehen muß seelisch und geistig vom Tageslauf abgeschaltet werden. Das kann man auf vielerlei Weise tun: Ein harmonisches Buch lesen, ein harmonisches Gespräch führen, selber harmonische Gedanken denken, eine beruhigende Musik anhören oder eine Seelephonieplatte spielen lassen. Die neue gute Schlafgewohnheit muß dem Unterbewußtsein einprogrammiert werden. Der Erfolg ist sicher, wenn man damit positive Autosuggestionen verbindet.

Ich erinnere hierbei an meine bisherigen Ausführungen über die Macht des Denkens und die Praxis der Automation. Man muß sich zunächst ganz entspannen und dann denken: Ich werde müde und schlafe gleich ein ... Ich werde müde und schlafe gleich ein ... Oder: Tief und ruhig schlafen, das macht gesund und stark ... Tief und ruhig schlafen, das macht gesund und stark.

In der Entspannung, das heißt, in allen Gliedern und Organen völlig losgelassen, daß man schließlich von sich selber überhaupt nichts mehr fühlt, soll man sich vorstellen, aber ohne Anstrengung, wie man selber entspannt im Bett liegt und dabei ist, einzuschlafen. Das wirkt, das hilft. Man darf nur die Geduld nicht verlieren und muß auch dann weiter üben, wenn es scheinbar doch nicht zum Ziel führt.

Diese Feststellung bezieht sich auf alle Selbstsuggestionen. Man muß darin ein Meister werden. Das wird man nur durch immer wieder neues Üben. »Drum übe Dich nur Tag für Tag und Du wirst sehn, was das vermag. Dadurch wird mancher Zweck erreicht, dadurch wird manches Schwere leicht, und nach und nach kommt der Verstand unmittelbar Dir in die Hand.« Ist das nicht begeisternd positiv? Also handeln wir danach!

Natürlich müssen wir auch die körperlichen Voraussetzungen für einen guten Schlaf erfüllen. Dazu gehört vor allem ein breites Bett. Das hat nicht nur mit der Bequemlichkeit zu tun, sondern auch mit den Kräften der Natur und der vollständigen Entspannung während der Nacht. Bei Kindern kann man beobachten, daß sie ihre Körperlage dauernd ändern während des Schlafes. Immer wieder ändern wir unbewußt unsere Lage, um dadurch alle Organe und Muskeln zu entlasten und zu entspannen.

Entscheidend kann auch unsere Abhängigkeit von den Naturkräften sein. Schlafforscher behaupten, daß wir am ruhigsten schlafen, wenn unser Bett auf der Nord-Süd-Achse steht. Das ist selten so, weil wir uns in der Stellung unserer Betten nach dem Bau der Zimmer richten müssen. Ist aber das Bett groß und vor allem breit genug, pendelt sich unser Körper auf diese Nord-Süd-Achse ein. Ruhiger Schlaf ist auch von der Ruhe im Körper abhängig. Das chemische Laboratorium, das wir sind, kann während der Nacht nur zur Ruhe finden, wenn unsere Abendmahlzeit sehr klein ist. Eine positive Regel für die Ernährung sagt: Morgens essen wie ein Fürst, mittags wie ein Edelmann und abends wie ein Bettler. Es dürfen sich im Schlaf nicht so viele Gase in uns bilden. Durch sie wird das Herz unruhig, und auch das Gehirn wird belastet. Auch eine gute Entleerung von Darm und Blase ist anzuraten. Daran muß man sich gewöhnen.

Ein weiteres Wort muß über den Schlafraum gesagt werden: Mindestens 7 Stunden befinden wir uns im selben Raum, also fast ein Drittel des Tages. Muß das nicht bedeuten, daß es ein möglichst großer und luftiger Raum sein muß? Wer Nacht für Nacht in einem Hinterraum schläft, der zu klein ist, um genügend Sauerstoff zu fassen, der braucht sich nicht zu wundern, wenn er durch den Schlaf keine völlige Erholung hat. Frühzeitige Altersschwäche und frühes Siechtum bilden sich durch ungenügende Beachtung der Gesetze der Gesundheit bereits in unseren besten Lebensjahren.

Hierzu gehört noch ein anderer wichtiger Faktor: Das richtige Atmen. Nicht nur während des Tages, auch während der Nacht ist gute Atemluft von größter Wichtigkeit. Man muß sich einmal vorstellen, was es bedeutet, viele Stunden im Bett zu liegen oder auch im Büro zu sitzen und unaufhörlich verbrauchte Luft ein- und auszuatmen. Was wir schon viele Male ausgestoßen haben, saugen wir immer wieder in uns ein und pumpen es von neuem in unsere Lungen. Muß das nicht die Frische und Leistungsfähigkeit und überhaupt die ganze Lebenstätigkeit im Organismus außerordentlich belasten? Nun stellen Sie sich vor, daß Sie mit noch einem anderen Menschen im gleichen Zimmer liegen und auch nicht mehr Luft zur Verfügung haben, als wenn Sie allein schlafen würden. Jetzt atmen Sie nicht nur Ihre eigene verbrauchte Luft ein, sondern auch noch die, die aus dem Körper des Schlafgenossen kommt. Es ist ein Wunder, wenn unsere Lungen noch so viel Sauerstoff in dieser Luft finden, um die Lebenslampe einigermaßen brennend zu erhalten.

Das Atmen spielt in zahlreichen indischen und persischen Glaubenslehren (Yoga, Masdasnan u.a.) eine mystische Rolle. Man atmet nicht nur Luft mit Sauerstoff in sich ein, sondern Prana, die universelle Lebenskraft, die Energie des Kosmos. Wir wissen, daß der Sauerstoff die Lebensgeister im Organismus in Zucht hält. Zu wenig Sauerstoff heißt immer: Schlechter Stoffwechsel, schlechter Kreislauf und vergiftetes Blut. Viele Krebsforscher machen die zu geringe Sauerstoffatmung der Zelle für das Entstehen dieses Leidens verantwortlich. Tatsache ist, daß wir uns viel wohler fühlen, wenn wir in guter Luft zielgerichtet Tiefatmung betreiben, den Organismus also zusätzlich zur allgemeinen Atmung mit mehr Sauerstoff anfüllen.

Tun Sie das mal eine Zeitlang. Sie werden staunen, wie gut das tut! Weiten Sie ordentlich die Brust und den Leib beim Einatmen, betreiben Sie Zwerchfellatmung, wobei Sie beim Einatmen das Zwerchfell nach unten drücken und so den Lungenraum wesentlich erweitern. Das Einatmen muß langsam vor sich gehen, und nach und nach bis auf zehn Sekunden gesteigert werden. Dabei müssen Sie mit Gedankenkraft arbeiten und denken: Es ist wunderbar, so herrlich reine Luft in mich einzuatmen, die Kraft der Natur, die Kraft des Kosmos, Prana, die universale Lebenskraft.

Anschließend halten Sie die Luft einige Sekunden lang in sich fest und verharren in dem Gedanken: Jetzt wirkt die kosmische Lebenskraft in mir und erfüllt mich im ganzen Körper mit Wohlbefinden und Gesundheit. Prana wirkt in mir, die wunderbare Lebenskraft.

Dann atmen Sie ganz langsam wieder aus und zwar durch eine Spitzung des Mundes, der dadurch nur wenig Luft durchläßt. Das Einatmen geschieht grundsätzlich durch die Nase. Auch beim Ausatmen denken Sie, wie jetzt alles, was Sie ausatmen, Ihren Körper entlastet und befreit. Was Sie ausatmen, ist unreiner, verbrauchter Stoff. Er stammt aus dem Blutkreislauf und wurde in den Lungen aus dem Blut filtriert. Ein wunderbarer Prozeß des Lebens, ein dauernder Kreislauf mit der Natur. Aber noch viel wunderbarer, wenn Sie diesen Prozeß mit Ihrem Denken erfüllen.

Wir nennen diese Gesundheitsübung gezielte und beseelte Tiefatmung. Die Übung kräftigt alle Organe und ist auch sehr heilsam für die Arbeit des Herzens und des Kreislaufes.

Schlimm ist es für unseren Organismus, wenn mehrere Menschen in einem Zimmer liegen, kein Fenster offen ist, und wir die ganze Nacht im Grunde genommen nur verbrauchte Luft ein- und ausatmen. Selbstverständlich holen unsere Lungen immer noch ein bißchen Sauerstoff aus der verbrauchten Luft heraus. Doch diese geringe Menge dieses so notwendigen Lebensfeuers kann niemals eine so einwandfreie Funktion des Stoffwechsels herbeiführen, als wenn wir durch ein geöffnetes Fenster, mag es auch im Nebenzimmer sein, frische Luft atmen.

Nun zu einem anderen Thema. Von großem Einfluß auf unser Wohlbefinden ist die Beachtung eines vernünftigen Wechsels zwischen Arbeit und Ruhe. Wenn auch der Organismus zu größten Leistungen befähigt ist – wir sehen das am Leistungssport und an den Hochleistungen großer Denker und Forscher – kann es dennoch zu einer Überbelastung des Nervensystems und des Organismus kommen, wenn zum Beispiel eine einseitige Arbeit zu lange dauert. Zahlreiche Berufskrankheiten sind darauf zurückzuführen. Unter Ruhe versteht man nicht ein völliges Stillsetzen des Körpers und Geistes, sondern einen Wechsel der Tätigkeit. Dadurch wird erreicht, daß die Sinne, Organe und Nervenzentren, die mit einer bestimmten Arbeit in Zusammenhang stehen, Zeit zur Erholung und Auffrischung finden. Wenn zum Beispiel eine Sekretärin nach langem Sitzen an der Schreibmaschine Kopfschmerzen oder Kreuz- und Schulterschmerzen bekommt, was häufiger vorkommt, dann ist das so ein Fall. Das bezieht sich aber auch auf ausgesprochene Geistes- bzw. schöpferische Arbeit. Wenn man merkt, daß die Konzentration nachläßt, muß man umschalten. Schon nach einer halben Stunde kann man für die vorherige Arbeit wieder fit sein.

Daraus ergibt sich die Erkenntnis, daß Vielseitigkeit in den geistigen Techniken und damit Abwechslung in den Tätigkeiten zur Stärkung des ganzen Könnens führen. Die Umschaltung auf eine andere Arbeit muß aber stets vollkommen sein. Man muß das andere, die andere Arbeit, wirklich loslassen können. Der Wechsel in der Arbeit ist auch eine Frage kluger Menschenführung im Betrieb. Man schont dadurch nicht nur die Kräfte seiner Mitarbeiter, sondern ermöglicht diesen Mitarbeitern auch größere Leistungen. Dieses Verhalten liegt auf der gleichen Linie wie die Musikuntermalung bei gleichförmiger, einseitiger Arbeit. Hierdurch fallen Hemmungen und Belastungen fort, die mehr Kraft verbrauchen als die Arbeit selbst.

Das sind einige Punkte positiver Körperbehandlung. Die Kunst, möglichst lange gesund, frisch und leistungsfähig zu bleiben, ist eine Wissenschaft, die das ganze Leben hindurch studiert werden muß. Denn immer wieder gibt es etwas Neues. Aber es lohnt sich, denn es betrifft das Glück unseres Lebens und vor allem auch die Länge unseres Lebens. Zur Gesunderhaltung gehört zum Beispiel auch, daß man von Zeit zu Zeit einmal alles ausschwitzt, was sich an Giftstoffen und sonstigem Ballast im Körper angesammelt hat. Man kann das erreichen durch ein heißes Bad mit einer anschließenden Ganzpackung und späterer Massage oder durch ein Dampf- oder Saunabad.

Ferner ist es für die Gesundheit wichtig, daß man maßhält in allem, was den Körper mit Giftstoffen belastet. Dazu gehören auch das Rauchen und das Trinken. Ich selbst genieße gern ein Glas Wein, bin also kein Abstinenzler und möchte auch niemanden dazu machen. Aber das Rauchen habe ich mir schon vor langer Zeit abgewöhnt. Es geht gut – sehr gut sogar – ohne Tabak. Mancher sagt sich: »Ach Gott, wenn ich ein paar Jahre früher sterben sollte wegen meiner Zigaretten, wegen der Krebsgefahr zum Beispiel, so macht das nichts.« Gewiß, das ist auch ein Standpunkt, obwohl ich ihn aus Gründen der Lebenskunst keineswegs teile.

Im übrigen kann es unmöglich Sinn des Lebens sein, auf alle Genüsse zu verzichten, da doch die Welt angefüllt ist mit den allerschönsten Dingen des Genusses. Genüsse sind schließlich Dinge – in Maßen und mit Vernunft genossen – die unser Dasein vergolden. Der Schöpfer hat sie bestimmt zugelassen, damit wir dadurch Freude haben. Schaden haben wir nur, wenn wir übertreiben.

Übrigens vergeht uns die Freude, wenn wir zuviel von einer Sache konsumieren. Wenn man einen Schlagsahneliebhaber zwingen würde, immerzu Schlagsahne zu essen, dann widert ihn schließlich die Schlagsahne an. Also Genuß in Maßen. Genau wissen, wo die Grenze des Erlaubten liegt.

Echte Lebenskunst zeigt sich darin, daß man im Ablauf der Zeit immer wieder Höhepunkte schafft. Immer wieder muß es etwas geben, worauf man sich freut. Alles muß sich darauf einstellen, daß man mit sich und der Umwelt möglichst viel Freude hat. Das setzt allerdings voraus, daß man auch die Kunst beherrscht, sich wirklich freuen zu können, was durchaus nicht immer der Fall ist und besonders dann nicht, wenn man fortdauernd übertreibt und überspitzt.

Die Folgen dieser Lehre zeigen sich in den vielen Problemen unseres Wohlstandstaates. Ein gutes Leben erhält nur der, der in allem Maß hält. Schade, daß diese Weisheit nur durch Krankheit und Not bewiesen wird. Der Übertreibung ist also der Kampf anzusagen, nicht dem Lebensgenuß an sich. Wie köstlich schmeckt eine gute Tasse Kaffee, wenn man gut gegessen hat. Wer aber den ganzen Tag immer nur Kaffee trinkt, stumpft seine Sinne schließlich so sehr ab, daß er von Genuß kaum noch sprechen kann.

Jetzt möchte ich Sie noch auf ein besonders wichtiges Gesetz aufmerksam machen: Das Gesetz vom Wachsen der eigenen Kraft durch Kraftverbrauch.

Ich wiederhole: Das Gesetz vom Wachsen der eigenen Kraft durch Kraftverbrauch. Wir haben davon gesprochen, daß unser Leben immer so verlaufen muß, daß niemals die Nervenbatterie vollständig erschöpft wird, daß nach dem Tagesverlauf stets noch eine Kraftreserve vorhanden sein muß. Das ist aber nicht so aufzufassen, daß wir uns nicht ausarbeiten sollen. Es ist nur gemeint, daß wir nicht gegen Spannungen, nicht gegen Reibungen arbeiten sollen. Im übrigen ist es mit unserer Kraft so, daß sie nur dort maximal aktiv wird, wo wir sie anspannen und verbrauchen. Man darf also nicht der Meinung sein, daß man dann Kraft bekommt, wenn man seine Energien schont. Während sich der Mensch mit einem geschwächten Nervensystem unbedingt eine Zeitlang Ruhe gönnen muß, um wieder auf die »alten Touren« zu kommen, bringt viel Ruhe für einen Menschen mit gesunden Nerven einen Rückgang der Kraft. Wenn wir also wollen, daß unsere Schaffenskraft erhalten bleibt, dann müssen wir Schaffenskraft in genügender Menge verbrauchen. Es ist hier ähnlich wie beim Melken einer Kuh. Jeder Landwirt weiß, daß nur dann für eine möglichst lange Zeit ein ständiges Nachschießen der Milch im Euter der Kuh zu erwarten ist, wenn es zu allen Melkzeiten gründlich ausgemolken wird. Ist man darin oberflächlich, schießt sofort weniger Milch nach. Wird diese Oberflächlichkeit zur Regel, hört die Milchproduktion überhaupt auf.

Übertragen wir diesen Vorgang auf das Entstehen unserer Energien, so folgt daraus, daß viele Menschen nur deshalb nicht genügend Schaffenskraft haben, weil sie den Vorgang der Bildung von Schaffenskraft durch mangelhafte Ausarbeitung nicht genügend fördern. Man verlangt nichts von sich, und darum kann man auch nichts leisten. Stellt man Ansprüche und bemüht man sich ernstlich, jede aufkommende Trägheit zu überwinden, dann ist man zwar nach einer solchen Beanspruchung seiner Kräfte erschöpft, aber am nächsten Tag ist man dann umso leistungsfähiger. Man muß sich also gründlich merken: Es kann keine Kraft »nachschießen«, es kann sich keine Kraft in uns erneuern, wenn wir nicht vorher die bereits vorhandene Kraft verausgaben. Man muß sich also ordentlich ausarbeiten und nicht immer gleich meinen, daß man sich überanstrengt.

Das wird uns auch sofort klar, wenn wir einmal einen Vergleich ziehen zwischen unserer eigenen Leistungsfähigkeit und der Leistungsfähigkeit ungewöhnlicher Menschen. Wir dürfen uns nicht orientieren an den schlechten Leistungen träger oder nervengeschwächter Menschen, sofern wir nicht selber an unseren Nerven Schaden gelitten haben, sondern wir müssen uns orientieren an den Leistungen der

Menschen, die weit über uns stehen. Nur allein daraus können wir ermessen, wie weit wir wirklich durch Arbeit unsere Kraft verbrauchen. Was leistet zum Beispiel ein Leistungssportler, wenn er sich für einen Wettkampf vorbereitet. Welch schwere Arbeit haben die Leute in der Landwirtschaft, und was leistet ein Bergmann an physischer Kraft, wenn er im engen Stollen unter Tage arbeitet. Was sind solche Leistungen gegen die leichte Tätigkeit der meisten Menschen? Dennoch: Viele machen sich trotzdem durch ihre Arbeit kaputt. Doch das macht nicht die Arbeit, sondern die Fülle der Reibungen. Deshalb Ventile öffnen, tüchtig arbeiten und vor allem dann, wenn man sich vor Unlustgefühlen nicht im geringsten dazu aufgelegt fühlt. Man kann sicher sein, daß dieser Unlustzustand nur kurze Zeit anhält, wenn man sich nicht darum kümmert, sondern einfach arbeitet.

Auf der Straße beobachten wir das Herumtollen der Kinder. Was leisten Kinder doch im Verlauf eines einzigen Tages bei dieser Tollerei an Kräfteverbrauch. Sind sie deshalb aber kränklich oder schwach? Im Gegenteil: Kinder, die nicht tollen, die sind kränklich, weil die Ausarbeitung fehlt, die zwangsläufig durch das Herumtollen eintritt.

Wenn man über diese Gesetze nachdenkt, ist alles so einleuchtend und verständlich, daß man sich selber gar nicht begreifen kann, warum man sich nicht Tag für Tag nach diesen Naturgesetzen richtet. Das Sich-ausarbeiten – und zwar nach jeder Richtung unserer Betätigungsmöglichkeiten – ist deshalb genauso wichtig wie das Vermeiden der Verschwendung unserer Kräfte durch physische und vor allem seelische Reibungen, durch Ärger, negatives Denken, neidisches, kleinliches, selbstsüchtiges und eifersüchtiges Wesen, Mangel an Selbstvertrauen, durch Angstzustände usw.

Ich glaube, ich habe Ihnen mit diesen Ausführungen Wege genug gezeigt, um in Zukunft den Gesetzen der körperlichen und geistigen Frische und Leistungsfähigkeit mehr zu entsprechen als bisher. Denken Sie immer daran: Unser Organismus ist ein biologisch-chemischer und elektrischer Betrieb. Das Funktionieren dieses Betriebes untersteht Naturgesetzen. Wenn wir klug sind, respektieren wir diese Gesetze, und das Ergebnis muß dann sein, daß wir uns viel wohler, viel glücklicher, viel leistungsfähiger und viel frischer fühlen als jemand, der sich um diese Naturgesetze nicht kümmert und alles treiben läßt, wie es gerade läuft. Wir müssen uns freimachen von dem Irrtum, daß alles, was uns trifft, blindes Schicksal ist, dem wir bedingungslos unterworfen sind. Durch den richtigen Gebrauch unserer Vernunft werden wir in vieler Hinsicht zum Meister unseres Schicksals, weil wir wissen, daß alles eine Ursache hat und indem wir bemüht sind, unser Handeln nach den Ursachen des von uns beeinflußbaren Geschehens einzustellen.

Im weiteren Verlauf dieses Buches wird Ihnen die Tragweite meiner Ausführungen noch viel klarer werden. Es wird sich zeigen, daß wir durch klug angewandte Lebenskunst und positives Denken auch in den bescheidensten Grenzen und auch in schon fortgeschrittenem Alter ein glücklicher Mensch werden können.

4.4 Zusammenfassung

Konzentration ist Voraussetzung für Leistungsfähigkeit. Konzentration erfordert gesunde Nerven.

Die Kraft unserer Nerven wird nicht durch die Arbeit verbraucht, sondern durch die vielen Reibungen im Zusammenhang mit der Arbeit und durch falsche Gedanken- und Lebensführung.

Das zu verhindern, ist Angelegenheit unserer Erfolgstechnik und der Lebenskunst. Lebenskunst besteht in der Ausschaltung von Hemmungen und Reibungen. Auch die

Einstellung zur Arbeit kann eine solche Hemmung sein und unsere Kraft aufzehren. Wer sich zu alt oder zu vornehm vorkommt, um liebenswürdig zu sein, ist in Wirklichkeit ein Trottel. Richtige Menschenbehandlung heißt: Reibungen auszuschalten. Reibungen, wie Ärger, Hemmungen, Angst, Furcht usw. bedeuten Kraftverschwendung.

Wer nach den Grundsätzen positiver Lebensführung lebt, baut Nervenkraft auf, schafft Reserven für den eigentlichen Kampf um den Erfolg.

Zu diesen Grundsätzen gehören auch eine gesunde Ernährung und die Pflege der Gesundheit. Auch da kann man planvoll und systematisch vorgehen. Auch da kann man automatisieren, bis alles zum Zwangslauf wird.

5

Herrschaft über die Kraft des Geistes

Fachmann werden auf dem Gebiet der Lebensmeisterung

5.1 Warum Denken überhaupt nicht anstrengt

Wir haben uns jetzt mit einem Thema zu beschäftigen, das für unseren Erfolg und unseren Sieg im Lebenskampf von größter Bedeutung ist.

Ich möchte nochmals nachdrücklich darauf hinweisen, daß es sich bei meinen Darlegungen und Erläuterungen um die Erkenntnis von Gesetzmäßigkeiten handelt, die über unsere Leistungsfähigkeit entscheiden. Wir können entweder den Weg des Durchschnittsmenschen gehen oder aber unser Leben mit einem wertvollen Inhalt erfüllen.

Jetzt muß die Frage gestellt werden: Kann denn jeder Mensch zu einer solchen Schaffenskraft kommen? Die Antwort lautet: Nein, das geht nicht. Es wäre vermessen, das zu behaupten.

Eine solche Leistung setzt voraus, daß man in sich ein Instrument hat, das die Möglichkeiten zu dieser Leistungsfähigkeit in sich trägt. Daß man also durch seine Erbmasse über Fähigkeiten verfügt, die diese Steigerung der produktiven Kraft zulassen. Weil man nur selten Menschen trifft, die überdurchschnittliche Leistungen vollbringen, glaubt man, daß diese geniale Menschen sein müssen, daß das andere Menschen sind als wir selbst, und daß nur ganz wenige Ausnahmen, die eben ein besonderes Gehirn haben und begnadet sind, zu solchen Fähigkeiten kommen können.

Das ist die allgemeine Auffassung. Aber die Erfahrungen des Lebens auf dem Gebiet des geistigen Schaffens sprechen dagegen. Daß die meisten Menschen so wenig leisten, liegt daran, daß sie sich nie die Mühe gemacht haben, die ganze Leistungsfähigkeit ihres Gehirns zu aktivieren. Sie benutzen ihr Gehirn nur zu einem kleinen Teil, und nur darin liegt die Ursache für das Versagen.

Man muß sich vorstellen, daß der Entwicklungsradius des Durchschnittsgehirns etwa so groß ist wie ein Kinderreifen. Das Zentrum der augenblicklichen Leistungsfähigkeit und der bisher ausgenutzten Möglichkeiten ist darin jedoch kaum größer als die Fläche eines mittleren Tellers. Der vom Rande des Tellers bis zum äußeren Radius verbleibende Raum ist vollständig ungenutzt. Nun kommt es darauf an, durch entsprechende Arbeitsmethoden zu erreichen, daß die bisher genutzte Fläche soweit wie möglich erweitert wird.

Man kann das aber nicht durch dauerndes Arbeiten, durch dauernde Anspannung der Nervenkraft erzwingen. Wer das versucht, macht schlapp auf halbem Wege, sondern man muß die Wege gehen, die uns die natürlichen Gesetzmäßigkeiten zur Ausnutzung des Gehirns vorschreiben. Wer unbewußt diesen Weg geht, den bezeichnen wir als einen geborenen Erfolgsmenschen. Er hat es im Gefühl, wie man richtig arbeiten muß. Wenn wir dann das Leben eines solchen Erfolgsmenschen analysieren und seine Arbeitsmethoden studieren, stellen wir eine Übereinstimmung mit den natürlichen Gesetzmäßigkeiten der Gehirnausnutzung fest. Es ist also nicht notwendig, daß man die Gesetzmäßigkeiten der richtigen Gehirnausnutzung erst mit seinem Verstand studiert, um Erfolg zu haben. Man kann auch aus seinem Gefühl heraus wissen, wie man es richtig machen muß. Wo das Gefühl nicht deutlich vorhanden war, kann man durch bestimmte Erlebnisse des Lebens und unbewußte Beobachtungen zum Erfolg gekommen sein.

Diese Feststellung schließt aber nicht aus, daß der größte Teil der Menschen schon seit der Schulzeit in geistiger Hinsicht versagt, mit falschen Methoden arbeitet und dadurch in der geistigen Entwicklung nur gering vorangekommen ist. Man arbeitet in einem Zustand der Verkrampfung des Gehirns. Das Geheimnis der geistigen Leistungsfähigkeit, nämlich die Konzentration, kommt nicht zwanglos und von selbst und mit einem Minimum an Kraftaufwand zustande, sondern nur durch eine übermäßige Anspannung der Nerven und eine Zwangssammlung der Gedanken. Wenn jemand vorzeitig ermüdet bei einer Arbeit, so geschieht das vor allem deshalb, weil dieser Zwangszustand, dieser Krampfzustand zu viel Kraft erfordert. Weil mit falschen Techniken gearbeitet wird, wird bei der geistigen Arbeit so wenig Ersprießliches und Überdurchschnittliches geleistet.

Wenn wir von geistiger Tätigkeit sprechen, meinen wir damit im besonderen die Wirkung der Kräfte, die das Denken auslösen. Im gewöhnlichen Leben und bei allgemeiner Unterhaltung stellen wir fest, daß Denken überhaupt nicht anstrengt. Jedes Denken, das sich äußert in der Unterhaltung, im Gespräch, beim Erzählen strengt nicht an. Im Gegenteil, es macht sogar Spaß. Es versetzt die Seele in eine freudige Stimmung, und man kann daher stundenlang reden.

Hier zeigt sich schon ein Lichtblick in Hinsicht auf das Funktionieren des Gehirns und der geistigen Arbeit. Geistige Arbeit strengt im Grunde genommen weniger an als körperliche Arbeit. Wenn sie anstrengt, dann nur deshalb, weil man es falsch macht, weil man das Gehirn falsch behandelt.

Stellen Sie sich einmal vor, wie viele Millionen von einzelnen Gedanken im Lauf des Lebens unser Gehirn durchblitzen. Die Gedanken kommen und gehen alle von selber. Das elektrische Schaltwerk im Gehirn arbeitet vollkommen automatisch und viel exakter als ein Computer arbeiten könnte, den Menschenhand konstruierte. Nur fällt es schwer, die Kräfte in diesem Werk zu disziplinieren, dieses Werk einzustellen auf eine bestimmte Art geistigen Schaffens. Und wenn das so ist, ist das schon ein Beweis dafür, daß wir es falsch machen.

Es muß also erreicht werden, daß das Gehirn vollkommen krampflos und zwanglos zu arbeiten lernt. Man sagt nicht ohne Grund, daß die Begabung zum Dichter eine Gnade sei. Man besitzt eben diese Fähigkeit. Und so muß man ganz bestimmte Fähigkeiten haben, um geistig erfolgreich arbeiten zu können.

Hier muß man nun fragen, wie weit jeder einzelne solche Fähigkeiten besitzt, und wie weit sich diese aktivieren lassen. Wir haben im Verlauf des letzten Jahrhunderts und besonders der letzten Jahrzehnte ungeheure technische und wissenschaftliche Fortschritte gemacht. Doch seelisch sind wir kaum vorangekommen.

Die Menschheit könnte ganz woanders stehen, würde man wissen, was man mit sich anfangen muß, um in geistiger und seelischer Hinsicht erfolgreich arbeiten zu können. Doch wohin Sie auch blicken: Keiner arbeitet bewußt an sich! Man verlangt einfach, die geistige Entfaltung müsse von selbst kommen. Man tut nichts dazu, man bildet sich für seinen Beruf aus. Man lernt Stenografie und Schreibmaschine, lernt Sprachen und überhaupt seinen Brotberuf. Doch die Fähigkeiten zum produktiven Denken entwickelt man nicht zielbewußt. Nur ganz wenige Menschen gibt es, die sich jede Woche ein paar Stunden hinsetzen, um sich nach den Gesetzen des geistigen Schaffens auszubilden und zu entfalten. Man spricht von Selbstvervollkommnung, spricht von der Entfaltung seines Geistes, liest darüber dicke Bücher, aber die eigentliche praktische Arbeit vernachlässigt man. Jeder von Ihnen weiß, daß es sich hierbei um bekannte Tatsachen handelt. Wenn man nichts leistet, entschuldigt man sich immer wieder mit dem Mangel an Zeit. Oder aber, man behauptet, daß man nicht begabt sei und meint, daß zu überdurchschnittlichen Leistungen nicht jeder befähigt sei. Wenn man das Zeug dazu nicht in sich habe, könne man es eben nicht.

Nun aber sage ich Ihnen aufgrund meiner Beobachtungen, daß dies alles nicht zutrifft, daß alle diese Entgegnungen nur Ausreden sind, daß es allein nur daran liegt, daß man für ein hohes Können bis heute noch nicht den richtigen Einsatz leistete. Wenn ich also aufgrund meiner Erfahrungen sage: »Du hast das Zeug zu einem tüchtigen, positiven Menschen in dir, du arbeitest nur nicht an der Ausbildung deines Gehirns, du tust nichts, du setzt nichts ein, du vergeudest das schöne Erbteil, das du in dir trägst, du verschwendest die Gaben, die dir deine Väter mitgegeben haben«, so ist das die reine Wahrheit und ein außerordentlich bedauerlicher Zustand. Es ist ein Jammer, wenn man immer wieder erleben muß, wie Menschen, die an sich begabt sind, nichts für sich tun, die immer derselbe Mensch bleiben, in zehn Jahren und bis an ihr Ende.

Darin unterscheidet sich ein positiver Tatmensch vom Alltagsmenschen, daß er auch in dieser Hinsicht über sein Leben gründlich nachdenkt, daß er sich einen Spiegel vorhält, in dem er sich und seine Lage so sieht, wie sie in Zukunft sein wird, und er zu sich sagt: »Wenn ich in einigen Jahren ein glücklicher und erfolgreicher Mensch sein will, wenn sich mein Leben in erfolgreichen Bahnen bewegen soll und wenn insbesondere mein Alter glücklich werden soll, dann darf ich nicht nur Tag für Tag meine allgemeinen Pflichten erfüllen, meinen Körper pflegen und der Geselligkeit und Lebensfreude leben, sondern ich muß auch unbedingt geistig an mir arbeiten.« Für jeden Menschen ist das eine Schicksalsfrage, wenn man an die Trostlosigkeit des Alters denkt, die jeder erlebt, der geistig nicht an sich gearbeitet hat.

Was bleibt uns denn vom Leben, wenn wir älter werden? Doch nur unser Geist, unsere geistige Beweglichkeit, unser Interesse an geistigen und seelischen Dingen. Als alter Mensch sind wir körperlich nicht mehr in der Lage wie der junge, den Lebensgenuß in einer Befriedigung der Sinne zu finden. Vernachlässigen wir nun unseren Geist, und sorgen wir nicht dafür, daß wir im Alter ein Denkkapital haben, das gute Zinsen trägt, an dem wir immer Freude haben, dann geschieht es, daß wir frühzeitig vom Leben abkommen, seelisch und geistig zu Grabe gehen, lange bevor wir körperlich gestorben sind. Wir sind dann ein herumlaufendes Etwas, das den Namen »Mensch« eigentlich gar nicht verdient, obgleich wir noch Absichten haben und auch in diesem und jenem Punkte noch mitsprechen. Aber Lebensbefriedigung, Lebensgenuß und einen wirklichen Lebensinhalt als Mensch, den haben wir nicht.

Wir stellen bei den meisten Menschen fest, daß sie mit dem Älterwerden das Interesse an der Welt verlieren. Sie vergreisen, was man gleichsetzen kann mit einem Erlöschen der geistigen Kräfte. Das braucht aber nicht zu sein. Daß dies jedoch geschieht, ist der Beweis, daß man es versäumt hat, die geistigen Kräfte rechtzeitig zu entfalten und zu pflegen.

Vergegenwärtigen Sie sich bitte die Situation, die jeder in einigen Jahren oder Jahrzehnten erlebt. Das geistige Leben in uns kommt zustande durch die Funktionen von Milliarden Nervenzellen. Diese Nervenzellen müssen gesund bleiben und ständig arbeiten. Was würde mit Ihrem Arm geschehen, würden Sie ihn nicht dauernd gebrauchen? Der Arm würde langsam kraftlos werden. Die Muskeln verlören die Fähigkeit der Kraftentfaltung. Die Natur hat grundsätzlich das Bestreben, alles Unbrauchbare und Überflüssige verkümmern zu lassen. Auch jedes Organ in unserem Körper verkümmert, wenn wir es nicht gebrauchen. Wer sich dauernd im Laufen trainiert, der steht immer gut auf den Beinen und kann selbst im Alter noch ein guter Läufer sein. So verhält es sich aber nicht nur mit unseren körperlichen, sondern auch mit unseren geistigen Kräften. Wer das geistige Leistungsvermögen nicht unter dem gleichen Gesichtswinkel sicht, begeht einen verhängnisvollen Irrtum.

Wenn Sie sich das Gehirn mit seinen Milliarden Nervenzellen vorstellen, dann werden Sie begreifen, daß Sie nur dann von Ihrem Gehirn im Alter etwas verlangen können, wenn Sie es dauernd gebrauchen, wenn Sie von ihm dauernd Leistungen verlangen, wenn Sie es fortwährend sozusagen durchmassieren, wenn also immer geistig rege gearbeitet wird.

Es liegt also bei der Hervorbringung geistiger Leistungen nicht vor allem am Gehirn, sondern an seiner Ausnutzung und Aktivierung.

Man kann oder könnte fünfzehnmal mehr leisten, als es der Durchschnitt der Menschen fertigbringt. Die Ursache ergibt sich aus den eingeborenen Möglichkeiten.

Das ist eine so gewaltige Feststellung, daß wir uns damit gar nicht gründlich genug auseinandersetzen können. Die größten Rechenkünstler unserer Zeit addieren, multiplizieren und subtrahieren zehnstellige Zahlenreihen mit kaum vorstellbarer Geschwindigkeit. Worauf es bei diesem Phänomen ankommt, ist die Tatsache der genialen Leistung an sich. Denn sie ist der Beweis, was der Mensch vermag, wenn er sich in einer besonderen Hinsicht in den Griff bekommt.

Das bezieht sich auf das gesamte seelische und geistige Gebiet, auch auf die Fähigkeiten, die durch Hypnose und Selbsthypnose möglich sind und die immer größere Bedeutung erlangen. So berichtet ein bekannter Chirurg, er habe einer Patientin, die sich durch Selbsthypnose schmerzunempfindlich gemacht hat, ohne Narkose ein Organ durch Operation entfernt. In immer mehr Fällen gelingt es uns, durch Hypnose schmerzlose Geburten zu ermöglichen. Das sind alles Beispiele für die Beeinflußbarkeit des vegetativen Nervensystems.

Ein Computer mit der Vielseitigkeit heutiger elektronischer Automaten kann so Enormes möglich machen. Beweis: Der geglückte Flug zum Mond. Wir können uns noch gar nicht vorstellen, was dadurch noch alles Wirklichkeit werden wird. Es ist aber falsch, nur dem künstlichen Gehirn, der Technik, so Großes zuzutrauen. Gleiches gilt für den Computer in uns. Wissenschaftlich steht heute fest, daß schon der Mensch der Steinzeit begabt war. Aber alle Begabungen zeigen sich nur, wenn wir sie ansprechen, wenn wir unsere Seele darauf aufmerksam machen. Es gibt keinen von Menschenhand gebauten elektronischen Apparat, der über so viele Milliarden von Schaltmöglichkeiten verfügt, wie das von der Natur in Millionen Jahren entwickelte Gehirn. Jede Art geistiger Hochleistung ist uns möglich, jede Art Genialität. Es kommt nur darauf an, in dieses Reich des großen Könnens bewußt vorzustoßen und dem Unterbewußtsein entsprechende Aufgaben zu stellen.

Wer Großes leistet, sei es in der Forschung oder in der Kunst, macht einen großen Fehler, wenn er sich deswegen als etwas Außergewöhnliches sieht. Vielmehr ist es Glück, daß er sich gleich von vornherein richtig programmiert und aktiviert hat. Interessen, Milieueinflüsse, überhaupt Umwelteinflüsse spielen dabei eine entscheidende Rolle. Deshalb behauptet ein namhafter Psychologe in den USA, daß wir nur zu einem Bruchteil unser angeborenes Können ausnutzen. In hundert Jahren wird jeder Mensch seine geistige Leistungskraft um mehr als verdoppelt haben, ohne daß sich deshalb das Gehirn organisch ändern muß. Der russische Forscher Dr. Vladimir Rajkov sagt, daß man durch hypnotische Einwirkungen sogar Talente weckt und alle Organe beeinflussen kann. Das Max-Planck-Institut behauptet, daß man Krankheiten wie Gewohnheiten regelrecht verlernen kann, und Forschungsteams der Amerikaner haben entdeckt, daß sich auch das autonome Nervensystem bewußt beeinflussen läßt.

Wir machen alle den Fehler, uns selber nicht richtig zu behandeln. Wir behandeln uns wie Steinzeitmenschen, obwohl wir sonst in den äußeren Dingen ganz und gar Menschen unserer Zeit sind. Wenn wir Genialität in uns entdecken und später auch betätigen, dann ist das eine Sache unbewußt richtiger Einstellung zum Unterbewußtsein.

Aufschluß hierüber gibt uns jeder junge Mensch. Der Satz stimmt, der sagt: »Früh übt sich, was ein Meister werden will.« Der anscheinend ungeniale Mensch übt sich nicht. Er tut nur, was alltäglich ist. Daher Goethes Rat, der absolut zutrifft für alle, die positiv vorwärts wollen: »Je mehr als sich ein Künstler plagt« – oder ein Denker und Forscher – »je mehr er sich zum Fleiße zwingt, um desto mehr es ihm gelingt. Drum übe Dich nur Tag für Tag und Du wirst sehn, was das vermag: Dadurch wird jeder Zweck erreicht, dadurch wird manches Schwere leicht, und nach und nach kommt der Verstand unmittelbar Dir in die Hand.«

Gibt es ein klügeres Wort als dieses? Der Verstand soll und muß uns »in die Hand kommen«, dann geht alles. Man muß wissen, worum es geht, *warum* etwas so ist, wie es ist. Haben wir den Verstand in der Hand, dann ist das Unterbewußtsein richtig geschaltet. Dann arbeitet das Unterbewußtsein völlig allein bei der Hervorbringung einer Leistung. Beobachten Sie einen Kunstmaler: Seine Hände gestalten ein Kunstwerk, ohne daß er mit seinen Gedanken bewußt bei der Sache ist. Jedenfalls scheint es so. Dennoch stimmt jeder Strich, jeder Farbpunkt sitzt, während er sich mit seinem Modell unterhält. Wie wäre das möglich, wenn sich nicht sein Unterbewußtsein völlig allein, also von selbst, künstlerisch betätigen würde. Das ist das große Wunder, das wir hier erleben. Es beweist unser Wissen von den Geheimnissen des produktiven Könnens. Warum funktioniert dieses Wunder im Künstler? Weil er sich oft schon seit seiner Jugend mit künstlerischer Gestaltung beschäftigt hat, weil er sich immer und immer wieder geübt hat im schöpferischen Können.

Jetzt verstehen Sie vielleicht auch, wenn ich sage, daß ich in meinem Leben am meisten aus meinen eigenen Vorträgen gelernt habe. Viele tausende Vorträge habe ich gehalten, und immer arbeitete das Unterbewußtsein allein. Ich war stets der beste und konzentrierteste Zuhörer unter meinen Hörern, und bei jedem Vortrag kam immer wieder vieles Neue an Erkennen zum Bewußtsein. Auch ich verdanke also meine Entfaltung nur der Arbeit an mir, und ich bürge dafür, weil ich genau weiß, wie man sich entfalten kann, daß auch Sie ähnliche oder noch viel größere Erfolge unter Umständen erreichen, wenn Sie diese nur ernstlich wollen.

Aus diesem Grund muß auch der Gedanke, daß jede große Leistung nur aus einer von vornherein gegebenen Genialität entstehen kann, aus unserem Kopf und muß Platz machen der Achtung vor dem Fleiß, vor der zielbewußten, planmäßigen Arbeit aller derjenigen, die für uns Vorbilder sind. Es ist wirklich so: Solange Sie nur in der Bewunderung verharren, bemühen Sie sich nicht ernsthaft um die eigene Entfaltung. Ich könnte Ihnen Dutzende von Männern und Frauen nennen, die bahnbrechend waren auf den verschiedensten Gebieten der Wissenschaft, der Kunst usw., und die alle das gleiche sagten, nämlich, daß Genie *Fleiß* ist. Aber man kann sich natürlich alle Mühe geben und kommt trotzdem nicht vorwärts, wenn man sein Tun nicht zugleich mit Klugheit verbindet, die notwendig ist, um die manchmal unüberwindlich erscheinenden Widerstände zu überwinden.

Um die Grundlagen der Entfaltung voll zu erfassen, müssen wir zunächst noch einmal die biologische Seite dieses Vorganges betrachten. Das Zellensystem im Körper mit seinen Billionen allerkleinster Organismen, aus denen unser Herz, unser Gehirn und alle Organe bestehen, ist dem Gesetz des organischen Wachstums unterstellt. Das ist das erste, was wir dazu wissen müssen: Wir dürfen niemals aufhören mit der konzentrierten Beanspruchung unseres Gehirns und unserer Kräfte und Fähigkeiten! An sich sollte das selbstverständlich sein, weil gerade in unserer Zeit mit ihrem rasanten Vorwärtsdrängen auf allen Berufs- und Lebensgebieten das ständige Dazulernen zur unerläßlichen Voraussetzung für ein erfolgreiches Leben geworden ist. Niemand kann sich heute erlauben, mit seinem in jungen Jahren erworbenen Wissen zufrieden zu sein. Er muß aktiv bleiben, nicht, wie es ihm paßt, sondern wie es der ständige Fortschritt verlangt.

Hierzu ein Beispiel: Denken Sie an einen Arzt. Kann er heute noch verantwortungsvoll seine Patienten behandeln, wenn er in seinem Fundus nur das Wissen hat, das er vor Jahren auf der Uni in sich aufnahm? Schon lange ist der größte Teil der alten Theorien überholt, und er wäre ein schlechter Arzt, würde er sich in seiner Praxis nicht der modernsten Heilmethoden bedienen. Wie aber will er diese neuen Erkenntnisse kennenlernen, wenn er sich nicht laufend der Informationen bedient, die zur ärztlichen Fortbildung unentbehrlich sind. Oder denken Sie an einen Unternehmer. Wie will ein Unternehmer erfolgreich sein, wenn er nicht dauernd an einer besseren Organisation seines Betriebes arbeiten würde. Jährlich werden ungezählte Millionen allein dafür ausgegeben, daß man lernt, auch die moderne Computertechnik in den Dienst besserer Organisation und größeren Erfolges zu stellen.

Der Existenzkampf unserer Zeit will wissenschaftlich geführt sein, weil im wirtschaftlichen Wettbewerb nicht mehr, wie vor fünfzig Jahren, nur die Produkte oder Dienstleistungen entscheiden, sondern eine ständig wachsende Menge an Wissen aller Art. Durchschnittlich alle fünf

Jahre ist das bisher aufgenommene Wissen überholt. Wer da nicht mitkam, kommt automatisch ins Hintertreffen.

Wer das zum Mittelpunkt seines Strebens macht, der allein hat die Gewißheit, in zehn oder zwanzig Jahren noch nicht zum alten Eisen zu zählen. Deshalb heißt es: Nie aufhören mit dem geistigen Training, sondern im Sinne des modernsten psychologischen Wissens trainieren! Das gilt für alles, was wir tun, besonders auch für unser berufliches Können. Dieses Können ist immer nur so viel wert, wie wir daraus zu machen verstehen. Hierin liegt auch die Bedeutung jeglichen Selbststudiums. Es kann jemand als Autodidakt größere Leistungen vollbringen als durch ein reguläres Studium.

Doch zurück zu unserem Thema. Wir müssen also das geistige Training unentwegt fortsetzen. Nur dadurch machen wir unser Gehirn fähiger, noch mehr zu leisten. Trainiere ich eine bestimmte Zellenorganisation, dann erreiche ich, daß sich diese Organisation kräftigt und unter Umständen sogar verändert. Wir sprechen hier in moderner Ausdrucksweise unter anderem von Umstrukturierung. Das gilt nicht nur für die Technik, das gilt ebenso für unser Gehirn. Wollen wir uns also geistig entfalten, müssen wir unsere Gehirnzellen trainieren.

Was leistet ein kleines Kindergehirn gegenüber dem Gehirn eines Erwachsenen? Wir müssen ehrlich feststellen: Kinder sind in ihrer Schulzeit in der Regel viel fleißiger, als wir es jemals als Erwachsene sind. Natürlich gibt es auch hier Ausnahmen. Die Erkenntnis vom Gesetz des organischen Wachstums tritt hier ganz deutlich in Erscheinung. Die Gehirnzellen sind, wie schon erwähnt, Zellen, die sich im Gegensatz zu allen anderen Zellen des Organismus nicht erneuern, sondern nur fortlaufend stärken, kräftigen und entfalten – oder aber verbrauchen! Die Zellen unseres Armes sind in verhältnismäßig kurzer Zeit nicht mehr die gleichen. Sie werden ausgewechselt. Neue Zellen treten an die Stelle der alten. So baut sich der ganze Körper ständig von neuem auf. Durch diesen Vorgang entsteht eigentlich dauernd ein neuer Mensch. Wohlverstanden: Bis auf die Gehirnzellen! Ermessen Sie, was das heißt? Das heißt nichts Geringeres, als daß das ganze Wesen unserer Persönlichkeit in den Gehirnzellen verankert liegt! Wie die Gehirnzellen arbeiten, wie sie entwickelt sind, was sie leisten können, das entscheidet über unser Leben, unser Schicksal, unsere ganze Lebensart, unser Denken und Handeln und damit auch über unseren Erfolg und Mißerfolg, unser persönliches Glück und Unglück.

Aber nicht alle Gehirnzellen arbeiten, sondern nur ein Bruchteil. Wenn wir uns geistig betätigen, vielseitige Interessen haben und mit Eifer Interessen pflegen, bringen wir immer neue Zentren des Gehirns in Tätigkeit, aktivieren wir weitere Bezirke der zehn bis zwanzig Milliarden Ganglien, die die Hirnmasse bilden. Unser Wesen und besonders das, was wir mit dem Begriff »geistige Tätigkeit« meinen, wird dadurch vielseitiger und beweglicher. Warum geht es in manchen Staaten der Welt nicht vorwärts? Weil keiner da ist, der es versteht, die schöpferischen Kräfte der Menschen in einen bestimmten Aufbauplan einzuspannen. Die Kräfte liegen brach, die Menschen wissen mit sich nichts anzufangen. Nie haben wir das so gut erkannt wie nach Beendigung des Zweiten Weltkrieges. Wir haben das gesehen beim Wiederaufbau unseres Landes, als wir wie Phönix aus der Asche gestiegen sind, aber auch bei dem Versuch, durch sogenannte Entwicklungsgelder unterentwickelten Völkern zu einem erträglichen Dasein zu verhelfen. Das kann man aber nur, wenn es gelingt, die Erkenntnis- und Schöpferkräfte dieser Völker und Staaten zu aktivieren. Gelder und Anleihen, die diesem Ziel dienen, sind richtig angelegt.

Auch unser Körper ist ein Staat, ein Staat von Zellen, von Zellennorganisationen. So ist das Herz, alle Organe und auch das Gehirn zu sehen. Greifen wir einmal einige Organe aus dem Gesamtgefüge heraus, und prüfen wir, was es bedeutet, wenn sie nicht so wollen, wie es dem Gesamtwesen unseres Zellenstaates entspricht. Ist es nicht so, daß der ganze Mensch sich schlecht fühlt, wenn der Magen nicht richtig arbeitet? Arbeitet der Magen dagegen tadellos, dann ist unsere Existenz sofort gesichert, und darum ist ein kranker Magen ein nicht richtig arbeitendes Organ im Dienst des Gesamtwohles unseres Zellenstaates. Genauso ist es mit dem Herzen. Wenn in der großen Gemeinschaft Kraftwerke entscheidend sind, dann entspricht das unserer Herzmaschine. Irgendwo muß eine Kraftquelle pulsieren und dauernd arbeiten. Pulsiert und arbeitet die Kraftquelle richtig, dann geht es dem Gesamtwesen gut, dann hat die Fabrikanlage oder das große Gemeinwesen Energie. Ist unser Herz nervös, hat es Beschwerden, ist die Herzpumpe defekt, sind die Herzklappen nicht in Ordnung oder sind sonstige Fehler da, dann können wir keine hundertprozentige Arbeit von uns verlangen. Dann ist der Gesamtorganismus schwach oder leistungsunfähig.

Gleiches gilt für die Sinne. Wie groß ist zum Beispiel die Verantwortung unserer Augen. Wie exakt und einwandfrei müssen sie arbeiten, wenn wir uns, ohne anzustoßen oder Bruch zu machen, durchfinden wollen in dieser Welt der vielen Dinge und Möglichkeiten. Nur dann kann sich der Geist richtig und sicher orientieren, wenn man sich auf die Augen verlassen kann. Sicher ist auch, daß ein Mensch mit vorzüglichen Sinnen, viel mehr von der Welt erlebt als der, der halb blind und halb taub ist.

Genauso wie es mit den Augen und Ohren ist, so ist es grundsätzlich mit allen Organen, die in ihrer Gesamtfunktion unser Leben aufrecht erhalten und die alle positiv an einem Strang ziehen müssen, wenn das Leben im Zellenstaat fruchtbar und glücklich verlaufen soll. Ist das Gegenteil der Fall, wenn zum Beispiel das eine Organ hü und das andere hott macht, wie das bei Menschen mit Neurosen meistens der Fall ist, aber auch bei vielen, die sich nicht zu der Kategorie kranker Menschen zählen, dann erleben wir, daß nichts geleistet wird. Dann haben wir als Folge dieser mangelhaften Disziplin ein nur teilweise fruchtbares oder sogar unfruchtbares Gemeinwesen vor uns.

Dazu muß man wissen, daß die einzelnen Organe unseres Körpers zwar in der Regel einem zentralen Willen gehorchen, daß sie sich aber unter Umständen auch selbständig machen können in ihrer Tätigkeit. Der Magen kann uns zum Beispiel durch Verzärtelung und Verwöhnung und durch andere Ursachen immer wieder einen Strich durch die Rechnung machen, wenn es mal gilt, etwas Besonderes von ihm zu verlangen. Bei solchen Beschwerden kann es sein, daß er zum Beispiel keinen Wein verträgt. Schon durch ein einziges Glas kann sich ein starkes Sodbrennen entwickeln. So kann er uns nachts nicht schlafen lassen. Oder er verträgt überhaupt keine Speisen. Wohlverstanden. Ohne, daß er aber direkt organisch krank zu sein braucht. Diese Übel können durchaus nervöser Natur sein, entstanden einfach dadurch, daß wir den Magen eine Weile unter falschem Einfluß gelassen oder ihn verwöhnt haben.

Was ich mit diesen Schilderungen klarmachen will, ist die Tatsache, daß im Körper nur das Autoritätsprinzip die Möglichkeit des Erfolges schafft. Deshalb streben wir auch danach, von der Idee des positiven Lebens beherrscht zu werden. Es muß alles tadellos funktionieren, und es ist richtig, wenn wir nicht so viel Rücksicht auf die einzelnen Organe nehmen, sondern vielmehr verlangen, daß sie gehorchen. Das ist die Konsequenz, die ich allen nervösen und zur Hypochondrie neigenden Menschen ans Herz lege.

Je mehr Angst Sie haben, sich zu erkälten, umso mehr versagt Ihre Verteidigungsanlage. Anstatt, daß die Poren der Haut sich schließen, wenn ein Witterungsumsturz kommt, bleiben sie offen, und eine Betriebsstörung ist da.

Wir müssen wissen: Die biologischen Prozesse funktionieren nicht nur von der Körperseite her, also von der Seite der chemischen und bioelektrischen Vorgänge, sondern zugleich von der vegetativen Seite aus. Es muß in uns eine Kraft sein, die den Körper nach allen Seiten hin beherrscht, die allen Organen befiehlt, wie sie zu arbeiten haben. Diese Kraft ist unsere Autorität. Wir müssen uns merken: Je mehr man Rücksicht auf die einzelnen Organe nimmt, umso mehr neigen diese dazu, abzukommen von ihrem natürlichen Kurs, von ihrer natürlichen Aufgabe! Selbstverständlich müssen die Lebensbedingungen beachtet werden. So braucht der Körper eine bestimmte Menge an Aufbaustoffen, Eiweiß, Fett, Kohlehydrate usw. Doch die geforderte Notwendigkeit weicht in vielen Fällen stark von dem ab, was die meisten Menschen glauben, für die Aufrechterhaltung ihres Lebens und ihrer Gesundheit tatsächlich haben zu müssen. Jeder weiß, daß sich zum Beispiel in der Ernährung die Menschen fortwährend an ihrer Gesundheit versündigen. Sei es, daß man die biologischen Bedingungen des Organismus nicht bedenkt oder aber, daß man darin zu ängstlich und pedantisch ist. Außerdem: Der Körper ist gar nicht so wichtig, und seinen wirklichen Wert bekommt er erst dann, wenn durch ihn positive Leistungen vollbracht werden.

Wenn unsere Seele mit unserem Körper zum Beispiel nicht einverstanden ist, taugt er nichts. Wenn unsere Seele nichts leisten und schaffen kann, wenn das Glück der Welt durch unsere Seele nicht vermehrt wird, verliert auch der Körper seinen Sinn. Der Körper an sich ist *nicht* der Mensch. Er ist nur eine Maschine, wenn auch die bestorganisierte und allerfeinste, die man sich denken kann.

Diese Maschine soll so reibungslos und tadellos arbeiten wie überhaupt nur möglich. Doch das eigentlich Entscheidende ist allein das seelische Geschöpf, das seelische Wesen, das im Körper lebt. Eine Einrichtung, mag sie noch so wunderbar sein, hört auf, wertvoll zu sein, wenn kein Ziel da ist, dem sie dienen kann. Den Organen unseres Körpers ist ein klares Ziel gesetzt. Dieses Ziel heißt: Dem Wesen Mensch das Dasein zu ermöglichen.

Was würde unser Dasein auf der Erde für einen Sinn haben, wenn es zuletzt nicht auf unsere Seele ankäme, wenn es nicht darauf ankäme, Glück zu empfinden. Alles, was geschieht, geschieht doch nur, um in Empfindungen zu schwingen. Wäre das nicht so, dann wäre überhaupt kein Anteil am Dasein möglich und im Sinn höherer Erkenntnis vom Menschsein undenkbar. Gerade deshalb muß man mit seinem Körper energisch sein. Er muß gehorchen und vollkommen im Bewußtsein seiner Rolle und Aufgabe arbeiten.

Wenn man nun aber einen Magen hat, der uns dauernd einen Strich durch die Rechnung macht, dann muß man eben mal den Brotkorb ganz energisch höher hängen, und wenn es sein muß, muß er einmal eine Weile ohne Nahrung gelassen werden. Er muß fühlen, daß *wir* sein Herr sind. Dann gehorcht er und wird wieder vernünftig. Handeln wir nicht konsequent, dann wird die Eigenwilligkeit des Magens unter Umständen immer größer, bis er einmal ganz streikt.

Ich brauche wohl nicht zu erwähnen, daß sich diese Konsequenz hauptsächlich auf solche Zustände bezieht, bei denen feststeht, daß die mangelhafte Funktion eines Organs oder überhaupt des Körpers auf mangelnde innere Disziplin zurückzuführen ist. Das ist immer dann der Fall, wenn Ängstlichkeit und Zwangsgedanken das Gemüt beziehungsweise das Denken beherrschen.

Erinnern wir uns an meine Ausführungen über die Forschungen auf den Gebieten der Psychodynamik. Alle Organtätigkeiten sind durch Gefühle, Wünsche und Suggestion beeinflußbar. Und Neurosen – das sind nervliche und seelische Erkrankungen – können regelrecht *verlernt* werden. Man muß einmal reinen Tisch machen mit sich selbst und seinen verkehrten Ansichten. Man muß sich betrachten als schaffendes Geschöpf und nicht nur als ein genießendes. Man muß eine Lebensaufgabe vor sich sehen und sich ihr hingeben und um ihretwillen, ausschließlich um ihretwillen, den Körper pflegen, dann wird mit einem Schlag alles ängstliche und sorgenvolle Denken um das eigene kleine Ich hinweggefegt! Unser Können wächst mit der Größe unserer Aufgabe! Wir sind bereit, um dieser großen Aufgabe willen *alles* zu ertragen. Leute, die viel leisten müssen, die große Unternehmen leiten, deren Sorge um tausende Arbeiter kreist, sehen wir selten klagen, und immer sagen sie, wenn wir sie fragen, wie sie ein solches nervenzermürbendes Leben aushalten können: »Wir haben keine Zeit, krank zu sein.« Sie haben auch wirklich keine Zeit, weil ihre Kraft von ihren großen Aufgaben und Zielen voll beansprucht wird. Je mehr wir in uns selbst den Mittelpunkt sehen, je mehr wir um unser eigenes kleines Ich herumkreisen, umso inhaltloser wird nicht nur unser Leben, sondern umso kränker werden auch wir.

Versteht man denn nicht die Sprache des Schicksals? Der Himmel möchte uns glücklich sehen. Der Himmel möchte uns Glück im Übermaß schenken. Doch wir wollen nicht gehorchen, wir bleiben egoistisch. Also muß Unglück kommen, bis wir endlich einsehen, daß wir nicht um unserer selbst willen da sind. Wenn wir von diesem Standpunkt aus die biologischen Funktionen im Organismus betrachten, erscheint uns wirklich alles in einem ganz anderen Licht. Das heißt: *Ein Ziel muß da sein,* dem sich alles unterordnen muß.

Fällt es nach diesen Betrachtungen schwer, noch einen Schritt weiterzugehen? Genauso, wie es Organe im Körper gibt, so gibt es auch Organe im Kopf und im Gehirn. Und auch diese müssen sich einer höheren Aufgabe, einem höheren Zweck unterordnen und sich darauf einstellen in ihrer Tätigkeit.

5.2 Warum wir kritisch sein sollen

Wer sich die Funktionen unseres Geistes ausmalen kann, dem fällt es auch nicht schwer, sich vorzustellen, daß es wie im Körper auch im Kopf einen sogenannten »Verdauungsapparat« gibt. Wie oft treffen wir Menschen, die bestimmte Dinge nicht verdauen können, weil ihr geistiger Magen streikt, während andere die härtesten Nüsse zu knacken imstande sind. Es gibt in unserem Gehirn eine Abteilung der »objektiven Beurteilung«. Brennt in dieser Abteilung aber kein Licht, arbeitet diese Abteilung nicht einwandfrei, dann muß man eine Sache, die beurteilt werden soll, zwangsläufig schief oder von der falschen Seite sehen. So spricht man von einem kritischen Verstand, der nur darauf zurückzuführen ist, daß die Abteilung der objektiven Beurteilung *richtig* unter Strom steht. Das ist der Fall, wenn man eine Sache beurteilen kann, ohne sich selbst mit seinen Gefühlen oder dem, was man so nennt – meistens sind es Selbstsucht und Eitelkeit – dazu in Beziehung setzt. Ein Urteil wird nur dann richtig gefällt, wenn es durch diese Abteilung der objektiven Beurteilung hindurchgegangen ist. Dort finden wir auch die Instanzen für Ehrlichkeit und Anständigkeit, die ohne Rücksicht auf uns selbst entscheiden, ob eine Sache in Ordnung und anständig ist oder jemandem Schaden bringt. Als Folge der Herrschaft dieser Objektivität wird man dann zwangsläufig handeln und ein gerechter, aufrichtiger Mensch sein. Ist dagegen dieses Organ der objektiven Beurteilung nicht in Funktion, also nicht auf Selbstlosigkeit in der Beurteilung einer Sache geschaltet, dann wird man die Dinge nur von der Warte der Ichsucht aus sehen. Das führt dann zwangsläufig dazu, von vornherein alles verfärbt zu sehen.

Die Eindrücke der Augen zum Beispiel gehen sofort an die Hauptstation, und da reagiert der innere Mensch so, wie er gerade eingestellt ist. Zum Beispiel bei der Eifersucht:

Es mag sein, daß man gefühlsmäßig ein guter Mensch ist, wodurch man gerecht handelt, auch, wenn man zuerst nicht kritisch denkt. Wer aber kann sagen, daß uns in jedem Augenblick des Handelns, des inneren Erlebens nur gute Einflüsse beherrschen? Mit Recht sagt der Philosoph Schleiermacher: »Die Eifersucht ist eine Leidenschaft, die mit Eifer sucht, was Leiden schafft.« Und warum? Weil es im Kopf eines eifersüchtigen Menschen nicht der Wahrheit, Richtigkeit und der Objektivität entsprechend zugeht, weil die Ojektivität ausgeschaltet ist.

Beispiel: Den Ehemann einer eifersüchtigen Frau will eine andere Frau sprechen. Was denkt die eifersüchtige Frau sofort? »Was will denn die?« Die kritische Abteilung in ihrem Kopf, die Stelle für Ehrlichkeit und Aufrichtigkeit im Denken setzt sich nicht in Bewegung. Die äußere Beobachtung fliegt unmittelbar in ihre in eifersüchtigen Gedanken schwingende Seele. Es gibt nur eine Reaktion für sie: in der Frau, die ihren Mann sprechen will, eine Rivalin zu wittern. Kann es nicht genau das Gegenteil sein? Kann nicht eine alte Bekannte ihren Mann besuchen wollen? Kann der Mann im Leben nicht einmal eine Frau kennengelernt haben, ohne daß es eine Liebschaft sein mußte? Kann die unbekannte Frau nicht vielleicht eine weitläufige Verwandte sein oder jemand, der in einer geschäftlichen oder beruflichen Angelegenheit kommt?

Gleiches vollzieht sich aber auch im Kopf eines eifersüchtigen Mannes. Ein Freund tanzt mit seiner Frau. Die Eifersucht blendet auf; und sofort ist es nicht mehr der Freund. Von Objektivität keine Spur. Nur die Eifersucht herrscht – und damit seelische Blindheit.

Wenn es aber eine kritische Abteilung in unserem Kopf, in unserer Seele, in unserem Unterbewußtsein gibt, die uns davor bewahrt, Fehlurteile zu fällen oder ungerecht zu sein und oft, ohne daß wir es wollen – denn die meisten Menschen sind sich ihrer eigenen Blindheit gar nicht bewußt –

warum setzen wir dann diese kritische Abteilung nicht in Betrieb?

Genauso, wie es sich nun in diesem Bezirk verhält, so verhält es sich auch auf allen Gebieten der Lebensführung. Wir haben für alles, was man kann und können kann, Schaltorgane im Gehirn.

Wir haben früher in der Staatsführung, Volkswirtschaft usw. eine ganze Reihe von Organen nicht gehabt, die sich nach ihrer Schaffung als wichtig erwiesen haben. Viele Dutzende solcher Einrichtungen sind heute zum Segen des sozialen und kulturellen Lebens in Tätigkeit. Daraus wachsen der Fortschritt, der immer bessere Lebensstandard und die immer größere Sicherheit der Existenz, die Wahrung und Vervollkommnung der Zivilisation, wie der Kultur.

Ebenso verhält es sich auch im Staat unserer Zellen: Viele Abteilungen, viele dringend erforderliche Organisationsstellen sind zunächst nicht eingerichtet, sie arbeiten einfach nicht. Die Schalthebel dafür sind zwar vorhanden, doch sie stehen still. Müssen wir uns da wundern, wenn unser Geist nicht wach und aktiv genug ist, wenn wir etwas Besonderes nicht leisten können? So kann zum Beispiel die Abteilung für logisches Denken in uns nur mangelhaft ausgebildet sein. Wer nicht bewußt an der Ausbildung der im Dienste der Logik stehenden Organe arbeitet, denkt kaum bewußt unter Berücksichtigung des Gesetzes von Ursache und Wirkung, sondern stets so, wie es ihm gerade in den Kopf kommt.

Daß er die Erfolgsregel: »Richtigmachen = Erfolg, Falschmachen = Mißerfolg« dadurch ebenfalls nicht konsequent beachten kann, ist selbstverständlich.

Genauso selbstverständlich ist es, daß jemand, in dessen Kopf diese Organisationsstelle nicht aktiv ist, auch nicht begreift, von welch ausschlaggebender Wichtigkeit folgerichtiges Denken für das ganze Leben und für den Ertrag und Erfolg des Lebens ist.

Es hängt also davon ab, daß wir in uns die entsprechenden Organe haben, die uns befähigen, in einer bestimmten Richtung geistig aktiv zu sein. Diese Organe müssen arbeiten. Diese Zellenorganisationen müssen in Fluß, in positivster Funktion sein. Dann haben wir »Köpfchen«, wie der Volksmund sagt. Dann begreifen wir leicht. Dann sind wir befähigt, in einer bestimmten Richtung schöpferisch tätig zu sein.

Ein intelligenter Mensch ist von sich aus intelligent. Er weiß genau, was er zu tun hat. Dem fällt das ein, worauf es gerade ankommt, was einem intelligenten Menschen ganz selbstverständlich einfallen muß, wenn er eine bestimmte Lage meistern will.

Jemandem, in dem diese Intelligenzorgane des Geistes nicht sonderlich rege sind, muß man oft die einfachsten Dinge ganz genau erklären, bevor er begreift, bevor er erfaßt. Ihm muß man alles, für den geistig Regsamen Selbstverständliche auseinandersetzen. Wenn man das dreimal getan hat, dann hat er es meistens immer noch nicht begriffen, oder aber, er hat etwas falsch aufgefaßt. Sehr oft begegnet man der Äußerung: »Ich habe gedacht.« Zuviel hat man gedacht – und gerade deshalb danebengedacht.

5.3   Warum wir »vernünftig« handeln

Was ist dann aber Intelligenz? Die Zusammenwirkung von einer Reihe intelligenzwichtiger, also für das geistige Schaffen lebenswichtiger Gehirnorgane. Man muß das begreifen, um die Tragweite dieser Feststellungen einzusehen.

Natürlich gehört dazu auch die Aktivierung der Erfahrung bzw. des Erfahrungsschatzes, den wir in uns tragen. Schauen Sie, wir alle sind schon 20, 30, 40 und 50 Jahre alt und noch älter. Jeder von uns hat entsprechend seinem Alter eine Menge Erfahrungen gemacht. Mancher sogar außerordentlich viele. Wenn wir viel gelesen haben, dann haben wir außerdem noch die Erfahrungen unserer Mitmenschen in unseren Computer eingespeichert. Es wäre nun herrlich für uns und für unsere ganze Lebensführung, wenn wir diesen großen Erfahrungsschatz voll und ganz in unseren Denkprozeß einschalten könnten. Wenn wir also etwas durchdenken oder machen müssen, dann könnten wir diese Erfahrungen zur Grundlage unserer Überlegungen machen, dann würde unser Urteil über eine Sache unter Berücksichtigung dieser Erfahrungen zustandekommen.

Ist das aber der Fall? Nein! Sondern dies geschieht in der Regel nur bei Menschen, die Experten auf einem bestimmten Gebiet sind und sich dadurch die möglichen Erfahrungen so in ihre Denkabläufe eingliederten, daß sie bei allen Überlegungen mitwirken. Bei solchen Menschen sprechen wir vom Fachmann. Ein Fachmann weiß ganz genau, worauf es bei einer Sache ankommt, bei einer Arbeit zum Beispiel. Er wird niemals eine unüberlegte Sache, eine Dummheit machen. Wenn ein Fachmann einen Türrahmen baut, dann weiß er genau, wie der beschaffen sein muß, um seinem Zweck zu dienen. Ihm brauchen wir die Einzelheiten des Türrahmens nicht erst auseinanderzusetzen. Ihm brauchen wir keine Vorschriften zu machen. Er ist ein Fachmann. Deshalb sagt man auch, wenn man etwas ordentlich gemacht haben will: »Wir gehen zum Fachmann.« Der Fachmann hat seine Erfahrungen und setzt diese Erfahrungen ein. Deshalb sind wir gut aufgehoben bei ihm.

Es gibt nun aber nicht nur Fachleute auf den Gebieten des Handwerks und aller möglichen Wissenschaften und Tätigkeiten, sondern auch auf den verschiedensten Gebieten der Lebens- und Erfolgskunst.

So muß man ein Fachmann auf dem Gebiet der Erfolgsgestaltung sein, auf den Gebieten der Lebensmeisterung, also auf allen Gebieten, auf denen man vorwärts kommen

und etwas erreichen will. Auch auf dem Gebiet der Gesunderhaltung und der Jungerhaltung. Je mehr man sich selbst
zum Fachmann ausbildet, umso größer werden die Erfolge,
umso mehr hat man Möglichkeiten zum Erfolg. Wie aber
kann man Fachmann werden? Doch nur, wenn man die
Kräfte der Erfahrung aktiviert, wenn man alle Erfahrungen,
die bisher gemacht wurden, die guten wie die schlechten,
bei der Durchführung einer Aufgabe berücksichtigt und
man nichts tut, was gegen diese Erfahrungen verstößt.

Sehen Sie, das ist auch eine Sache der Organisation der
geistigen Kräfte. Auch dazu gibt es in unserem Bewußtsein
bestimmte Organe. Wenn diese Organe richtig arbeiten,
dann schaltet sich die Erfahrung von selbst ein.

Ich wiederhole diese wichtige Feststellung: Wenn diese
Organe richtig arbeiten, dann schaltet sich die Erfahrung
von selbst ein, also automatisch. Ein Fachmann faßt eine
Sache gleich richtig an. Oder meinen Sie, daß er erst die
große Reihe der Erfahrungen durchmacht, die alle diejenigen, die eine Sache aufgebaut haben, erst durchmachen
mußten, um zu richtigen Schlüssen zu kommen? Nein, er
macht es gleich richtig.

Würde ein Mensch mit Erfahrung zum Beispiel eine
Dynamitbombe in einen Ofen werfen, nur um zu sehen,
wie schnell das Ding auseinanderspritzt? Oder würde das
einer von uns jemals versuchen?

Wie kommt es nun, daß Sie vernünftig handeln? Es
kommt daher, weil Sie sich die Erfahrungen anderer
zunutze machen!

Sehen Sie, genauso kann es auch auf dem Gebiet der
Lebenskunst sein, auf dem man sich ebenfalls die Erfahrungen anderer zunutze machen muß. Dort setzt man einen
überaus großen Erfahrungsschatz in Bewegung, um ein
Lebenskünstler und Erfolgsmensch zu sein. Wenn ich etwas
ansehe, einen Baum, ein Tier, einen Menschen – und das ist
ein großes Geheimnis der Menschenkenntnis – dann spre-

chen die Dinge zu mir aufgrund der in mir ruhenden Erfahrung. Aufgrund meiner Erfahrungen schaltet sich mein Wissen ein, also vollkommen selbsttätig, wie sich zum Beispiel das Wissen eines Menschen, der sich als Versicherungsexperte betätigt, sofort einschaltet, wenn er einen Schadensfall zu beurteilen hat. Denken Sie einmal über dieses Beispiel nach. Denn darauf kommt es in erster Linie ja an, daß das Einschalten der jeweiligen Erfahrungen automatisch geschieht. Hervorgerufen wird das alles durch die Fähigkeit bestimmter Organe des Gehirns.

Wir alle haben in uns die Anlagen zu den Organen, die die Einschaltung des Erfahrungsschatzes ermöglichen. Doch sind sie nicht bei jedem richtig in Tätigkeit und vor allem nicht genügend ausgebildet. Und wenn Hänschen nicht vernünftig werden will und immer wieder dieselben Fehler macht – es soll auch ältere Hänschen geben, die das gleiche tun – und wir uns immer wieder wehren gegen die Gesetzmäßigkeiten des Erfolges, ohne daß wir auf diese Gesetzmäßigkeiten selber überhaupt kommen, so ist das ein Beweis dafür, daß wir auf diesem Gebiet noch nicht intelligent genug sind, daß die dafür entscheidenden Organe also nicht richtig arbeiten. Es geht uns wie dummen Betriebsführern. Man versucht, Erfolg zu haben, ohne die Naturgesetze zu bedenken, geschweige sich nach ihnen zu richten. Man arbeitet mit dem Zufall, mit dem Ungefähren, nicht mit der Exaktheit des Gesetzes von Ursache und Wirkung.

Wir sprechen nun in unserem Bestreben, ein erfolgreiches Leben zu führen, dauernd von Planarbeit. Der Sinn dieser Planarbeit ist der, daß man von allen Zufälligkeiten abkommt, von allen unkontrollierbaren Einflüssen der Außenwelt, und in sich selbst zum Chef wird. Daß man seinen Betrieb in eigene Regie nimmt, seine Kräfte organisiert aus eigener Macht. In sich selbst zur Macht kommen, das ist notwendig. Man muß also eine Herrschaft in sich selbst aufrichten. Der Weg dahin ist der Weg zur Erlangung starker Konzentrationsfähigkeit, die unmöglich ist, wenn Nachlässigkeit und mangelnde Disziplin herrschen.

Nun wissen wir schon eine ganze Menge über die Organe und Gesetze, die mit der geistigen Arbeit in Zusammenhang stehen. Ein sehr wichtiges, ja, ein unerhört wichtiges Organ ist das Erinnerungsvermögen. Nicht das Gedächtnis ist also das Wesentliche beim Wissen und Behalten, weil dieses nämlich so gut wie immer in Ordnung ist. Wir wissen noch Dinge, Namen und Situationen aus unserer frühesten Kindheit, doch können wir uns nicht mehr an sie erinnern. Verstehen Sie das bitte ganz genau. Es fallen Ihnen diese Kindheitserinnerungen oft sofort ein, wenn Sie darauf gestoßen werden oder von anderer Seite daran erinnert werden. Oft sind Sie aber nicht in der Lage, aus eigener Kraft diese entfernten Bilder in Ihr Bewußtsein zu rufen. Diese Dinge, Namen, Bilder usw., befinden sich durchaus in Ihrem Gedächtnis, doch der Erinnerung sind sie oft nicht oder nur schwer zugänglich.

Wie oft kommt es vor, daß jemand beim Examen durchfällt, der eine Sache zwar nicht beantworten kann, doch genau weiß, was gemeint ist. Er weiß, was er sagen soll, doch kann er es nicht ausdrücken. Sein Erinnerungsvermögen versagt, sein Bewußtsein ist wie zugeschnürt. Frage ich jemanden, wie eine bestimmte Stadt heißt, von der eben gesprochen wurde, dann zuckt er mit den Achseln. Nenne ich ihm jedoch den Namen dieser Stadt, dann sagt er: »Ach richtig, natürlich«. Augenblicklich fällt ihm ein, daß dieser von mir geäußerte Name stimmt. Man könnte tausende Beispiele anführen, um immer wieder das gleiche zu bestätigen: Für die mangelnde Erinnerung kann nur in wenigen Fällen das Gedächtnis als die eigentliche Ursache des Versagens verantwortlich gemacht werden. Dieses Versagen der Erinnerung ist zur Hauptsache ein Versagen im Denken. Man denkt zwar nach und sogar unter Umständen sehr angestrengt, doch das, was man Denken nennt, ist in Wirklichkeit eine Verkrampfung des Gehirns, wodurch das Bewußtsein für die Eindrücke aus dem Gedächtnis nicht erschlossen sondern verschlossen wird.

Das Denken selbst ist ein innerer genialer Vorgang. Deshalb sagt Goethe auch: »Nicht der Mensch denkt, sondern es denkt im Menschen.« Das heißt, daß das eigentliche Denken aus dem Unterbewußtsein, aus dem Unterbewußten und Unbewußten heraus geschieht. Goethe ist nicht allein mit seiner Meinung. Fast alle großen Denker und Dichter sind der gleichen Ansicht. Wenn Sie sich in einer Kunstausstellung die verschiedenen Gemälde angesehen haben, und ich frage Sie nachher: »Haben Sie im zweiten Saal ebenfalls den Tizian bewundert und im dritten Saal den wunderbaren Rubens gesehen, diesen großen, in dunkelroter Farbe strahlenden Rubens und dann die fabelhafte Malerei von van Dyck?« Wie viele stehen bei solchen Fragen mit großen Augen da und wissen nicht, was gemeint ist. Ja, ist man denn an diesen Kunstwerken vorbeigegangen, ohne sie überhaupt in sich aufzunehmen? Man hat sie nicht beachtet.

Sehen Sie, damit zeigt sich uns ein weiteres wichtiges Organ in seiner Bedeutung: das Beobachtungsvermögen. Wenn ich einen Menschen sehe, dann weiß ich sofort, wen ich vor mir habe. Sein Charakter spricht zu mir, aber nicht, weil ich mir Mühe gebe, weil ich mich anstrenge, ihn zu erforschen, sondern allein deshalb, weil vollkommen automatisch das dafür maßgebende Organ in mir arbeitet. Ich stelle das eben fest. Mein Gehirn registriert die Charaktermerkmale, ohne daß ich es bewußt will.

Ähnlich, wie es dem Menschenkenner geht, geht es dem Kunstbetrachter. Etwas wahrzunehmen, das sich außerhalb von uns abspielt, die Vorzüge einer Sache, die Schwächen einer Sache sofort zu erkennen – sogar bis in feinste Einzelheiten – diese Fähigkeit der Registrierung der Eindrücke und ihre Bewußtmachung ist ebenfalls ein Resultat einer guten Funktion entsprechender Organe. Es gibt so viele

Organe und Mechanismen des Geistes. Man kann sie gar nicht alle aufzählen. Aber nur *der* Mensch hat Aussicht, geistig leistungsfähiger zu werden, der danach strebt, diese für ein erfolgreiches Leben notwendigen Schaltorgane zu aktivieren. Ohne Planarbeit geht das aber nicht. Es geht uns so wie jeder Gemeinschaft: Man kann einen Führer haben, der ein Mensch ist voll von Erkenntnis und Einsicht in das Wesen der Welt, der alle Dinge richtig sieht und damit gesetzmäßig richtig handelt, oder aber einen, der nur wenig Ahnung hat von den Geheimnissen des Erfolges und dadurch über Dinge gleichgültig hinwegsieht, die im Grunde genommen von größter Wichtigkeit sind.

Wenn man nun eine positive Herrschaft in sich selbst aufrichten will, wenn man in sich selbst zur zuverlässigen und wirklichen Autorität kommen will, die, wie wir gesehen haben, Voraussetzung ist zur Disziplinierung, Erweckung und Entfaltung aller Kräfte, Fähigkeiten und Anlagen, dann setzt das Konsequenz voraus. Man kann das nicht mit Glacéhandschuhen erreichen, sondern nur mit Konsequenz, indem man sich nach einem Plan richtet, den man aufgrund seiner erlangten Einsichten aufstellt und indem man die eigene Entfaltung planmäßig betreibt.

Im großen und ganzen sind Sie nun im Bilde, und der Glaube, daß es nur auf die angeborene Genialität ankommt, wird schon beträchtlich im Schwinden sein, jetzt kommt das zur Geltung, was ich schon von Ihnen verlangte: die Umstellung vom Wundern zur Achtung. Wir müssen einen großen Respekt haben vor jedem Menschen, der was kann. Denn damit ist bewiesen, daß er nicht träge gewesen ist in seinem Leben, daß er zielbewußt gearbeitet hat, daß er von seinen Fähigkeiten Gebrauch gemacht hat. Auch hier gilt: »Was du ererbt von deinen Vätern hast, erwirb es, um es zu besitzen.« Dieser Grundsatz muß uns in Zukunft leiten, nicht nur, um uns geistig zu fördern, zu entfalten und zu bilden, sondern damit wir recht lange etwas vom Leben haben. Denn alle Wunscherfüllung geht letzten Endes von der Erkenntnis aus: Wir sind im Alter nichts, wenn wir nichts von uns selber haben.

Außerdem wird unsere Persönlichkeit nur entwickelt, wenn wir uns durch unser schöpferisches Können lebendig erhalten. Geist zu haben, ist das größte Glück des Menschseins.

5.4 Zusammenfassung

Die meisten Menschen leisten viel weniger, als sie könnten, weil sie die Leistungsfähigkeit ihres Gehirns nur zu einem sehr kleinen Teil ausnutzen.

Nur der »geborene« Erfolgsmensch nutzt unbewußt sein Gehirn richtig aus.

Im Prinzip strengt Denken überhaupt nicht an. Denken Sie doch nur an eine fröhliche Unterhaltung. Das Gehirn arbeitet, also denkt automatisch. Alles, was wir machen müssen, ist, dieses Denken zu disziplinieren, also in die von uns gewünschten Bahnen zu lenken. Das unterscheidet den positiven Tatmenschen vom Alltagsmenschen. Er arbeitet geistig an sich. Das schützt auch vor Vergreisung im Alter.

Es gibt keinen von Menschenhand gebauten elektronischen Apparat, der über so viele Milliarden von Schaltmöglichkeiten verfügt, wie das menschliche Gehirn.

Jede geistige Hochleistung ist uns möglich. Wir müssen nur wissen wie und müssen unserem Unterbewußtsein die entsprechenden Aufgaben stellen.

Genie ist Fleiß verbunden mit Klugheit.

Auch unsere Gehirnzellen können und müssen trainiert werden. Wie sie arbeiten, entscheidet unser Leben, unseren Erfolg und Mißerfolg, unser Glück oder Unglück.

Nur ein kleiner Teil unserer Gehirnzellen ist in Betrieb, die meisten arbeiten nicht, sie bilden eine Reserve.

Wir können also zusätzlich immer neue Zentren unseres Gehirns aktivieren, wenn wir uns intensiv geistig betätigen.

Auch alle organischen Vorgänge in unserem Körper sind durch unser Denken, unsere Gefühle und unser Gehirn beeinflußbar.

Warum handelt man vernünftig? Weil wir die Erfahrungen anderer und unsere eigenen im Gehirn gespeichert haben und sie ausnutzen.

Auch in der Lebenskunst ist das möglich. Wenn man zur zuverlässigen Autorität in sich selber kommen will, um alle seine Kräfte, Fähigkeiten und Anlagen zu aktivieren bzw. zu wecken, so muß man sich einen genauen Plan machen.

6
Vervielfachung der Schaffenskraft

Wesen und Ursache
der geistigen Sammlung

6.1 Wie wir zielklar werden

Wir haben erkannt, wie wir unser Gehirn auffassen müssen und wie wir uns zu uns selbst einzustellen haben. Jetzt wollen wir die Möglichkeiten und Wege kennenlernen, durch die wir in der Lage sind, einen mächtigen Einfluß auf unsere inneren Kräfte auszuüben, wodurch wir dann befähigt werden, unsere Schaffenskraft unter Umständen zu vervielfachen.

Ich gehe dabei von der Voraussetzung aus, daß Sie dies unternehmen, meine Methoden und Lehren also praktisch in den Dienst Ihres Erfolges stellen, weil Sie durch und durch von der Richtigkeit eines solchen Vorgehens überzeugt sind. Ich sagte Ihnen, daß wir nicht planmäßig genug an uns arbeiten. Der Grund ist in erster Linie die mangelnde Erkenntnis von den in uns liegenden Fähigkeiten. Wir haben nicht genügend Glauben an uns und unser Können. Wenn wir ganz genau wüßten, daß es mit unserer Entfaltung vorwärts geht, dann kann es keinen vernünftigen Menschen geben, der nicht an sich arbeitet.

Wenn wir ein Ziel verfolgen wollen, ist dafür immer Voraussetzung, daß wir innerlich das Gefühl haben, dieses Ziel auch erreichen zu können. Ist das so, dann raffen wir uns auch dann zur Weiterarbeit auf, wenn es scheinen will, als wollte unsere Kraft erlahmen. Das Ziel spornt uns an und erzwingt unsere Sammlung. Darum ist auch das Geheimnis der Konzentration vor allem die Zielklarheit.

Wir unternehmen nichts, weil wir uns über ein Ziel nicht völlig klar sind, obwohl wir glauben, unser Ziel zu kennen. Wir haben aber nur dann Zielklarheit, wenn wir uns in eine so plastische Deutlichkeit unseres Ziels hineinleben, daß es überhaupt keinen anderen Gedanken mehr in uns gibt als das Bewußtsein des großen Efolges, der möglich wird, wenn wir dieses Ziel erreichen.

Zielklarheit erlangt man nicht so ohne weiteres.

Wenn wir sie haben, dann sind wir schon einen mächtigen Schritt vorangekommen. Doch die Zielklarheit bezieht sich nicht nur auf das Erreichen eines großen Lebensziels oder auf allgemeine Ziele, sondern betrifft grundsätzlich jede Überlegung, jeden Gedankengang und damit auch jedes mögliche Teilziel eines großen Hauptziels.

Angenommen, wir wollten uns in der Dichtkunst versuchen. Wir könnten das, wenn wir nur ernstlich wollten. Doch woran scheitert das? An der mangelnden Zielklarheit! Wir wissen nicht, was wir wollen. Wir haben wohl innerlich eine gewisse Ahnung, aber doch keine absolute Klarheit.

Das Ziel, also das, was in unseren dichterischen Worten Gestalt annehmen soll, hat uns nicht vollständig erfaßt, hat uns nicht restlos gepackt. Allein darum können die Kräfte des Geistes sich nicht betätigen.

Wir haben schon wiederholt von den Wunderkräften des Unterbewußtseins gesprochen, von unserem inneren Computer. Stellen Sie sich vor, dieses Unterbewußtsein wäre ein großer Betrieb. Wenn man aber in einem solchen Betrieb als Betriebsleiter nicht auf dem Posten ist und stellt dem Betrieb keine Aufgaben, zeigt den Leuten nicht, was man will und was sich machen läßt, dann kann sich dieser Betrieb ja gar nicht in Bewegung setzen. Dann können sich selbst die besten Mitarbeiter nicht richtig betätigen.

Mancher könnte seine Mitarbeiter einspannen, daß etwas ganz Großes möglich wäre. Doch wenn er seinen Mitarbeitern keine klaren Ziele setzt, dann läuft der Betrieb leer, oder es wird nur ein Bruchteil von dem erreicht, was man erreichen könnte.

Ein Erfolgsmensch ist deshalb ein Tatmensch, weil er weiß, was er will. Es ist der Ausdruck wirklichen Tatmenschentums, daß man zielklar ist in jeder Situation, in jedem Augenblick. So weiß auch ich zum Beispiel ganz genau, was ich durch dieses Buch erreichen will, weil ich vollkommen zielklar bin in den Fakten in meinem Buch, weil mir alles vollständig klar ist, was möglich ist durch die Befolgung der Gesetzmäßigkeiten der geistigen Entwicklung. Darum finde ich auch den Weg, meinen Lesern diese Gesetzmäßigkeit so nahe zu bringen, daß zumindest ein großer Teil begreift, was ich meine. Würde ich nicht wissen, was ich will und wohin ich will, dann wären meine Ausführungen nur leere Worte, dann wäre es unmöglich, klare Anweisungen für den zielbewußten Aufbau eines erfolgreichen Lebens zu geben.

Es genügt nicht, daß jemand etwas kann. Er muß es auch tun. Das Unterbewußtsein ist zwar ein fabelhafter Mitarbeiter, ja der beste Mitarbeiter, den wir uns überhaupt denken können. Doch es denkt nicht daran, sich zu betätigen, wenn wir ihm kein Ziel sezten. Es ist gut, an dieser Stelle an einen Ausspruch Goethes zu erinnern: »Unsere Wünsche sind die Vorboten der Fähigkeiten, die in uns liegen.« Wie sehr bestätigt das unsere Gedanken! Natürlich müssen es heiße Wünsche sein, die aus dem Herzen kommen. Sie müssen unser Gefühl erfüllen. Dann beeinflussen sie unser Unterbewußtsein, stellen unserem Unterbewußtsein Aufgaben, lenken die Kräftewirkungen in die Kanäle und Gehirnbezirke, die arbeiten müssen, um die entsprechenden Fähigkeiten und Wirkungen hervorzurufen.

Wenn jemand etwas aus glühendem Herzen wünscht,

dann fängt das Unterbewußtsein an, zu arbeiten. Es entsteht in uns eine Initialzündung in dieser Richtung. Auf diesem Weg dirigiert und lenkt man seine inneren Kräfte. Wenn Sie sich abends mit dem festen Gedanken ins Bett legen, morgens um sechs Uhr aufzuwachen, und Sie wünschen sich das aus innerster Seele, dann ist es sicher, daß Sie pünktlich aufwachen.

Je heißer ein Wunsch ist, je lebendiger er die Phantasie und das Gefühl beflügelt, sie schwingen läßt, umso gewisser ist seine Umsetzung in die Wirklichkeit!

Wie kommt es eigentlich, daß ein Wunsch eine derartige Kraftwirkung hervorzubringen vermag? Wünsche können so stark werden, daß sie sogar offensichtliche organische Veränderungen im Körper hervorbringen. Wer sich immer wieder und immer wieder wünscht, daß eine bestimmte Krankheit seinen Körper verläßt, und wenn er im Innern die Ahnung hat, daß es so kommen wird – wodurch der Glaube die Kraft des Wunsches unentwegt steigert – dann geschieht das auch.

Aber wie kommt das?

Es kommt deshalb – und das ist eine ganz nüchterne Angelegenheit – weil durch die Wunschkraft Willensimpulse entstehen, die alle Schalter im Unterbewußtsein betätigen, die eingeschaltet werden müssen, wenn über die Organfunktionen des Organismus bestimmte Wirkungen eintreten sollen. Man erteilt dem Unterbewußtsein durch seine Wünsche bestimmte Befehle und kann sich dadurch gesund – aber auch krank – wünschen! Die Macht dieses Wunsches ist hinlänglich bewiesen.

Die Mutter wünscht sich während der Schwangerschaft, daß sie ein gesundes, kräftiges Kind zur Welt bringt. Sie wünscht sich das mit heißem Herzen. Sie bittet Gott darum, daß es so kommen möge. Ihr Bitten und Wünschen werden eins, werden eine mächtige Konzentration, eine mächtige Sammlung des Denkens auf einen bestimmten Zielpunkt.

Das ist das eigentliche Geheimnis der Wirksamkeit des Wunsches. Was wir immerfort wünschen, wird eines Tages sein. Was wir immerfort konzentriert denken, wird schließlich in Erscheinung treten. Das Denken wird stark durch unseren Wunsch, wird zielgerichtet, wird eine gewaltige, dynamische Kraft.

Geistige Konzentration heißt: Ganz bestimmte Abteilungen unseres inneren Menschen zur Betätigung bringen, Wirkungen auslösen in den vielen Organen, von denen ich bereits sprach. Der Wunsch ist also das aktivierende Element für das Erreichen einer geistigen Leistung.

Wenn Goethe sagt: »Unsere Wünsche sind die Vorboten der Fähigkeiten, die in uns liegen«, bringt er damit zum Ausdruck, daß ein Mensch, der sich in Bezug auf seine Fähigkeiten ganz stark etwas wünscht, den Gesetzmäßigkeiten entspricht, die diesen Vorgängen zugrunde liegen. Gerade deshalb sind die Wünsche auch Vorboten unserer Fähigkeiten.

Über drei Kräfte müssen wir Klarheit haben:

Über die Macht des Wunsches, des Glaubens und der Überzeugung. Wir wissen heute, daß der Mensch viel mehr Können in sich hat, als man ihm im allgemeinen zutraut. Das wissen nicht nur wir, sondern das bestätigt heute die gesamte psychologische Wissenschaft. Von dieser Feststellung müssen wir ausgehen, wenn wir den Weg der Praxis zur größtmöglichen Auswertung unseres geistigen Vermögens beschreiten wollen. Ich flechte das ein, um hervorzuheben, daß wir bei der Aktivierung unserer Kräfte und Fähigkeiten von bereits vorhandenen – nicht etwa nur in der Einbildung existierenden – geistigen Schätzen ausgehen müssen. Deshalb zitiere ich die neuesten Erkenntnisse der Wissenschaft und auch den Ausspruch Goethes. Goethe ist hier sozusagen der Kronzeuge dieser Feststellung.

Wenn wir also etwas Besonderes leisten wollen, so ist die oberste Voraussetzung dazu, daß wir uns auf die Leistung sammeln, auf die Leistung konzentrieren lernen! Das heißt, daß wir den Wunsch, etwas leisten zu können, so sehr verstärken, wie es nur irgend möglich ist.

Beim bloßen Wünschen darf es natürlich nicht bleiben! Denn ein Wunsch ist an sich zunächst ohne Bedeutung. Es muß vom Wünschen zum Glauben kommen und vom Glauben zum Überzeugtsein. Absoluter Glaube ist sowieso Überzeugung. Wir müssen erreichen, daß ganz große Überzeugungen uns beherrschen. Überzeugungen, daß sich unsere Fähigkeiten entwickeln. Überzeugungen, daß wir fähig sind zur großen Leistung. Diese Überzeugungen sind dann die Auftraggeber für das Unterbewußtsein. Das sind die Chefs für die Abteilungen im Unterbewußtsein, die den Nerven und Organen im Gehirn und im Körper Aufgaben stellen und Ziele setzen. Das ist Gesetz!

Unsere Kräfte liegen so lange brach, so lange wir uns nicht in einer klaren Zielrichtung glaubend und überzeugt betätigen. Ich wiederhole diese wichtige Erkenntnis: Unsere Kräfte liegen so lange brach, so lange wir uns nicht in einer klaren Zielrichtung glaubend und überzeugt betätigen. Das ist ein Naturgesetz.

Ich habe schon geschrieben, daß man die geistige Entfaltung zielbewußt und planmäßig betreiben muß. Dazu gehört in erster Linie die konsequente Einstellung des Denkens. Das Denken muß durch und durch positiv werden. Durch die Überzeugung, daß sich unsere Fähigkeiten steigern und daß wir eines Tages etwas leisten werden, das weit über dem Durchschnitt liegt, müssen wir fortdauernd in einer harmonischen und beglückten Stimmung sein.

Wenn Sie den roten Faden verfolgen, den ich Ihnen aufzeige, dann wissen Sie, daß man diese Beglückung, diese innere Freude dann am besten haben kann, wenn man bei all seinem Streben die Selbstsucht überwindet und seine Schaffenskraft in den Dienst einer großen Aufgabe stellt.

Man wünscht sich also seine Fähigkeiten und die Entfaltung seiner Kräfte nicht, um damit ausschließlich seinem eigenen Ich zu dienen, sondern gleichzeitig – wenn nicht zur Hauptsache – auch seinen Mitmenschen zu dienen und um ein Werk vollbringen zu helfen, das sich dem Schöpfungswerk Gottes harmonisch anpaßt.

Warum arbeitet ein Dichter so begeistert an seinem Werk?

Etwa deshalb, um vom Verleger einige hundert Mark zu bekommen? Unmöglich! Zumal wir ja wissen, daß unsere Klassiker nur zum Teil in den materiellen Genuß der Früchte ihrer Arbeit gekommen sind. Nein, eine innere Kraft treibt die geistigen Menschen, die sie erfüllt – das unbändige Drängen ihrer erkennenden Seele. Sie denken überhaupt nicht daran, sich selbst zu dienen. Nur die Macht der Idee treibt sie, die magische Kraft einer hohen Aufgabe, eines hohen Ziels. Dieses Ziel spannt sie vollständig ein, hält sie gefangen. Beständig haben sie das Gefühl – sei es bewußt oder unbewußt – mit ihrer Arbeit das Ganze für alle einen Schritt vorwärts und aufwärts zu bringen und daß sie Mitarbeiter sind an einer großen Aufgabe, die unbedingt getan, unbedingt vollbracht werden muß.

Doch nicht nur den Dichter treibt das, was man bei diesem inneren Wollen »genial« nennt. So kann es auch jeden anderen treiben, der sich selbst vergißt und nur Werkzeug einer großen Idee ist. Durch diese Einstellung kann zum Beispiel ein Betriebsführer oder ein Unternehmer eine unglaubliche Schaffenskraft entwickeln. Wie herrlich wird sein Leben, wie wunderbar, wenn er denen, die mit ihm arbeiten, ein Dasein bereiten kann, um das es sich lohnt, geboren zu sein. Wenn er weiß, daß dieser Erfolg nur zu erzwingen ist durch die Verwirklichung großer geschäftlicher Ideen, dann werden ihn diese Ideen packen und werden ihn so erfüllen, daß er ständig von ihnen träumt und an ihrer Verwirklichung arbeitet.

Wir müssen von einer Aufgabe gepackt werden, von

einer Idee, die eine ethische Bedeutung hat. Wir dürfen nicht eine Tätigkeit ausüben, die im Grunde genommen negativ ist, die dem Menschen mehr schadet als nützt. Schon allein das Bewußtsein, eine solche wertvolle Aufgabe zu erfüllen, spannt uns ein in eine große Lebenslinie. Die Kräfte, die wir zur Verwirklichung dieses positiven Lebensziels brauchen, wachsen uns dann automatisch zu. Sie wachsen uns in der Weise zu, von der ich bereits gesprochen habe. Auch hier ist wieder eine Übereinstimmung mit einem großen Dichterwort: »Es wächst der Mensch mit seinen höheren Zwecken.«

Aber er kann nur wachsen, weil das Urvermögen des Wachstums von Geburt an in ihm liegt. Es ist wirklich so, daß der Mensch viel mehr leisten kann, als er zunächst zu glauben wagt!

Die Möglichkeiten sind da! Wir nutzen sie nur nicht aus.

Wir haben also erkannt, daß die Einspannung in eine Idee starke schöpferische Kräfte wachruft. Das erlebt jeder Erfinder. Das erlebt jeder Forscher. Überhaupt erlebt das jeder Mensch, der mit wirklicher Hingabe und Begeisterung arbeitet.

Mit welch ungeheurer Kraft arbeitet man zum Beispiel an der Erstellung eines Gartenhauses auf seinem Grundstück. Ungeahnte Kräfte können sich entfalten, wenn man das Ziel vor sich sieht, das man aus eigener Kraft erreichen will. Man kann beinahe übermenschliche Kräfte entfalten, und außerdem macht das Arbeiten noch Freude. Die Idee beherrscht uns und das, was dann kommt, was dann eintreten wird, wenn das Ziel erreicht ist. So geht es auch jedem Erfinder. Er denkt nicht an sich, er denkt nur an die Verwirklichung seiner Idee, an die große Freude, die aus dieser Verwirklichung erwächst. Wer sich nämlich nicht freuen kann an seinem Werk, seiner Aufgabe und seinen Zielen, erzielt im Grunde keinen Erfolg, auch wenn er sich in klingender Münze äußert.

Das Maß an Freude, das mit dem Erreichen des Zieles verbunden ist, ist gleichzusetzen mit dem Treibstoff, den wir zur Verfügung haben, um unseren Motor anzukurbeln und in Gang zu halten.

»Freude, schöner Götterfunken«, rief Schiller aus; und Beethoven gestaltete daraus seine Neunte Sinfonie. Das war möglich, obwohl er garnicht mehr hören konnte.

Freude muß also entstehen! Freude für andere und Freude für uns selbst! Entsteht Freude für die anderen, entsteht im Überfluß auch Freude für uns. Haben wir das Gefühl, daß aus dem, was wir machen, im Grunde keine Freude entsteht, kein Glück, kein Segen, so geraten wir leicht in eine Depression und werden niedergedrückt. Sehen wir unsere Arbeit als nutzlos an, dann haben wir keine Lust mehr, uns aufzuopfern.

Freuen wollen wir uns! Sie erziehen Ihr Kind gern, denn Sie haben Freude, wenn Sie sehen, daß das Kind ein erfolgreicher und glücklicher Mensch wird, ein guter Charakter. Wenn Sie aber merken, daß das Kind auf nichts reagiert, wenn Sie spüren und fühlen, daß Hopfen und Malz verloren sind, dann fällt Ihnen die Erziehungsarbeit unsagbar schwer. Sie selbst haben ja eigentlich nichts von der Aufopferungsarbeit für Ihre Kinder. Jedes Kind wird eines Tages groß sein, wird das Elternhaus verlassen, sich auf eigene Füße stellen und es genauso machen wie Sie, nämlich in die Fremde ziehen.

So ist das nun einmal! Und doch sind Sie voller Glück und voller Freude, wenn Sie wissen, daß Ihre Erziehungsarbeit gute Früchte trägt. Allein durch diese Freude und aus dieser Freude wächst in Ihnen die Kraft zur fortdauernden Durchführung dieser Arbeit.

So ist das mit jeder Sache, an der wir arbeiten. Wenn wir hundert Manuskriptseiten mit der Schreibmaschine abschreiben müssen, und wir tippen nur gedankenlos in den Tag hinein, dann kann die Arbeit nicht flott voran gehen.

Sehen wir aber das ganze Werk entstehen, erleben wir im voraus den Nutzen dieses Werkes, dann werden wir zwangsläufig von der Kraft gelenkt, die aus diesem Wissen und der damit in uns aufkommenden Freude strömt.

Oft spricht man von der Beseelung der Arbeit. Das hängt mit diesen Überlegungen zusammen. An anderer Stelle sprachen wir davon, daß wir reibungslos arbeiten müssen und überall Kugellager einbauen müssen, besonders in unserer Lebensführung, damit das ganze Leben nicht nur erträglicher, leichter, sondern auch freudiger wird.

Wie aber erwecken wir diese Freude?

Diese Freude, die uns das Dasein bieten kann, entsteht uns, wenn wir unsere Gedanken über unser eigenes kleines Ich hinaus auf schöne, große Lebensziele und Aufgaben lenken, die der Gesamtheit dienen. Das ist aber, wie wir sahen, nicht nur eine Sache der Pflicht und der ethisch orientierten Lebensauffassung, sondern ebenso eine Frage der Psychotechnik, eine Frage subtilster, also feinster Vorgänge und Schaltungen in unserem inneren Menschen. Denn indem wir uns freuen, wird in uns die Kraft frei zur Konzentration auf die Aufgabe.

Das muß erreicht werden!

Man kann das seelenlos erreichen durch Zwang, indem man sich zur Konzentration zwingt. Und man kann das Gleiche erreichen durch den Einfluß der Freude. Erreicht man das Wunder der Kraftentfaltung durch die Freude, durch die Konzentration, die aus den heißen Wünschen, aus der Kraft des Glaubens, aus der Macht der Überzeugung wirksam wird, dann geht das reibungslos vor sich.

Dann geht das alles von selber.

Dann bedarf es nur eines Anstoßes, um die inneren Kräfte wachzurufen und in Erscheinung treten zu lassen. Wir müssen das Leben der erfolgreichen Menschen studieren. Immer wird es sich zeigen, daß ausnahmslos alle in diesem Gedankengang ihre Werke vollbracht haben.

188

Als Edison seinen Parlographen entwickelte, sperrte er sich selbst in sein Arbeitszimmer ein, in seine Werkstatt und arbeitete buchstäblich Tag und Nacht an seiner neuen Erfindung, bis sie fertig war. Edison spürte keine Müdigkeit, aß und trank nicht. Er kannte nur seine Arbeit.

6.2 Warum uns Erkenntnis frei macht

Wenn keine Freude da ist, dann muß man sich zwingen, seine Pflicht zu tun, weil der innere Schwung und die Begeisterung fehlen. Dann kann man unter der Erfüllung einer Aufgabe zusammenbrechen, dann kostet das ungeheure Kraft. Gerade diese Reibung muß man vermeiden.

Man muß darum durch Erkenntnis den Weg freimachen, muß sich bewußt werden, um was es geht. Aus diesem Bewußtsein heraus bringt man den Quell der Freude zum Strömen. Mit Recht lehre ich deshalb:

Nicht der Wille – sondern allein Erkenntnis macht uns frei!

Nicht das Maß an Willenskraft ist hier entscheidend, sondern das Maß an Erkenntnis. Wenn wir überzeugt sind von der Richtigkeit einer Sache, dann haben wir sofort die notwendigen Kräfte zur Verfügung. Während wir, wenn wir gegen den Unglauben arbeiten müssen, Willenskraft noch und noch haben können und kommen doch nicht vorwärts.

Es kommt also darauf an, ob wir uns künstlich Kraft schaffen durch bewußte Konzentration, oder ob wir uns die Kraft zuströmen lassen aus natürlichen Quellen, indem wir eine wertvolle und große Aufgabe erfüllen und ein positives Ziel verfolgen.

Ich habe schon darüber geschrieben, daß wir in uns einen Fabrikbetrieb haben, der mit wundervollen Maschinen ausgestattet ist und dem nur keine Aufgaben gestellt werden, um leistungsfähig sein zu können. Aber warum werden eigentlich diesem Betrieb keine Aufgaben gestellt? Warum verfolgen wir denn keinen idealen Lebenszweck? Aus Selbstsucht! Weil wir uns nicht belasten wollen. Weil wir keine Lust haben, etwas von unserer Freiheit aufzugeben. Weil wir keine Unbequemlichkeiten auf uns nehmen möchten. Das ist der wahre Grund!

Es geht den meisten Menschen gut, und sie denken nicht daran, sich aktiv mit idealen Dingen zu beschäftigen. Selbstverständlich behaupten die Menschen dennoch – und zwar auf ihre Art – auch ohne die Abkehr von der Selbstsucht glücklich zu sein. Doch es ist erwiesen, daß dieses Glück nur so lange dauert, wie das Leben in ruhigen Bahnen läuft, so lange nichts Entscheidendes, Gefährliches, Umwälzendes dazwischen kommt, so lange der große Augenblick fern bleibt, in dem die Erleuchtung den Menschen überkommt, daß man nur dann wirklich ein Mensch ist, wenn man die niederziehenden und niederhaltenden Kräfte, die den Adlerflug der Seele und des Geistes verhindern, bezwingt und überwindet.

Es geht garnicht anders!

Man muß sein ganzes Ich einsetzen, wenn man eine große Aufgabe erfüllen will. Die inneren Kräfte werden so lange brach liegen, so lange das nicht geschieht. Und wer glaubt, in ihm selber wirken keine höheren Kräfte, der glaubt das allein aus der Blindheit heraus, in der er lebt und aus der völligen Verkennung der inneren Natur des Menschen.

Das Glück des primitiven Menschen ist keine Richtschnur für den schöpferischen Geist, denn niemals kann aus dem alltäglichen Lebensinhalt, aus der nicht abreißenden Kette von Belanglosigkeiten jenes Gefühl der großen Lebensfreude, des großen Glücklichseins erwachsen, das nötig ist zur großen Tat, zum großen Handeln.

Man kann sagen, daß das Maß an Glück, die Tiefe des Glücks allein bestimmt wird durch die Entfernung vom

190

Gewöhnlichen, und daß darum die Menschen niemals das ganz große Glückserlebnis spüren und fühlen, die sich immer nur in den ausgetretenen Pfaden der Alltagsmenschen bewegen.

Es ist richtig, daß ein solches Wollen nicht von jedem verlangt werden kann! Wer jedoch die Schöpferkraft seines Geistes steigern will, wer heraus will aus der Masse, fort vom Durchschnitt, der kann gar nicht anders, als diese Gedanken immer mehr zu verkörpern. Wie ein Künstler nur dann zu den höchsten Gefilden seiner Kunst aufsteigen kann, wenn er geradezu fanatisch ist in seiner Liebe zur Kunst. So kann auch der Techniker, der Forscher und jeder, der höheren Zielen zustrebt, nur dann wirklich und ganz das sein, was sein Ziel von ihm verlangt, wenn er sich diesem Ziel völlig hingibt.

Das gilt nicht nur für außergewöhnliche Menschen!

Warum verfolgt man nicht eine Spezialaufgabe neben seinem Beruf? Gewiß, man wird dadurch vielleicht keinen materiellen Nutzen haben. Doch jene Befriedigung wird erreicht, die zwangsläufig das Ergebnis ist, wenn man sich mit höheren Aufgaben befaßt.

Viele meinen, es gäbe für sie keine solchen Aufgaben.

Man muß aber nur nachdenken. Doch auch das Nachdenken ist im Grunde genommen nur eine Angelegenheit zweiter Ordnung. Voraussetzung ist, daß die innere Bereitschaft zum höheren Wollen vorhanden sit, daß man also wirklich das Höhere will.

Die Menschen sagen, sie wollen sich entwickeln.

Sie wollen es im Grunde doch nicht. Ihr Wille ist nicht ernsthaft. Denn, wenn ihr Wille absolut entschlossen wäre, dann müßte diese Konsequenz zum Erfolg führen.

Es ist kein Zufall, sondern ein Naturgesetz, das sich im kleinen wie im großen auswirkt, wenn man ernstlich will. Die geistige Entwicklung ist in eine Parallele zur Entwicklung des Körpers zu setzen. Denken wir dabei an den

Vorsatz, durch Gymnastik den Körper zu stählen und gesund zu machen.

Wenn wir wirklich ernsthaft wollen, dann machen wir in kurzer Zeit aus einem schlappen und schwächlichen Körper einen kräftigen und starken. Wir haben dann die Kräfte, die wir uns erträumen.

Aber man will eben nicht!

Man will nicht ganz und vollständig. Darum handelt man nicht. Und weil man nicht handelt, weil man nicht trainiert, weil man nicht Gymnastik treibt, werden die Muskeln nicht angeregt, wodurch verhindert wird, daß das Zellenwachstum – überhaupt das organische Wachstum – wirksam wird. Alle Organe verkümmern durch mangelnde Betätigung. Darüber schrieb ich bereits. Genauso ist es mit der Entwicklung unseres Geistes. Darum müssen wir uns immerfort anstacheln. Das leistet nur eine uns fordernde Aufgabe, zu deren Erfüllung und Lösung wir die größeren Kräfte des Geistes brauchen.

Wenn die Kräfte da sein müssen, wenn es nicht anders geht, dann wachsen uns diese Kräfte zu.

Aber wir haben ja keine Aufgabe!

Wozu brauchen wir dann Kräfte? Unsere Seele denkt nicht daran, Organe zu betätigen und zu kräftigen, an die keine Anforderungen gestellt werden.

Wir alle unterstehen dem Gesetz des organischen Wachstums.

Unsere Kräfte und Fähigkeiten bleiben uns nur erhalten, wenn wir sie fortwährend vollständig gebrauchen. Zwangsläufig muß jede geistige Lebendigkeit einschlafen, wenn wir sie nicht wach halten. Das Naturgesetz tritt seine Rechte an und wirkt sich aus. Alle Organe, die wir nicht brauchen, alle Organe, die wir als unnötig betrachten, die nicht notwendig sind zum Lebenskampf und zur Lebenserhaltung, verkümmern, werden schwach und unfähig. Während umgekehrt sich alle Organe kräftigen und fortdauernd stärken, die notwendig sind zur Erhaltung des Daseins und zur Entwicklung und Vollendung des Menschseins. Wer erkannt hat, daß er nur durch die Betätigung seiner geistigen Kräfte wirklich glücklich sein kann, der muß weiterschaffen, denn er ahnt und fühlt, daß er sonst unglücklich würde.

Wir wissen, daß Mozart, Schubert und undenklich viele andere große Künstler, Denker und Forscher nur mit Mühe ihr Leben fristeten, nur mit größter Mühe sich durchsetzen konnten, ja, zum Teil verfolgt und ausgenutzt wurden. Wenn wir nun zu diesen Großen sagen würden – etwa zu Mozart: »Mein lieber, armer Mozart, du bist beinahe verhungert und verkommen durch die Rücksichtslosigkeit deiner Umwelt, die nicht daran gedacht hat, dich zu Lebzeiten schon zu entschädigen für deine große Leistung, für die Kunst, die du uns geschenkt hast. Willst du noch einmal so leiden, noch einmal einen so qualvollen Lebensweg gehen, wenn du von neuem geboren würdest? Willst du noch einmal der geniale, schaffende Mensch sein, der du warst und dabei aber so arm bleiben? Oder möchtest du dich nicht lieber hineinversetzen in die Rolle eines anderen, dem es gut geht, in die Rolle eines reichen Kaufmannes etwa?« – was würden sie antworten?

Sie wissen, wie die Antwort ausfallen würde. Keiner unserer Großen würde daran denken – auch wenn es ihm nicht besser gehen würde – ein anderer zu sein, als der, der er war.

Und warum?

Weil das Ideale eine so ungeheure Befriedigung bringt, daß es keinen Vergleich mit materiellen Dingen aushält.

Das eine ist Sein – das andere Schein.

6.3 Wie man Zielklarheit trainieren kann

Allerdings kann man nur dann etwas von sich verlangen, wenn man größere Ansprüche an sich stellt. Auch das ist ein Naturgesetz! Wir haben dabei das Gehirn stofflich betrachtet, also rein biologisch gesehen und haben festgestellt:

Es gibt ein organisches Wachstum!

Und wenn wir den Organismus nicht gebrauchen, dann bildet die Natur die Organe zurück. Wenn ein Mensch Geld genug verdient hat und braucht nicht mehr aktiv zu sein und zieht sich vom Leben zurück, setzt sich zur Ruhe, dann setzen sich auch seine Seele und sein Geist zur Ruhe! Er schläft ein.

Jetzt verstehen Sie, warum das so ist? Die Organe werden nicht mehr betätigt, sie bilden sich zurück. Gewiß, jemand kann sich zur Ruhe setzen, weil er genug Vermögen hat. Aber er darf nicht zur Ruhe kommen in seinem Geist!

Er muß weiter interessiert bleiben am Leben und muß nun, da er materiell nicht mehr zu sorgen bruacht, eine ideale Aufgabe verfolgen.

Sie verstehen jetzt auch, warum so viele wohlhabende Leute im Grunde unglücklich sind. Die Zahl der Selbstmörder ist viel größer unter den Wohlhabenden als im Kreise derer, die gerade nur genug zum Leben haben. Die wohlhabenden Menschen haben zwar Geld, aber sie sind oft innerlich nicht ausgefüllt. Sie haben keine Aufgabe mehr! Sie üben ihre Fähigkeiten nicht! Sie trainieren ihre Organe nicht. Das ist eine rein organische Angelegenheit. Hierbei brauchen wir nicht moralisch zu denken oder uns in metaphysische Probleme zu vertiefen.

Das ist eben so!

Wenn ein Klavierspieler nicht Tag für Tag übt, oder jemand, der stenografieren kann, nicht immer trainiert, dann verliert er sein Können. Wenn jemand zehn Sprachen spricht und setzt dann mehrere Jahre mit dem Sprechen aus, dann geht die Verständigung nur noch mit Mühe, und es dauert lange, bevor er sein ursprüngliches Können wiedererlangt hat.

Was haben Sie von Ihrer Schulzeit her noch an Wissen in sich? Können Sie sagen, warum Sie richtig Deutsch sprechen können? Haben Sie noch die Regeln im Kopf, die beim dritten oder vierten Fall beachtet werden müssen? Nur wenige wissen darüber noch genau Bescheid. Man spricht zwar richtig, doch die Regeln sind fort aus dem Bewußtsein, obgleich sie im Unterbewußtsein weiterwirken.

Und so geht es mit vielem, was man früher gelernt hat.

Alles ist verschwunden, weil man nicht übte, nicht fortdauernd trainierte. Gedächtnisschwäche ist vielfach nur auf einen mangelhaften Gebrauch des Gedächtnisses zurückzuführen. Mann kann bei gedächtnisschwachen Menschen immer wieder beobachten, wie sie selbst einfachste Dinge aufschreiben, um sie nicht zu vergessen. Gerade, weil sie sich alles aufschreiben, sorgen sie dafür, daß ihr Gedächtnis immer schlechter und schlechter wird.

Man stellt ja keine Anforderungen an das Gedächtnis!

Und darum muß es schlechter werden. Wenn die Betreffenden von sich verlangen würden, daß sie etwas Bestimmtes behalten müssen und dauernd hinterher sein würden, Eingeprägtes zu behalten, so würden sie ihr Erinnerungsvermögen laufend trainieren.

Wer sein Gedächtnis entwickeln will, muß also versuchen, viel im Kopf zu behalten. Natürlich muß man das richtig verstehen, denn im Grunde genommen behält man ja nichts im Kopf; vielmehr muß man das Erinnerungsvermögen trainieren!

Das ist das Geheimnis!

Denn das Gedächtnis selbst liegt im Grunde unseres Wesens. Es kommt nur darauf an, daß uns in einem bestimmten Augenblick das einfällt, was man wissen muß.

Gar nichts hat man im Kopf! In der Seele ruht alles!

Allein auf das Erinnerungsvermögen kommt es an. Und das ist das Besondere, daß die Organe des Gehirns arbeiten, ohne daß sie uns belasten, bzw. zu belasten brauchen.

Wenn das Gehirn richtig arbeitet, geht alles von selbst und ist bei weitem nicht so kompliziert, wie viele es glauben. Wie fabelhaft die Organe des Gehirns arbeiten, beweist uns das Erinnerungsvermögen vieler Tiere! Darauf beruht auch der ausgeprägte Orientierungssinn des Tieres. Eine kleine Taube, ein Wesen, kaum größer als eine Hand, fliegt hunderte von Kilometern weit, ohne daß es verstandesmäßig weiß, wohin es fliegen soll. Den Weg zum Schlag findet die Taube mit absoluter Sicherheit. Mag man es Instinkt nennen, Natursinn oder sonstwie, die Tatsache ist entscheidend, daß das Tier sich genau zu orientieren vermag.

Doch das kann nicht allein aus den wenigen Zellen kommen, aus denen der kleine Gehirnorganismus besteht. Die Seelenkraft ist alles! Sie ist auch hier das Geheimnis. Die Seelenkraft, die mit allen Einflüssen der Natur in Zusammenhang steht und von der Natur her ihre Inspiration empfängt. Mit dem Gehirn hat das erst in zweiter Linie zu tun. Dennoch muß aber auch dieser Apparat richtig funktionieren! Er darf nicht belastet sein, er darf nicht verkrampft arbeiten. Bei einem Tier ist fast immer ein einwandfreies Arbeiten der Sinne und der Organe gewährleistet, weil die vielen Hemmungen, denen ein Mensch durch seinen vielseitigen Denkmechanismus unterliegt, fehlen. Darum vermögen gerade Tiere außerordentliche Leistungen des Gedächtnisses und des Orientierungssinnes hervorzubringen.

Damit unsere geistigen Fähigkeiten und Kräfte einwandfrei arbeiten, müssen wir stets das beachten, was wir unter Zielklarheit verstehen. So fein die Organe in unserem Gehirn sind, so vielseitig und ausgezeichnet sie arbeiten können, was die phänomenalen Fähigkeiten des Unterbewußtseins zeigen, so kann man trotzdem nicht an eine

Leistung denken, wenn das Unterbewußtsein sozusagen mit den Händen in den Taschen dasteht und nicht weiß, was es tun soll.

Sind wir aber zielklar, dann setzen sich augenblicklich die verschiedensten Organe in Tätigkeit, und die Geistesmaschine fängt an, zu arbeiten.

Sehr treffend vergleicht schon Goethe die Gedankenfabrik mit einer Weberei. Aber dieser Webstuhl, dieser wundervolle, herrliche Webstuhl – der besser ist als alle Webstühle der Welt – arbeitet nur von selbst, wenn ihm – bewußt oder unbewußt – Aufgaben gestellt werden.

Es ist mit der Gedankenfabrik wirklich wie mit einer Weberei. Aber selbst ein mechanischer Webstuhl kann nur dann arbeiten, wenn wir vorher bestimmt und genau festgelegt haben, was für ein Muster, was für eine Art von Gewebe hergestellt werden soll.

Alle Möglichkeiten sind da!

Doch wir können sie nur in Erscheinung rufen, wenn wir vollkommen zielklar sind!

Zielklarheit heißt: Genau zu wissen, was man will!

Das bezieht sich auf die kompliziertesten wie auf die einfachsten Dinge. Jawohl! So zum Beispiel auf das Schreiben eines Satzes. Solange wir nicht wissen, was wir ausdrücken oder sagen wollen, solange bekommen wir einen bestimmten Satz nicht zusammen. Sie möchten an einen Bekannten einen Brief schreiben? Es kann Ihnen dabei passieren, daß Sie eine halbe Stunde lang herumsitzen, immer anfangen wollen, zu schreiben und doch keinen Anfang finden. Erst dann finden Sie den Anfang, wenn Sie wissen, was Sie Ihrem Freund eigentlich sagen wollen. Dann also, wenn Ihnen das Ziel vollkommen klar ist.

Angenommen, Sie müßten sich in einem Prozeß verteidigen. Sie können doch erst dann die richtigen Verteidigungsmöglichkeiten aufspüren und erkennen, wenn Sie wissen, worauf es ankommt. Man darf diese Feststellungen nicht auf die leichte Schulter nehmen. Es gilt, diese Zusammenhänge in voller Nüchternheit und in voller Tragweite zu erkennen!

Man darf sich auf keinen Fall einbilden, schon genau zu wissen, worauf es ankommt. Denn nur, wenn wir diese Feststellung wörtlich nehmen, kann sich daraus ein Nutzen für die Arbeit unseres Geistes ergeben.

Man muß wissen, daß man unendlich vieles weiß und wissen kann, was einem nur nicht einfällt, nicht zum Bewußtsein kommt, weil der Geist im Dunkeln tappt. Solange nichts getan wird, um den inneren Scheinwerfer auf das Ziel zu konzentrieren – was soviel heißt, daß wir unsere Aufmerksamkeit darauf richten müssen – ist an ein ersprießliches Arbeiten in einer bestimmten Sache nicht zu denken.

Die Befähigung des Geistes ist also wieder da!

Die Maschine könnte arbeiten. Doch wir benutzen sie nicht richtig, weil wir ihre Bedienungsvorschriften nicht genau kennen. Es ist überhaupt unerhört, wie leichtsinnig und oberflächlich die Menschen mit diesem kostbarsten Instrument umgehen.

Ein Automobil studieren wir ganz genau, bevor wir uns hineinsetzen, um es zu fahren. Schon vorher wurde ausprobiert, wie wir das Steuer drehen müssen, um richtig um die Ecken zu kommen, x-mal haben wir den Motor angelassen und viele andere Handgriffe studiert, um uns selbst und andere nicht in Gefahr zu bringen. Kurzum, bevor wir uns in den Wagen setzen, studieren wir ihn in allen Einzelheiten, in der gesamten Fahrtechnik und darüber hinaus auch noch alle Verkehrszeichen und Verkehrsvorschriften.

So machen wir es mit jeder Maschine!

Wenn wir eine neue Schreibmaschine in Betrieb nehmen, lesen wir zunächst einmal die Bedienungsvorschriften durch, um die Schreibmaschine auch wirklich sachgemäß behandeln zu können. Mit der einfachsten Sache machen wir das so.

Aber bei uns selber wenden wir diese Selbstverständlichkeit nicht an. Wir denken garnicht daran, uns bezüglich unseres Gehirns und seiner einwandfreien Funktion nach irgendeiner Regel zu richten. Diesen Fehler machen wir auch in der sonstigen Behandlung unseres Körpers, wofür es ebenfalls Bedienungsvorschriften gibt. Die werden uns sofort klar, wenn wir zum Beispiel an die Erfahrungen denken, die sich aus der Ernährungswissenschaft ergeben.

Wir handeln einfach auf gut Glück und meinen, weil es augenblicklich gut geht, würde es immer gut gehen, obwohl andererseits feststeht, daß der ganze Organismus viel harmonischer und einwandfreier arbeiten würde, wenn wir so klug wären, in seiner Behandlung die Erfahrungen der Forschung zu beachten.

Warum spricht man von Ernährungssünden? Sie werden laufend begangen. Warum spricht man vom trägen Darm, vom kranken Herzen, von schlecht arbeitenden Drüsen usw. Man behandelt den Körper nicht richtig. Man überlastet ihn. Es sammeln sich Schlacken und Gifte im Organismus durch die unsachgemäße Behandlung, genau wie sich Kesselstein und Schlacke in einer Industrieanlage ansammeln und den ganzen Betrieb unterbinden können, wenn diese nicht richtig behandelt wird.

Man sagt: Vorbeugen ist besser als heilen!

Jawohl – vorbeugen für die Zukunft! Wenn man heute auch noch keine Krankheiten spürt, eines Tages werden sie bestimmt kommen, wenn man dauernd gegen die Regeln vernünftiger Körperbehandlung verstößt. Überhaupt dienen die Gebote zur Gesunderhaltung des Körpers nicht dazu, um nur für den Augenblick die Linderung eines Leidens zu ermöglichen, sondern, um auf die Dauer schaffensfroh und leistungsfähig zu bleiben.

Wenn man zwanzig ist, muß man für die Zeit sorgen, in der man dreißig und vierzig ist. Arterienverkalkung zum Beispiel entsteht erst im Verlauf von zwanzig und dreißig

Jahren. Ganz allmählich sammelt sich sozusagen Kesselstein an den Innenwänden der Adern. Die Kruste, die sich bildet, wird durch die Verschlackung des Körpers immer dicker, bis schließlich der Aderkanal so eng wird, daß der Blutdruck zu einer gesundheitlichen Störung – insbesondere des Herzens – führt. Erst dann, wenn die Störung schon durch erhöhten Blutdruck in Erscheinung getreten ist, tut man meistens etwas, um die Aderverkalkung zu beseitigen. Daß das nicht ohne weiteres geht – zumindest nicht ohne langwierige Kuren – sofern der Verkalkungsprozeß überhaupt noch zu vermindern oder aufzuhalten ist – versteht auch der Laie, wenn er sich den Krankheitsprozeß einmal deutlich vorstellt.

Warum lassen wir es aber erst soweit kommen?

Uns alle erwartet mit absoluter Sicherheit das gleiche Schicksal. Ist es nicht geradezu töricht, sich sorglos und unbeschwert zu fühlen und zu glauben, man brauche sich um die Gesunderhaltung nicht zu kümmern, nur weil man gestern und heute oder im Laufe der durchlebten Jahre noch keine Beschwerden gefühlt hat? Was für den Körper im allgemeinen gilt, das gilt im besonderen auch für das edelste Organ unseres Körpers: für das Gehirn!

Allein Zielklarheit kann verhindern, daß wir uns fortgesetzt schädigen. Das ganze Wohlbefinden, die geistige Frische hängt damit zusammen, wie ich schon früher sehr deutlich ausführte. Ich erwähne diese Zusammenhänge nur deshalb nochmals, um Ihnen die Bedeutung der Zielklarheit auch in dieser Hinsicht eindringlich vor Augen zu führen. Denn erst, wenn wir diese Zusammenhänge kennen, bemühen wir uns, nach den Vorschriften der Gesunderhaltung und der Leistungsfähigkeit zu handeln.

So ist grundsätzlich die Zielklarheit der Ausgangspunkt zu vernünftigem, zielbewußtem Tun. Auch die Kräfte des Unterbewußtseins und aller Organe des Gehirns werden sich erst dann im Sinne einer gestellten Aufgabe positiv betätigen, wenn wir genau wissen, was wir wollen! Wenn das angestrebte Ziel, die angestrebte Leistung in voller Klarheit vor unserem geistigen Auge steht.

Es wimmelt nur so von Fehlhandlungen in unserem Leben, deren einzige und wirkliche Ursache die mangelnde Zielklarheit ist. Man ist gedankenlos oder geht gedankenlos über eine Sache hinweg.

Nichts geschieht von ungefähr! Alles hat seine Ursache!

Zusammengefaßt müssen wir also sagen:
Wenn wir eine große Aufgabe, ein großes Ziel verfolgen wollen, so ist das durchaus möglich, sobald es uns gelingt, die Organe unseres Gehirns voll und ganz zu betätigen. Doch das setzt voraus, daß wir Anforderungen an uns stellen. Das wiederum ist nur möglich, wenn wir wissen, daß die inneren Kräfte sich unbedingt betätigen werden, wenn wir aufs Ganze gehen!

Ja, wenn wir aufs Ganze gehen!
Diese Konzentration aufs Ganze setzt zuerst einmal das volle Bewußtsein des Angestrebten voraus, das wir in allen Einzelheiten erkennen müssen, bis es greifbare Deutlichkeit in uns angenommen hat. Diese Deutlichkeit muß uns erfüllen bis zum völligen Überzeugtsein, daß wir das, was wir wollen, unbedingt erreichen können, wenn wir es nur ernsthaft wollen!

Das Ziel, das wir anstreben, muß lohnend sein!
Es muß anderen und uns Freude machen. Es muß also einen höheren Sinn, einen höheren Zweck haben. Die Triebkräfte des Geistes erwachen dabei zunächst aus dem Wunsch nach höherer Leistung, der immerfort genährt und gestärkt werden muß und zwar solange, bis er den Glauben an die Leistung entstehen läßt und schließlich zur Überzeugung wird. Ja, zur Überzeugung am eigenen Können.

Aus der Kraft dieser Überzeugung erwächst nun das Können an sich, weil die Kraft dynamisch ist. Dynamisch deshalb, weil diese Kraft zum Betriebsführer der im Gehirn und im Unterbewußtsein vorhandenen Leistungszentren wird.

Die richtige Anleitung zur Betätigung der Möglichkeiten erwächst aber erst, wenn der innere Befehlshaber ganz genau weiß, was er soll, wenn er also imstande ist, sich die Verwirklichung einer Sache oder einer Leistung in allen Einzelheiten auszumalen.

Diese gedankliche Kraft, die dadurch entsteht, wirkt richtungbestimmend für die Arbeit der inneren Organe, die je nach ihrer Beeinflussung und Leitung das Positive und absolut Richtige – aber auch das Negative – in Erscheinung treten lassen können. Es kann jemand von einer Aufgabe begeistert und durchdrungen sein, und sein Gehirn arbeitet im Dienste dieser Aufgabe fieberhaft, und doch kann das Ziel, das er verfolgt, eine Utopie sein.

Zur Begeisterung muß also die logische Klarheit, muß Zielklarheit kommen, die sich nicht gründet auf Äußerungen unkontrollierbarer Wunschgebilde oder sonstiger Impulse zweifelhaften Ursprungs, sondern auf die Einsicht in die Wirklichkeit des Geschehens, in die Wirklichkeit der gesetzmäßigen Zusammenhänge und Vorgänge. Darum müssen wir sagen, daß logische Zielklarheit herrschen muß.

Ich wiederhole diese wichtige Feststellung:

Zur Begeisterung muß also die logische Klarheit, muß Zielklarheit kommen, die sich nicht gründet auf Äußerungen unkontrollierbarer Wunschgebilde oder sonstiger Impulse zweifelhaften Ursprungs, sondern auf die Einsicht in die Wirklichkeit des Geschehens, in die Wirklichkeit der gesetzmäßigen Zusammenhänge und Vorgänge.

Beachten wir diese Bedingungen des erfolgreichen geistigen Arbeitens und der inneren Kräfte und Fähigkeiten, dann erlösen wir uns zwangsläufig auch von jedem Krampf und jeder unnötigen Reibung. Zielklarheit ist also überhaupt das Geheimnis der Konzentration und damit des reibungslosen geistigen Arbeitens.

Ich habe Ihnen erklärt, daß man unsere geistige Werkstatt als Computer sehen muß. Vor allem deshalb, weil unser Gehirn in allen wesentlichen Vorgängen spontan – also von selbst – automatisch arbeitet. Es kommt nun darauf an, das Wichtige in das Unterbewußtsein zu programmieren.

Nur dadurch kann unser körperlicher und geistiger Apparat überhaupt leistungsfähig sein. Denken Sie hierbei an das Gedächtnis. Wie könnten wir uns an etwas Bestimmtes erinnern, wenn wir erst lange im Gedächtnis suchen müßten, um ein Denkobjekt mit unserem Bewußtsein zu erfassen.

Wie könnten wir schreiben oder reden, wenn uns die Worte nicht von selbst einfallen würden? Wenn Sie rechnen, kommt Ihnen das Ergebnis ebenso leicht zum Bewußtsein; und es ist eine Frage des Trainings, ob Sie mit großen, komplizierten Zahlenreihen genauso umzugehen lernen wie mit dem kleinen Einmaleins.

So geht es auch Ihnen, sobald sie in dieser Landschaft Fuß gefaßt haben. Glauben Sie, daß Ihre Begabungen wunderbar groß sind und üben Sie in diesem Sinne!

Üben und trainieren müssen Sie natürlich!

Denn dadurch sprechen Sie die inneren Kräfte an. Üben Sie vor allem mit Freude und Begeisterung. Üben, wie Sie immer besser behalten, üben, wie Sie irgendeine große Arbeit immer besser schaffen, sei es durch Schreiben oder Reden und Durchdenken von Aufgaben und Problemen.

Stellen Sie sich auf den Standpunkt, daß Sie viel mehr können, als Sie sich bisher zugetraut haben. Was da wirkt und Ihren Geist erwachen läßt, ist das Geheimnis in uns. Nur so verstehen Sie, warum es einen Mozart gegeben hat, der schon mit sechs Jahren komponieren konnte.

Ihr Wollen muß sich an einer großen Sache geradezu festbeißen! Wie ein Fisch an der Angel!

Ihr Geist, Ihr Unterbewußtsein, freut sich, wenn Sie es für große Leistungen in Anspruch nehmen.

Aber wie kommen Sie am besten in dieses interessante Gebiet hinein? Hier ist das Zauberwort: Durch Karteiarbeit!

Karteiarbeit ist das beste Mittel zur Erlangung von Zielklarheit. Lesen Sie in meinem Lehrbuch *Mein Erfolgs-System* das wichtige Kapitel über den Aufbau einer Kartei des Wissens. Oder arbeiten Sie wie ein kluger Geschäftsmann, der alles Wichtige seines Betriebes in seiner Kartei erfaßt.

So arbeitet jeder Forscher und überhaupt jeder, der sich ein bestimmtes Wissensgebiet erarbeiten will. Wie hängt das zusammen mit den Lektionen dieses Werkes? Nun, indem Sie jedes Kapitel sozusagen durchkämmen, immer wieder von neuem! Schreiben Sie die Ratschläge, die Sie darin finden und alle wichtigen Gedanken und Ideen systematisch auf Karteikarten. Jeden Gedanken schreiben Sie für sich auf eine Karte! Alles, was zusammengehört, auf dieselbe Karte.

Nach intensiver Arbeit entsteht ein Karteiwerk von mindestens 1000 Karteikarten oder mehr! Gerade darin, daß Sie persönlich diese Kartei aufbauen und sie nicht von einem andern machen lassen, liegt der größte Gewinn!

Es dauert nicht lange, bis dadurch Ihr Unterbewußtsein immer stärker zu produzieren beginnt. Aus diesem Grunde sollen Sie auch nicht aufhören mit diesem Studium der Gesetze des Geistes und des Lebens, sondern sollen dieses Studium beibehalten bis zum Ende Ihres Lebens!

Sie werden erleben, daß Sie sich dadurch vollkommen verwandeln. Es kommen Kräfte und Fähigkeiten zum Vorschein, von denen Sie heute noch keine Ahnung haben. Ich habe diesen geistigen Wachstumsprozeß im Laufe meiner langen Lehrtätigkeit bei vielen Tausend Menschen beobachten können. Denken Sie immer wieder an Goethe:

»Drum übe dich nur Tag für Tag, und du wirst sehen, was das vermag!«

Jeder erlebt das, der trainiert. Jeder sieht es, erlebt sich selber, wie er wächst.

Aber grau ist alle Theorie! Lassen Sie mich daher einige

Beispiele geben, was wir unter diesen Hinweisen verstehen müssen. Ich will Ihnen eine Reihe von wichtigen Erfolgslehren aus dem dritten Kapitel vortragen, die Sie auf Karteikarten schreiben können. Sie sehen daraus, was für ein Reichtum an Erkenntnis bewußt gemacht wird.

Zur Meisterung des Denkens habe ich 16 Denkgesetze entwickelt, die Sie vielleicht schon aus anderen Werken von mir kennen. Eines der wichtigsten Denkgesetze heißt – es ist das erste –:

Bewußtsein ist Schöpfung!

Bewußtsein ist Schöpfung heißt, daß uns alles erst bewußt werden muß, was unseren Computer auf einem bestimmten Gebiet in Bewegung bringen soll.

So ist das Lesen wie das Hören gar nicht so einfach und selbstverständlich, wie die meisten Menschen es glauben; denn es kommt darauf an, daß man genau das lesend oder hörend erfaßt, was ein Satz oder ein Hörvorgang sagen will. Darum erklärt Goethe: »Ich habe 80 Jahre gebraucht, um lesen zu lernen.« 80 Jahre!

Das ist erstaunlich für einen so großen Geist. Doch ist es so – auch bei uns allen. Wer schon vor 30 Jahren Schallplatten von mir gehört hat, hat sie mit anderen Ohren gehört, als er es heute tun würde, weil zum Lesen und Hören immer das mit urteilt, mitspricht und mitdenkt, was wir von einer Sache bis dahin schon gehört und erkannt haben. Der Meister kann darum besser eine Sache abschätzen als der Lehrling. Und genauso ist es mit der Erfolgstechnik.

Wenn Sie sich durch die Karteiarbeit erst alles bewußt gemacht haben, was ich darüber geschrieben habe, dann sind Sie auf dem besten Weg, ein Meister der Lebenskunst zu werden.

Doch jetzt zu unserer Aufgabe: Im 3. Kapitel haben Sie nacheinander folgende Erkenntnisse:

»Naturgesetze sind eine gegebene Tatsache. Sie können von Menschen gesucht und gefunden, aber nicht gemacht werden.«

Diese außerordentlich wichtige Erkenntnis käme auf eine Karteikarte, die ein Gebiet behandelt, das zu diesem Thema paßt. Da jede Karteikarte eine Leitidee braucht, um die Karten ordnen zu können, würden wir die zu dieser Erkenntnis erforderliche Leitidee z.B. unter das Thema: »Natur und Naturgesetze« stellen. Das wäre also die Leitidee dieser einen Karte.

Auf eine andere Karte, die sich mit der nächsten Erkenntnis beschäftigt, würden wir das Thema »Erfindung und Erfindungstechnik« stellen. Diese zweite Erkenntnis lautet:

»Ein Erfinder kann nur dann etwas erfinden, wenn er dafür die Möglichkeit in der Natur vorfindet. Aus diesem Grund ist das Erfinden vielmehr ein Finden. Ein Finden von Zusammenhängen.«

Die nächste Erkenntnis lautet: »Man muß feinfühlig sein. Man muß einen Spürsinn haben für unbekannte Zusammenhänge und daneben ein konstruktives Denken besitzen.«

Nun, wohin käme dieser Lehrsatz? Natürlich auf die schon genannte Karte über das Erfinden.

Doch weiter zur nächsten Erkenntnis: »Manchmal hängen Erfindungen in der Luft, wodurch Entdeckungen gleichzeitig auf verschiedenen Kontinenten gemacht werden.«

Natürlich kommt diese Erkenntnis auch wieder auf die Erfindungskarte.

Eine weitere Lehre: »Es gibt auf der Welt und im All überhaupt nichts, was sich nicht aus den naturgegebenen Möglichkeiten ergibt.«

Jetzt entscheiden Sie selbst, unter welches Stichwort bzw. unter welche Leitidee Sie diese Lehre einordnen würden.

Dazu auch die nächsten Erkenntnisse: »Wenn wir uns

nach bestimmten Gesetzmäßigkeiten richten müssen, so ist das keine Einschränkung unseres Willens; denn an uns liegt es, ob wir diese Gesetzmäßigkeiten beachten oder nicht.«

»Nur wissen müssen wir – und das ganz klar – daß man auf bloße Willkür hin keine bewußte Gestaltung des Lebens bewirken kann, sondern sich nach den Erfahrungen richten muß, die in dieser Hinsicht bisher gemacht wurden.«

Für die Lebenskunst und Erfolgstechnik müssen wir drei Arten von Gesetzmäßigkeiten beachten: Die Entfaltung zur Persönlichkeit, dann der Umgang mit der Umwelt und schließlich die geistige Leistungssteigerung und die schöpferische Ideenentwicklung.

»Man kann nicht das eine tun und das andere weglassen (es ist hier die Technik des Mentalpositivismus gemeint), wenn man wirklich zur Meisterung des Lebens kommen will.«

Ich glaube, diese Beispiele genügen, um die Bedeutung der Karteiarbeit für unsere geistige Entfaltung zu verstehen. Sie ist vor allem wichtig zur Entwicklung neuer Ideen, also zur schöpferischen Ideenentwicklung.

Wie gesagt: Wenn Sie dieses gesamte Werk in dieser Art durcharbeiten und auf die Lehrsätze des Erfolges und die Erkenntnisse achten, werden Sie bestimmt bald 1000 Karteikarten erarbeitet haben. Wenn Sie sich dann die Zeit nehmen, immer wieder in diesem Reichtum alles noch genauer zu ordnen und Lehre für Lehre immer besser zu erfassen oder zu erfassen trachten, dann erleben Sie das Wunder der Aktivierung Ihres dadurch eingespeicherten Computers, der nun in der Lage ist, alle geistigen Wünsche zu erfüllen, die Sie an ihn stellen.

Nun verstehen Sie Goethe wohl noch besser, wenn er sagt, daß unsere Wünsche die Vorboten der Fähigkeiten sind, die in uns liegen. In diesem Sinne, viel Freude beim weiteren Studium unseres Werkes.

6.4 Zusammenfassung

Voraussetzung für die Erreichung eines Zieles ist Zielklarheit.

Zielklarheit betrifft grundsätzlich jede Überlegung, jeden Gedankenvorgang und damit auch jedes mögliche Teilziel eines großen Hauptzieles. Es genügt nicht, daß jemand etwas kann, er muß es auch tun.

Wir müssen auch dem Unterbewußtsein Ziele setzen.

Wenn wir etwas glühend wünschen, dann aktivieren wir unser Unterbewußtsein, dann setzen wir ihm ein Ziel. Es kommt dann vom Wünschen zum Glauben und vom Glauben zur Überzeugung. Diese Überzeugung ist dann der Auftraggeber für unser Unterbewußtsein.

Je freudiger man das Ziel erwartet, desto schneller und leichter wird es erreicht.

Zu dieser Freude verhilft die Erkenntnis, daß es gut und richtig ist, was man erstrebt.

Nicht das Wollen, nicht der Wille macht uns frei, sondern allein die Erkenntnis. Zielklarheit heißt: Genau zu wissen, was man will.

Wir können jede große Aufgabe bewältigen, jedes große Ziel erreichen, wenn es uns gelingt, unser Gehirn voll zu betätigen. Das können wir, wenn wir in allen Einzelheiten erkennen, was wir wollen und über unser Gefühl unser Unterbewußtsein richtig schalten.

Voraussetzung ist die logische Klarheit, die Einsicht in die Wirklichkeit der gesetzmäßigen Zusammenhänge.

Setzen Sie sich große – aber erreichbare – Ziele und trainieren Sie ihre Erreichung. Üben Sie sich in Zielklarheit durch Aufbau einer Kartei des Wissens.

Studieren Sie die 16 Denkgesetze und wenden Sie sie an. Sie sind die Wegweiser vom Wollen zum Können, sie enthalten die psychotechnischen Hilfsmittel zur Umprogrammierung Ihres Unterbewußtseins.

7

Vergoldung des Alltags

Die Kunst, dem Leben auch in engsten Grenzen einen reichen Inhalt zu geben

7.1 Wie man mit seiner Zeit umgehen soll

Was hätte unser ganzes Zielstreben und unsere ganze Erfolgstechnik für einen Sinn, wenn nicht eine Vergoldung des Alltags dabei herauskommen würde.

»Vergoldung des Alltags«, dieser Begriff lebt! Er ist Offenbarung ungeahnter Möglichkeiten des menschlichen Glücks. Vertiefen wir uns in seinen Sinn, so wird er zum Führer zu den Quellen, aus denen Friede, Freude, Harmonie und Menschsein strömen.

Im allgemeinen ist der Mensch so eingestellt, daß er, wenn er von einem zielbewußten Tatenleben spricht, immer nur bestimmte Höhepunkte meint, die es zu erreichen gilt. Im übrigen aber findet er sich damit ab, daß der Alltag Sorgen und Ärger bringt und immerwährenden Kampf.

Das ist aber nicht der Sinn einer positiven Lebensführung, wenn wir auch Fernziele anstreben müssen. Das ist er schon deshalb nicht, weil wir nicht wissen, ob wir unsere großen Ziele auch wirklich erreichen. Zu viele Möglichkeiten gibt es, die unser Leben urplötzlich beenden können. Wir können uns heute vornehmen, in zehn Jahren ein großes Unternehmen aufgebaut zu haben und sterben vielleicht im nächsten Jahr an einer Lungenentzündung oder durch einen Unfall. Wir wissen niemals, ob wir am nächsten Tag noch leben. Weil das so ist, kann eine Lebensführung nur wirklich positiv sein, wenn auch der augenblicklich durchlebte Zeitabschnitt erfüllt und lebenswert gemacht wird.

In erster Linie gehört dazu das Wissen um die Bedeutung der Zeit. Wenn man glücklich sein will, muß man auch fähig sein, das Glück zu genießen. Das heißt in der Regel: Sich fernzuhalten von Hetzerei, von Raserei durch das Leben und von allem oberflächlichen Erleben der Gegenwart.

Unzählige Menschen bringen sich selbst um den Genuß des Daseins, weil sie keine Zeit haben, um glücklich zu sein.

Um die Gegenwart richtig auszunutzen, muß man die Zeit und die Lebensfreude organisieren, ohne dabei natürlich das Leben in eine Schablone zu pressen. Man darf sich nicht dem Zufall überlassen, nicht unbegründeten Erwartungen, sondern man muß so klug disponieren und planen, daß so oft wie möglich ein Höchstmaß an Freude erreichbar wird.

In der Organisation der Zeit und im besonderen auch der Freizeit, zeigt sich schon, ob man ein Lebenskünstler ist oder nicht.

Die Vergoldung des Alltags beginnt damit, daß jeder Tag einen Höhepunkt hat, eine besondere Freude bringt. Man kann nun nicht an jedem Tag ein großes Fest feiern – das geht nicht. Und außerdem hätte man dadurch das Festefeiern bald über. Wenn wir das wissen, so heißt das, daß wir die besonderen Freuden eines jeden Tages nicht von großen Begebenheiten erwarten, sondern von kleinen Dingen. Das setzt aber voraus, daß man fähig ist, sich auf kleine und kleinste Dinge der Freude einzustellen, daß man den Blick dafür hat und die richtige Einstellung zu den wirklichen und wahren Werten des Lebens.

Ich habe reiche Bekannte im Ausland. Sie sind Besitzer riesiger Plantagen und Waldungen. Wenn ich mir den Tagesablauf der Erben des Riesenvermögens vor Augen führe, so stelle ich immer wieder fest, daß deren Leben entsetzlich fade und eintönig ist. Sie wissen mit der eigenen Zeit buchstäblich nichts anzufangen. Immer wieder legen sie Patiencen oder sitzen irgendwo herum beim Fünf-Uhr-Tee. Kommt bei solchen Gelegenheiten eine künstlerische Darbietung, dann ist das alles schon einmal dagewesen, dann interessiert sie das nicht. An allem kritisieren und nörgeln sie herum. Wahre und echte Freude haben sie nie.

Was nützt der Reichtum, wenn man damit nichts anzufangen weiß, und ihnen vor allem die Fähigkeit fehlt, aus der eigenen Zeit die Freude des Lebens zu gestalten?

Was ich über die Bedeutung der kleinen Dinge, der kleinen Freudenspender sagte, gilt grundsätzlich; denn zur Hauptsache sind es nur kleine Dinge, die das Leben mit Sonnenschein erfüllen. Kommen große Ereignisse, dann sind das Kometen am Himmel der Freude. Aber wir müssen innerlich aufgeschlossen sein für diese kleinen Dinge.

Das fängt damit an, daß wir in unserer ganzen Lebensführung wirklich positiv sind. Wir sprachen schon wiederholt davon, daß wir von philosophischer Warte aus das Leben betrachten müßten. Hier brauchen wir diese Philosophie. Denn nur, wer über den Sorgen des Alltags zu stehen vermag und die wirklichen Werte von den Scheinwerten der Welt unterscheiden kann, der vermag den Alltag zu vergolden. Dazu gehört keine spekulierende Geisteskraft, die sich in tausend Abstraktionen verliert. Nein! Eine liebe, kleine Lebensphilosophie gehört dazu. Eine Lebensphilosophie, die ausnahmslos jeder haben kann, der nur etwas vernünftig denkt.

Wir müssen wissen, daß die Scheinwerte der Welt uns nicht blenden dürfen, wenn wir glücklich sein wollen. Wir müssen gefeit sein, immun sein gegen den Einfluß dieser Scheinwerte! Das läßt sich gewiß leicht aussprechen oder schreiben, doch gar nicht so einfach in der Praxis leben. Unwillkürlich zucken viele zusammen, wenn jemand vor ihnen steht, der Macht und Geld hat. Sofort fühlt man sich klein und zur Ergebenheit geneigt. Selbst ist man arm und der andere reich. Aber ist das nicht vollkommen gleichgültig? Hier macht sich schon die Wirkung unserer philosophischen Einstellung bemerkbar. Die richtige Einschätzung der Werte der Welt muß es fertigbringen, daß wir uns nicht mehr aus der Ruhe bringen lassen. Das darf man aber nicht gleichsetzen mit der manchen Mitmenschen eigenen Wurstigkeit und Gleichgültigkeit. Gemeint ist vielmehr jene Reife des Erkennens, die den lebensweisen Menschen auszeichnet.

Der Alltag bringt uns eine Menge Gelegenheiten, bei denen wir die Vernünftigkeit dieser Einstellung beobachten können. Zum Beispiel: Es besucht uns jemand, der uns aber unangenehm ist. Was hört man da oft?: »Ausgerechnet heute muß dieser Mensch kommen, wo ich so tief in der Arbeit stecke.« Und was tut man? Man läßt sich verleugnen: »Sag', ich bin nicht da!« Warum tut man das? Warum lügt man? Warum läßt man dem Besucher nicht gleich sagen, daß man heute keine Zeit für ihn hat. Man will ihn nicht vor den Kopf stoßen. Diplomatie nennt man das. Ja, kann es denn nicht sein, daß man wirklich einmal keine Zeit hat? Warum sagen wir nicht in aller Ruhe: »Herr X, ich freue mich, daß sie gekommen sind, aber ich bedaure, Ihnen heute meine Zeit nicht zur Verfügung stellen zu können. Sie dürfen mir das nicht übel nehmen. Bitte kommen Sie morgen wieder.«

Handelt man so, dann ist der Fall gleich in Ordnung. Wenn der andere sich aufregt, so beruhigt er sich auch bald wieder; denn, wenn er vernünftig ist, muß er sich sagen: »Wenn der Mensch heute tatsächlich keine Zeit hat, habe ich eben Pech gehabt, daß ich ihn gerade jetzt besucht habe.«

Wir müssen wissen, daß die meisten unangenehmen Dinge nur deshalb unangenehm sind, weil wir uns nicht sofort positiv zu ihnen einstellen. Wir wehren uns. Wir versuchen, uns zu »schrauben«, wie der Wiener sagt, und indem wir uns »schrauben«, vergeuden wir ungeheuer viel Kraft.

Wir müssen z. B. einen Brief schreiben. Schon lange ist eine Antwort an jemanden fällig. Vierzehn Tage, drei Wochen sind vergangen. Nun ist es uns peinlich geworden, dem Betreffenden überhaupt noch zu schreiben. Jeden Tag nimmt man sich von neuem vor, endlich zu antworten, und jeden Tag haben wir von neuem das unangenehme Gefühl: Verflixt, jetzt ist das schon so lange her, daß wir antworten sollten. Und doch antworten wir nicht, setzen uns nicht einfach hin und schreiben, sondern schieben die Angelegenheit immer wieder hinaus. Schließlich kommt es zu einem Bruch, und unangenehme Folgen stellen sich ein.

Man muß sich darüber klar werden, daß die Ausnutzung des Lebens allein durch das Handeln, durch Taten möglich wird. Um aber ein Mensch der Tat zu werden, braucht man weniger Energie sondern vielmehr klare, ruhige Überlegungen, Logik, Befreiung von Angst und Furcht und anderen negativen Empfindungen.

Wenn man die Empfindungen, die man beim Ablauf der Ereignisse hat, analysiert, stellt sich immer wieder heraus, daß – genau genommen – das meiste überhaupt nicht schlimm ist! Es sind lauter Bagatellen, lauter Kleinigkeiten. Denn Ernstliches passiert uns im Leben nur selten. Das Schlimmste, das passieren kann, ist, daß wir sterben müssen, und das können wir sowieso nicht verhindern. Warum ärgern wir uns also?

Wir müssen dies alles wissen, weil wir zur Vergoldung des Alltags das Ärgern nicht gebrauchen können. Wären wir ein Philosoph, so würde uns klar sein, daß die meisten Ärgernisse durch eine falsche Einstellung zu den Vorkommnissen des Tages heraufbeschworen werden. Man muß sich also zur Regel machen, erst dann dem Blute zu gestatten, das Herz zu belasten, wenn man darüber nachgedacht hat, was uns passieren kann, wenn man sich in einer bestimmten Angelegenheit einmal nicht ärgert. Wenn wirklich einmal eine ernste Situation kommt, ist das Ärgern sowieso nebensächlich.

Ärger bringen immer nur kleine Begebenheiten. Weshalb auch das Ärgern in der Regel nur aus unbeherrschtem Wesen und mangelnder Erkenntnis kommt. Wer den Ablauf des Alltags von philosophischer Warte aus sieht, ärgert sich nicht, kann sich gar nicht ärgern; denn es kommt ihm vor, als ob er mit Kanonen nach Spatzen schießt.

Besonders viel Ärger entspringt für viele aus dem Berufs- und Geschäftsleben. »Man muß sich doch ärgern«, sagt ein Geschäftsmann, »wenn zum Beispiel ein Kunde kommt, einen Auftrag erteilt, an dem man viel verdienen könnte und dieser Kunde dann nach einer Stunde wiederkommt, um den gleichen Auftrag für nichtig zu erklären.«

Wir fragen uns: Ist das wirklich ein Grund, um sich die Laune verderben zu lassen? Ein Materialist wird sagen: Selbstverständlich, denn das Geschäft war so gut wie gemacht.

Gewiß, das Geschäft war so gut wie abgeschlossen. Aber kann man an der geschehenen Tatsache etwas ändern? Wenn überhaupt, dann doch nur dadurch, daß man sich nicht ärgert! Stattdessen wird man ruhig und logisch untersuchen: Warum bestellte der Mann ab? Es muß doch einen Grund geben, wenn er erst bestellt und dann wieder storniert. Man muß versuchen, selbst das Unangenehmste noch auszunutzen. Das ist hier der Fall, wenn man die Energie, die Nervenkraft, die man durch unnützes Ärgern vergeudet, nun ausnutzt, um die Ursache für ein persönliches Versagen oder einen Fehler in der Kundenbehandlung zu finden. Aus dem verhinderten Ärger würde dadurch sogar noch ein Plus, weil man daraus für zukünftige Fälle eine Lehre zieht.

Wir machen bei den meisten Mißerfolgen den Fehler, von der Schuld eines anderen auszugehen. Unsere Einstellung muß es fertigbringen, von uns selber auszugehen, von unserem eigenen Schuldkonto. Doch wer kann das? Bestimmt nur der Mensch, der einsichtig ist, der objektiv ist und der es darum fertigbringt, die Dinge nicht nur von der eigenen Seite, sondern auch von der Seite des anderen aus zu sehen. Wer negativ geschaltet ist, wird keine Einsicht haben, wird nie eine Schwäche zugeben, selbst wenn sie offen in Erscheinung tritt.

Viele glauben, wenn sie eine Schuld zugeben würden, dann sänken sie in der Achtung der anderen. Das Gegenteil ist jedoch der Fall! Die Wertschätzung steigt, weil nur dem vernünftigen Menschen Einsicht möglich ist. Mancher meint, er dürfe sich keine Blöße geben und fühlt sich nur wohl, wenn andere eine hohe Bedeutung in ihm sehen.

Ist man wirklich nur groß, wenn man den Beifall der anderen hat? Beweist sich nicht wirkliche Größe durch ihr Vorhandensein selbst, auch wenn kein anderer sie sieht oder bejaht? Wie viele der Großen sind verkannt worden oder erlangten erst Geltung, nachdem sie schon lange gestorben waren. Doch die Eitelkeit will, daß man glänzt. Man sollte sich nicht von der Umwelt abhängig machen in seinen Empfindungen, zumal Anerkennung ja oft eine zweifelhafte Angelegenheit ist. Man wiegt sich in Sicherheit, glaubt, seiner Eitelkeit Genüge getan zu haben und entdeckt zuletzt, daß doch alles nur »fauler Zauber« war.

Auf die Menschen ist kein Verlaß! Stets sind sie Stimmungen unterworfen. Dauernd ändert sich ihre Meinung, je nachdem, welche Gedanken sie beherrschen. Bald ist man begeistert, bald ärgerlich, bald unzufrieden und abgeneigt. Manche Menschen sind nur zufrieden, wenn man ihnen nach dem Munde redet und möglichst viel Lobhudelei betreibt. Eitelkeit, nichts als Eitelkeit ist die Ursache.

Was wollen schöne Worte schon sagen? Sie sind Flitter! Und wer raffiniert ist, gebraucht davon möglichst viele, um zu seinem Ziel zu kommen. Auf Taten kommt es an, ob jemand, der mich lobt, auch entsprechend handelt, also bereit ist, durch persönlichen Einsatz seine Aufrichtigkeit zu bezeugen!

Damit ist natürlich nicht echte Anerkennung gemeint, die wir brauchen zum Schaffen. Sie gibt uns Schaffensfreude. Und auch dagegen ist nichts zu sagen, daß wir selber für die Leistungen unserer Mitmenschen anerkennende Worte finden. Man muß klar unterscheiden zwischen aufrichtigem und echtem Beifall und unaufrichtiger Zustimmung, um eines Vorteils willen. Ehrliche Anerkennung ist Balsam für die Seele und gestaltet das Zusammenleben der Menschen glücklich, weil es Verstehen und Hingabe beweist. Mancher Mann kann nicht arbeiten, wenn er nicht die Anerkennung seiner Frau hat. Er fühlt sich allein in seinem Schaffen. Deshalb kann man einer Frau nicht oft genug den Rat geben, nicht zu sparen mit Anerkennung. Doch wirklich echt muß ihr Lob sein, aus dem Herzen kommen, was sich aber nur ergeben wird, wenn sie Verständnis für die Arbeit ihres Mannes hat.

Grundsätzlich gilt, daß man sich möglichst unabhängig machen muß vom Beifall, wie überhaupt von den Meinungen und den Stimmungen seiner Umwelt.

Nach zwei Seiten muß die Lebenskunst ausstrahlen. Einmal muß man wissen, was Lob und Anerkennung für das Seelenleben bedeuten – ganz besonders, wenn es sich um die positive Beeinflussung anderer Menschen handelt – und zum anderen muß man in seinem eigenen Schaffen möglichst frei sein von diesem Einfluß. Das schließt natürlich nicht aus, daß das Leben umso glücklicher und harmonischer wird, wenn man auch selber von seiner Mitwelt verstanden und gewürdigt wird.

Das bedeutet, daß man für alle negativen Beeinflussungen unanfechtbar sein muß, die sich aus bloßen, materiellen Werten ergeben. Es ist sehr schön, einen Frack zu haben, aber es geht auch ohne Frack. Es ist sehr schön, ein

Wochenendhaus zu besitzen und hinaus zu fahren am Sonnabend und Sonntag, um sich dort zu erholen, aber es geht auch ohne. Alles das ist zwar sehr begehrenswert und hundert andere Dinge sind es auch, aber das eigentliche Glück setzt immer noch etwas anderes voraus: nämlich nicht die Güter der Welt, sondern einen ganz bestimmten inneren Zustand.

7.2 Wie man »Glück« sehen soll

Glück ist ein Zustand des Denkens! Wer nicht in seinem Denken zum Glücksempfinden kommt, der kann durch kein Gut der Welt zum Glück gebracht werden. Dazu müssen wir noch wissen, daß dieser Zustand des Denkens auch unter den allerbescheidensten Verhältnissen möglich werden kann, womit man die Möglichkeit hat, unbedingt glücklich zu werden, wenn man – und hierauf kommt es an – das Glück nicht an unerfüllbare Voraussetzungen knüpft. Sind die Voraussetzungen groß, müssen zuerst viele Wünsche erfüllt werden, bevor man sich glücklich wähnt. Dann kann es passieren, daß man in puncto Glück überhaupt auf keinen »grünen Zweig« kommt. Mit anderen Worten: Je weniger wir materiell zum Glücklichsein verlangen, umso selbstverständlicher ist es, daß wir bestimmt glücklich werden.

Wenn man sein Glück zum Beispiel allein abhängig macht von einem gesunden Körper, dann wird ein kranker Mensch nie glücklich. Es ist aber eine Tatsache, daß man auch dann zufrieden werden kann, wenn man leidend ist und daß man unter dem Einfluß dieses Glücks unter Umständen viele Jahre sogar ein großes Siechtum ertragen kann und in diesem Siechtum auch noch zum großen Schaffen befähigt ist, wie das viele bedeutende Menschen bewiesen haben.

Wir erkennen daraus, daß die Voraussetzung zum Glück das seelische Erwachen ist. Manchem kann man geben, was man will, und er wird doch nicht glücklich, im Gegenteil – er wird immer noch unglücklicher. Materieller Erfolg hat mehr Menschen zur Verneinung als zur Lebensbejahung gebracht. Kurz vor seinem Tode äußerte der amerikanische Petroleumkönig Rockefeller: »Ich habe zeit meines Lebens nicht einen einzigen wahren Freund gehabt!«

Als oberste Lehre für die Vergoldung des Alltags steht also fest: Sein Glück soll man nicht von äußeren Dingen abhängig machen, sondern allein vom Denken. Ja, aber wenn man das nun tut, ist man dann nicht eigentlich so eine Art Illusionist? Denn, wenn nichts Greifbares da ist, über das man sich freuen kann, wenn also kein ersichtlicher Grund vorhanden ist, ja, woher soll denn dann das Glück kommen?

Hieraus ergibt sich eine zweite Lehre: Das Glück ist da! Es ist immer da! Es wartet nur darauf, von uns entdeckt zu werden! So arm ist keiner in unserer Welt, daß sich für ihn nicht dennoch Beglückung ergeben könnte.

Ein Armer sieht einen Reichen in einem eleganten Auto an sich vorüberfahren: »Ach«, sagt er sich, »wenn ich doch auch einmal so glücklich sein könnte! Wie glücklich muß dieser Mann sein, der einen so fabelhaften Wagen besitzt.« Doch, wenn dieser arme Mensch plötzlich in die Haut des Reichen versetzt wäre, wie erstaunt würde er ausrufen: »Was, so ist das? Das habe ich mir aber ganz anders vorgestellt.« Denn plötzlich würde er erleben, daß der reiche Mann trotz seines eleganten Wagens gar nicht glücklich ist, sondern genauso wie er von unerfüllten Wünschen gequält wird.

Jeder glaubt, durch eine ganz bestimmte Wunscherfüllung das Glück seines Lebens zu erjagen. Da diese Wünsche aber meistens so sind, daß eine glatte Erfüllung nicht möglich ist, läßt das Glück auf sich warten. Außerdem macht man den Fehler, die Gedankengänge von Menschen in bestimmten Lebenslagen einfach kritiklos auf andere zu übertragen. Man meint, wenn ein Armer nicht den gleichen Luxus hat wie ein Reicher, dann sei er unglücklich.

Hier ist ein Denkfehler! Das stimmt nur relativ; denn das Denken des armen Mannes ist ein ganz anderes, als das des Reichen. Während der wohlhabende Direktor eine besondere Freude dadurch hat, daß er sich einen neuen Wagen anschafft, erwächst dem einfachen Manne die gleiche Summe an Freude aus der Erfüllung einfachster und kleinster Wünsche.

Grundsätzlich also ist das Entstehen des Gefühls der Freude gleich. Wir müssen nur immer wissen: Glück ist ein Zustand des Denkens! Ob etwas ganz Großes das Glücksgefühl entstehen läßt oder eine ganz kleine und einfache Sache, das ist völlig gleichgültig. Allein wichtig ist, daß das Glücksgefühl überhaupt in unser Inneres einzieht. Machen wir jedoch das Glücklichsein abhängig von großen Dingen, dann ist es durchaus unsicher, ob wir überhaupt glücklich werden, weil wir ja nicht wissen, ob unsere hochgeschraubten Wünsche je erfüllbar sind.

Es ergibt sich daraus, daß es im Interesse des Glücks gar nicht so wichtig ist, nach materiellen Gütern zu streben. Ja, das kann sogar gefährlich sein. Dann nämlich, wenn wir nicht wissen, daß Glück immer nur dann entstehen kann, wenn wir empfänglich dafür sind. Wir dürfen auf das Glück nicht warten! Wir müssen es einfach schaffen! Überall ist Glück! Überall ist es, und überall wartet es auf uns. Auch mitten im Alltag, mitten im einfachsten Geschehen. Und wenn wir so wenig von ihm spüren, dann liegt das allein daran, daß wir das Glück nicht zu sehen und zu erleben vermögen.

Ein wunderschöner Sonntag bricht an, ein wirklicher Sonnentag! Statt aufzustehen und den Morgen zu genießen, liegen wir bis 11 Uhr im Bett und denken gar nicht daran, die Vorhänge und Fenster zu öffnen und diesen schönen Morgen herein zu lassen in unser Heim.

Haben wir unsere Zeit richtig organisiert, dann sagen wir schon am Abend vorher: »Aber morgen wollen wir einmal wieder einen neuen Höhepunkt unseres Lebens bewußt genießen.« Bewußt stellen wir unseren Wecker auf frühes Erwachen ein, springen gleich aus dem Bett, machen unsere Gesundheitsübungen, damit wir frisch sind, und dann geht es so schnell wie möglich hinaus in die Sonne und hinein in diesen wunderschönen Sonntag, den unsere Lebenskunst bis zur letzten Minute positiv ausnutzt.

Das ist die Kunst der bewußten Hervorrufung des Glücks, daß wir mit voller Überlegung handeln, daß wir also über unsere Zeit verfügen unter dem Gesichtswinkel, unseren Alltag und unser ganzes Leben zu vergolden.

Also, was machen wir am nächsten Sonntag, um einmal wieder recht glücklich zu sein und uns einmal wieder so recht von Herzen zu freuen? Hierbei setzen wir grundsätzlich voraus, daß diese Freude nicht aus großen Gelegenheiten, sondern aus allerkleinsten Anlässen kommt. Das ist unbedingt notwendig! Denn nur, wenn wir unsere Aufmerksamkeit unmittelbar auf kleine Dinge lenken, bekommen wir erst den Blick für sie. Immer wieder muß gesagt werden, daß wir nicht den Irrtum begehen dürfen, die innere Zufriedenheit von der Erfüllung großer Wünsche abhängig zu machen. Es gibt ja gar nicht so viel Großes in unserem Leben, um über lange Zeiten glücklich zu sein. Wer immer nur nach großen Glücksgütern strebt, der kommt vor lauter Jagen überhaupt nicht zum Genuß des Glücks. So mancher kleine Angestellte ist viel glücklicher, selbst wenn er nur wenig verdient, als jemand, der einen hohen Posten hat und den ganzen Monat, das ganze Jahr über nicht zu sich selber kommt. Außerdem ist es doch so: Die Dinge, die uns glücklich machen, die kosten nichts.

Es kommt immer allein auf die innere Haltung an. Wie

viele Menschen machen ihr Glück von der Kleidung abhängig. Wieviel Sorgen haben Unzählige, weil sie immer wieder von neuem meinen, nichts anzuziehen zu haben. Äußerlichkeiten sollen im Interesse des persönlichen Einflusses nicht vernachlässigt werden, doch das Glück darf man davon nicht abhängig machen. Die kleinen Behaglichkeiten des Lebens, die uns das Dasein verschönen, kosten alle nicht so viel. Und wer fleißig ist, der wird in unserer Zeit bestimmt ein Einkommen haben, für das er sich diese Dinge leisten kann.

Jemand, der ein wirklicher Lebenskünstler ist, fährt seit Jahren in seinem alten Wagen. Macht er sich etwas daraus, wenn andere darüber reden? Das ist für diesen Mann doch völlig uninteressant. Er wird schon wissen, warum er immer noch in seinem alten Wagen fährt. Wenn er sich dann eines Tages einen neuen Wagen kauft, dann tut er das bestimmt nicht, um irgend jemandem damit zu imponieren sondern allein, um sich selber eine Freude zu machen.

Dies berührt nun einen Punkt, der von großer Wichtigkeit ist, wenn wir den Sorgen im alltäglichen Leben die Spitze abbrechen wollen und möglichst reibungslos und ohne unnötigen Ärger zu leben wünschen: Es geht um die Leute! Was gehen uns die Leute an? Sie reden und tratschen über alles und jeden. Wo sollte der Fluß des »Geistes« sonst auch herkommen? Aus Mangel an anderen Unterhaltungsstoffen – wie sie einem beflügelten Denken zufliegen – muß das Geschehen auf primitivster Ebene herhalten. Würde man sich immer aufregen, wenn irgendetwas geredet wird, dann käme man aus den Aufregungen überhaupt nicht mehr heraus. Was sagt die neidische Frau X über den neuen Hut ihrer Flurnachbarin? »So eine verrückte Vogelscheuche! Wie kann man bloß so einen Hut aufsetzen.«

Wie kann man nur? Doch man kann, wenn man will! Man schadet ja niemandem damit. Hat überhaupt jemand ein Recht, sich in unsere ureigensten Angelegenheiten einzumischen? Wo bleibt da die Klugheit der Distanz? Wo der gute Ton? Und außerdem: Hat nicht jeder genug vor seiner eigenen Tür zu fegen?

Warum belastet man sich überhaupt mit diesen rein persönlichen Verhältnissen anderer Leute? Wenn es noch um wesentliche Dinge ginge, um gemeingefährliche Charakterschlechtigkeiten oder ähnliches. Doch das ist es ja gerade! Man redet nur Unsinn und bringt es fertig, in diesem Gerede Mücken zu Elefanten zu machen und das Oberste nach unten zu kehren.

Ich will niemanden anklagen! Nur zu leicht ertappen wir uns nämlich selbst bei dieser Schwäche, weshalb es auch keinen Sinn hat, sich über dieses Verhalten der anderen aufzuregen.

In meinem Lehrbuch des positiven Tatmenschen *Mein Erfolgs-System* heißt es: »Sprich, sieh und hör keinen Quatsch!« Das gilt grundsätzlich auch hier. Derjenige ist jedoch schon ein tüchtiges Stück in der Meisterung des Alltags vorangekommen, dem diese Regel in Fleisch und Blut übergegangen ist.

Doch setzen wir nun unsere Betrachtungen fort. Man muß also vor allem die Kunst erlernen, sich von äußeren Dingen unabhängig zu machen und grundsätzlich von allen Dingen, die viel Geld kosten und die man – sofern man kein Geld hat – auch nicht besitzen kann.

Das macht uns aber nicht wehleidig; denn die meisten Dinge, die uns wirklich glücklich machen, sind sowieso nicht zu kaufen. Schauen Sie sich die Natur an! Würden Sie glücklicher sein können durch die Schöpfungen der Natur, wenn diese Ihr Eigentum wären? Ihr ganz persönliches Eigentum? Angenommen, ein reicher Mensch gibt Ihnen die Möglichkeit, der alleinige Herr und Besitzer eines großen Grundbesitzes zu sein. Glauben Sie nun – weil Sie jetzt der Besitzer dieses Reichtums sind – daß Sie sich darüber so sehr freuen, daß Sie jeden Morgen schon um vier Uhr aufstehen, um diesen Besitz zu durchwandern. Schließlich – warum nicht? – man will doch etwas von seinem Eigentum haben. Unsinn! Genauso wie jetzt, könnten Sie dieses Gebiet nur mit Ihren Augen erfassen, also nur geistig von ihm Besitz ergreifen.

Blicken Sie zur Sonne auf! Das ist Ihre Sonne! Jawohl, Ihre Sonne ganz allein, wenn Sie nur wollen! Ist sie nicht herrlich, Ihre Sonne? Strahlt sie nicht wunderbar, glitzert sie nicht wie der schönste Edelstein? Herrlich, so etwas zu besitzen. Wenn man das kaufen könnte, was würde man dafür bezahlen! Welch unheimlicher Reichtum, sich eine Sonne zu leisten!

Verstehen Sie den tiefen Sinn dieser Philosophie? Aber das kostet ja nichts! Die Sonne da oben scheint vollkommen gratis. Und deshalb denken wir auch nicht daran, – jedenfalls nicht der normale Alltagsmensch, – in einen Freudenrausch zu verfallen des unermeßlichen Glückes, eine Sonne zu haben. Doch, wenn wir sie kaufen könnten, wenn man überhaupt so etwas kaufen und bezahlen könnte, dann würden alle zu dem reichen Mann hinpilgern und würden dieses neue Weltwunder von allen Seiten bestaunen.

Wenn das Sonnenbaden rationiert würde, und die Sonne nur auf einen bestimmten Fleck, auf einen Ort dieser Erde scheinen würde, dann könnte man sicher sein, daß alle Menschen Unsummen dafür bezahlen würden, nur um öfter dorthin fahren zu können.

So wie es sich mit der Sonne verhält, so ist es auch mit einer weiteren Köstlichkeit unseres Lebens: mit der Luft. Wie wunderbar, wie erfrischend, wie stärkend, seine Lunge in reiner Luft zu baden.

Dann noch etwas ebenso Herrliches: klares, reines Wasser trinken zu dürfen! Das hört sich an, alsob es eine Übertreibung wäre. Haben Sie aber einmal tagelang Durst! Haben Sie einmal tagelang überhaupt keine Erfrischung! Dann wissen Sie erst, wie kostbar einfaches Wasser ist. Doch

Wasser fließt uns überall zu. Es ist genauso wie mit der Sonne. Darum allein haben wir auch nicht das richtige Empfinden für seinen Wert. Auch das ist Lebenskunst und zugleich naturnahes, unverfälschtes Empfinden der Sinne, sich am Wasser erfreuen zu können, an seiner Reinheit und Köstlichkeit.

So ist es mit allem was uns die Natur an wahren Gütern des Glückes – ohne daß wir einen Pfennig dafür zahlen müssen – bietet. Wir wandern hinaus in den Wald. Wir erleben den herrlichen Waldesdom und in ihm tausendfaches Wirken der göttlichen Natur, der göttlichen Triebkräfte allen Lebens!

Welch wunderbares Geschenk wird uns da zuteil! Was sind doch das für wahre und wirkliche Werte gegenüber so vielen eingebildeten Werten der Welt. Welch unendlich großer Reichtum steht uns da vollständig frei zur Verfügung! Will man wissen, wie jemand sein Leben schätzt und die nur einmal gegebene, unwiederbringliche Zeit, dann braucht man ihn nur zu fragen, womit er sich unterhält und zerstreut, wie seine Freizeit erfüllt wird, und was er unter »Vergnügen« und »Abwechslung« versteht.

Mancher kann stundenlang vor einem Ameisenhaufen sitzen und dieses Wunder da vor sich beobachten. Er sieht das Arbeiten dieser fleißigen, kleinen Wesen, die uns durch ihre ganze Art vorbildlich sein könnten, nicht mit gewöhnlichen Augen. Bei dieser Beobachtung werden seine Augen zum Vergrößerungsglas, weil seine Sinne wach sind und weil er dabei denkt!

Aber wann sieht man einmal jemanden vor einem Ameisenhaufen sitzen und philosophieren? In der stickigen Luft mancher schlecht gelüfteter Lokale, wo viele Menschen sie ein- und ausatmen, wo alles inhaliert und geschluckt wird, was sich gerade in der Luft befindet, ohne daß uns die Parfümierung darüber hinwegtäuschen kann, wie unhygienisch es ist, in solcher Luft oft Stunden zu verweilen, da drängen sich die Menschen, sofern Speis und Trank ihren Wünschen zusagen. So verkennt man die Werte! So falsch faßt man das Leben auf. Was natürlich ist, an dem geht man gleichgültig vorbei, um sich desto stärker von allem Künstlichen, Nachgemachten und vielfach Ungesunden fesseln zu lassen.

Nicht alles ist natürlich negativ. Das ist nur die eine Seite der Dinge, die andere birgt viel Schönes, Großes, Edles und Erhabenes. Doch auch das kann sich dem Auge und dem Ohr – wie überhaupt den Sinnen – nur erschließen durch die Aufmerksamkeit, die aus der Hingabe erwächst. Das ist es gerade, daß sich die Hingabe der Menschen so oft nach der falschen Seite neigt.

Doch weiter zu den Glücksgütern, die uns die Liebe des Schöpfers bereit hält: Wie viele Eltern gibt es, die nicht wissen, welch unendliches Glück ihnen durch ein Kind geschenkt wird. Viel zu wenige sitzen bewußt an einem Kinderbettchen, um das erwachende Leben zu beobachten. Welch ein Glücksgefühl, wenn die Seele des Kindes sich regt, wenn das Kind zu sprechen anfängt, die ersten Laute sich zu Worten formen. Wer aber kann schon sagen: Ich habe immer und immer wieder die Entwicklung meines Kindes verfolgt, habe jede Phase der Entwicklung erlebt, habe mich immer wieder daran beseligt und bin stets von neuem berauscht worden von dem Wunder, das sich da vor meinen Augen abspielte.

Man schimpft über die Kinder, wenn sie in den ersten Lebensmonaten durch ihr Schreien die Nachtruhe stören. Man wird ärgerlich, wenn sie nicht aufhören wollen mit ihrem Lärm. Von dem wirklich großen Glück jedoch, das ein Kind ins Haus bringt, hört man nur gelegentlich sprechen. Wie glücklich und reich ist der Mensch durch seine Kinder. Es gibt doch keinen Schatz der Welt, der größer ist. Es gibt doch kaum etwas, was glücklicher machen könnte. Was bedeuten materielle Güter gegen dieses Kleinod? Welch göttliches Gnadengeschenk ist ein Kinderlachen! Doch man verweilt nicht dabei, weil der Sinn dafür fehlt, weil man gewohnt ist, sein Glück immer nur von materiellen Dingen abhängig zu machen, von irgendwelchen Dingen, die man kaufen kann. Glück ist keine käufliche Ware!

Nun lassen Sie uns weiterdenken an das Glück der gegenseitigen Liebe. Kann jemand überhaupt glücklicher sein, als der, der geliebt wird und wiederlieben darf?

Und doch machen die Menschen von diesem Glücksgut nur geringen Gebrauch. Ich meine hier nicht nur die körperliche Liebe, sondern die herzliche, gegenseitige Zuneigung, das Verständnis füreinander, das Ineinanderaufgehen, das Ineinanderfließen aller Wünsche und des ganzen Wollens und das Bejahen der gleichen Lebenswerte.

Es gibt nichts Beglückenderes, als das Erleben der Gemeinschaft in dieser Hingabe. Sie werden aber verstehen, daß man zu dieser Hingabe nicht kommen kann, wenn zugleich die Scheinwerte der Welt das Innere beeinflussen und beherrschen. Weil wir uns zu sehr auf die Scheinwerte der Welt konzentrieren, sind wir von unseren Nerven abhängig. Werden die Nerven angenehm berührt, fühlen wir uns wohl. Doch darin liegt zugleich die Gefahr, daß wir der Reize der Außenwelt überdrüssig werden und durch sie dann nicht mehr befriedigt werden können.

Wie wunderbar ist es dagegen, wenn man einen Menschen sein eigen nennen kann oder mit einem Menschen zusammenarbeitet, von dem man weiß, daß er treu, ergeben und zuverlässig ist. Ich denke hier an die Frau als Kameradin des Mannes und an den Mann als Schicksalsgefährten der Frau. Ich denke aber auch an zwei Freunde, die einander verstehen, wo der eine sich auf den anderen so verlassen kann wie auf sich selbst, wo der eine vom anderen niemals etwas Falsches zu erwarten hat, wo der eine vom anderen niemals ein Verkennen, eine Unehrlichkeit, etwas Trübes oder gar Gemeines zu befürchten braucht. Was für ein wunderbares Gefühl! Wie arm erscheint uns dagegen der materielle Erfolg eines Rockefeller, von dem wir sagen mußten, daß er trotz seines ungeheuren Reichtums nicht einen einzigen Freund besaß.

Deshalb gehört zum Glück des Lebens auch die Pflege der Freundschaft. Aber Freundschaften hat man nicht, und Freunde findet und hält man nicht, wenn man selbstsüchtig ist. Wahre Freundschaft setzt Hingabe voraus. Es verträgt sich nicht miteinander, daß man auf der einen Seite nur sich selbst liebt und auf der anderen Seite Freunde haben will. Denn, was die Harmonie auslöst, was uns innerlich glücklich sein läßt, ist nichts Stoffliches, sondern eine seelische Strahlung, ein Fluidum der Seele. Wahre Freunde verstehen sich, ohne viel zu fragen, ja, ohne etwas zu sprechen. Sie freuen sich, wenn sie nur zusammensitzen können. Allein schon das Erleben der gemeinsamen Gegenwart läßt die Sonne aufleuchten. Wenn man weiß: Der Freund kommt, der wirkliche, gute Freund, dann verändert sich das Gesicht.

Was kann uns sonst die Welt geben und bieten? Alles andere ist nur Ersatz – und ein unzureichender Ersatz obendrein. Außerdem kostet Freundschaft kein materielles Gut. Wirklich gute Freunde können alle Menschen haben. Etwas anderes wird dafür als Einsatz verlangt: Daß man von dem Reichtum der Seele abgibt; daß man in allem seinen guten Willen zeigt und daß man die Freundschaft nicht belastet mit egoistischen Wünschen und Forderungen. Geben erweist sich auch hier seliger als Nehmen. Allerdings kann das nur der verstehen, der das schon einmal erlebt hat.

Sehen Sie, es gibt so viele Werte, die uns glücklich machen können und die nicht den geringsten materiellen Einsatz voraussetzen. Doch noch weiter: Wenn wir sagen, daß die Vergoldung des Alltags und damit das Glück des Lebens aus Kleinem erwächst, so bezieht sich das auch auf die Vorgänge und Gegenstände des täglichen Lebens, zum Beispiel auf die Zubereitung des Essens. Man kann Tag für

Tag das gemeinsame Mittagsmahl, das Abendessen, das Frühstück und den Nachmittagskaffee zu einer Freude gestalten – allein schon dadurch, daß man sich freut, gemeinsam essen zu können. Wie man den Tisch schmückt zum Essen, welche Tischtücher man verwendet, welches Geschirr, und welche Blumen das gemeinsame Leben verschönern, und wie der ganze Raum ausgestattet ist, in dem man sich dauernd aufhält, das alles ist für die Vergoldung des Alltags entscheidend. Das kann mit geringen Mitteln erreicht werden, doch Weisheit und guter Wille müssen dahinter stehen. Wo Gleichgültigkeit und geistige Trägheit herrschen, ist ein solches positives Leben nicht möglich. Kleinigkeiten sind die Spender dauernder Lebensfreude!

Dann die Zubereitung des Essens: Man kann einen Pudding einfach auf einen Teller stülpen oder aber in einer schönen Form servieren. Man muß dem Auge ebenso wie der Zunge einen Genuß bieten. Wenn man nur den guten Willen hat, dann lassen sich gerade in Kleinigkeiten unzählige Reize entdecken.

Immer wieder sollte man sich auf das gemeinsame Mahl freuen! Selbstverständlich verlangt das von der Hausfrau ein gutes Maß an Lebenskunst. Doch vielmehr noch als Verstandeskraft ist Hingabe dazu nötig. Schon oft habe ich den Aufbau einer klugen Küchenkartei angeregt. Sehr leicht gelingt es damit, schmackhafte und zugleich preiswerte Gerichte auf den Tisch zu bringen und für Abwechslung zu sorgen. Was tötet, ist das ewige Einerlei! Dieses Einerlei macht überhaupt erst den »grauen Alltag« aus.

Hier ein Hinweis auf dieses Zaubermittel praktisch angewandter Lebenskunst: Man besorgt sich ein kleines, viereckiges Kästchen. In dieses Kästchen kommen weiße und farbige Karten hinein, die so groß wie Postkarten sind. Aus allen möglichen Zeitschriften, Kochbüchern und dergleichen, hat man bestimmt im Laufe der Zeit eine Menge Gerichte herausgefunden, die sich wirklich als gut erwiesen haben. Jedes einzelne dieser Gerichte schreibt man auf eine Karteikarte. Jeder Karte gibt man ein Stichwort, das mit der Art der Speise übereinstimmt. Wenn man das eine Weile zielbewußt betreibt, also an dem Aufbau seiner Küchenkartei arbeitet und alles Neue immer wieder dazu schreibt, dann hat man in wenigen Wochen mehrere hundert Karten beisammen. Ja, was meinen Sie wohl, was das für die Küche bedeutet? Das Kochen bekäme dadurch einen ganz anderen Sinn; ganz zu schweigen von der immer leichter werdenden Betreuung der Gesundheit durch ein vernünftiges und ein dem Körper in jeder Richtung bekömmliches Kochen!

Es ist eine Tatsache, daß der Kochtopf der Frau die ganze Familie im Laufe der Jahre krank machen oder aber auch lange gesund erhalten kann. Das wird uns sofort klar, wenn wir wissen, daß Kochen Chemie ist. Es kommt auf die biologisch richtige Auswahl, Zusammensetzung und Zubereitung der Nahrung an.

Die Frau muß sich überhaupt noch einer ganzen Menge anderer Kunstgriffe bedienen, um den Alltag zu vergolden. Viele Männer haben keine Zeit für ihre Frauen. Wenn man es jedoch richtig anstellt, dann hat der Mann wohl Zeit. Man muß den Mann fesseln, ihn richtig behandeln.

Soll man alles beachten, worauf es bei der Ernährung und der Zubereitung der Speisen ankommt, dann muß man natürlich eine ganze Menge wissen. Doch dabei hilft ja die Kartei.

Man muß sie nur so aufbauen, daß sie uns selbständig das erzählt, was für oder gegen ein bestimmtes Gericht spricht. So weiß man zum Beispiel, daß man bestimmte Speisen nicht zusammen servieren darf, weil sie Säuren und dadurch Blähungen erzeugen oder daß eine leichte Verdauung und Verträglichkeit durch eine bestimmte Zubereitungsart erreicht werden kann, usw. usw. Auf alle diese Punkte macht uns die Kartei aufmerksam.

Es liegt doch auf der Hand, daß das Leben viel positiver

wird, wenn wir gerade in der Ernährung vernünftig vorgehen. Wenn wir wissen, daß unser Wohlbefinden davon abhängig ist, so bedeutet es eine Dummheit oder zumindest Nachlässigkeit gegen uns selbst – und gegen andere sogar eine Rücksichtslosigkeit – wenn wir uns in der Ernährung nicht nach den Forderungen der Gesundheit richten.

Ein anderer Punkt, bei dem die Vergoldung des Alltags ebenfalls zu ihrem vollen Recht kommen muß, ist die Kultur der Familienfestlichkeiten. Wenn bei uns jemand Geburtstag hat oder irgendein Ehrentag steht bevor, dann freuen wir uns schon lange Zeit im voraus darauf. Außerdem nutzen wir jede Gelegenheit aus, bei der es irgendetwas zu feiern gibt. Das muß nicht viel kosten, denn, was im Mittelpunkt steht, ist nicht ein übermäßiger Genuß an Braten, Kuchen, Wein usw. sondern das Zusammensein mit Freunden, mit Menschen, die einem nahe stehen.

Immer kommt es auf die Macht der Kleinigkeiten an! Tausend Dinge müßte man anführen, um diese Macht aufzudecken. Aber was nützt das, wenn man keinen Sinn für diese Kleinigkeiten hat, wenn das innere Auge nicht aufgegangen ist für sie, wenn wir versessen sind auf die großen Dinge und nur durch diese glücklich zu werden glauben.

Das ist alles in Ordnung, wenn die Mittel dazu vorhanden sind, wenn man durch seine Tüchtigkeit eine große Leistung erreicht hat. Doch bevor es soweit ist, braucht man doch vor allen Dingen Kraft, um über die vielen Klippen hinweg zu kommen, um den tausend Sorgen des Alltags, die nun einmal der Existenzkampf mit sich bringt, die Spitze abzubrechen; denn sonst machen wir uns kaputt, bevor wir unser Ziel erreicht haben.

Gerade darum muß der Alltag vergoldet werden. Außerdem wissen wir ja nicht – wie ich schon einleitend sagte –, ob wir unsere Fernziele jemals erreichen. Wir laufen doch in jedem Augenblick Gefahr, umzukommen, schon den nächsten Tag nicht mehr zu erleben. Wissen wir, was unser Schicksal mit uns vorhat? Schon mancher ist gestorben, der uns ganz nahe stand, und von dem niemand geglaubt hätte, daß er so früh von uns gehen würde.

Wer kann sagen, wer im nächsten Jahr noch lebt oder in zwei oder drei Jahren? Sang- und klanglos geht man plötzlich weg. Man war einmal. Und sang- und klanglos wird auch das Leben gewesen sein, wenn man nicht verstanden hat, es zur rechten Zeit auszukosten, die Gegenwart zu genießen und wenn man nicht verstanden hat, den Alltag zu vergolden.

Glückliches Leben besteht zuletzt nur darin, daß man die Glück und Zufriedenheit bringenden Augenblicke addiert. Wer recht viel zusammen bekommt, der hatte viel Glück in seinem Leben, wer nur wenig zusammen bekommt, war arm an Glück. Deshalb müssen wir aufgeschlossen sein für die wahren Werte des Lebens und uns beständig bemühen, die uns zur Verfügung stehende Zeit richtig auszunutzen!

Es wurde schon gesagt: Das ist eine Frage der Organisation, die das tragende Element wirklicher Lebensklugheit ist. Wir sprechen von Lebenskunst, von »Kunst«. Lebenskünstlerschaft heißt also: Wie ein Künstler das Leben anfassen, die Zeit organisieren und auch alles übrige.

Man kann kein Künstler sein, wenn man kleinlich und engherzig ist. Dazu ist Großzügigkeit notwendig. Deshalb muß man auch die nebensächlichen Dinge des Lebens von vornherein ausschalten. Es gibt Menschen, die wollen alles haben! Weil sie alles haben, haben sie gar nichts. Daraus ergibt sich ein wichtiger Punkt: Auf alles leicht verzichten zu können, was man nicht umspannen oder umfassen kann, was man beim besten Willen nicht durchzuführen oder einzuhalten vermag.

Nochmals: Wenn drei Festlichkeiten an einem Tag stattfinden, können wir nicht alle drei mitmachen. Wir würden dann keine Möglichkeit haben, auch nur eine einzige richtig auszukosten. Wenn man von den dreien eine Möglichkeit auswählt und darauf seine ganze Aufmerksamkeit sammelt, dann hat man was davon!

So gibt es Menschen, die wollen ihre vielen kleinen Vorteile nicht verlieren. Dadurch sorgen sie sich unentwegt um dieser kleinen Dinge willen, so daß sie, genau gesehen und zusammengerechnet, überhaupt kaum etwas haben. So muß mancher Wunsch aus Gründen der Lebenskunst aufgegeben werden. Auch ist es nicht notwendig, daß wir von morgens bis nachts schwer arbeiten, nur, um materielle Ziele zu erreichen. Ich muß hierbei an einen Millionär denken – es ist keine Fabel, sondern Tatsache! – der sagte: »Ich gönne mir erst dann Ruhe, wenn ich eine volle Million beisammen habe.« Vierzig Jahre seines Lebens arbeitete er wie ein Besessener, um dieses Ziel zu erreichen. Dann war es soweit. Nun hatte er seine Million und wollte sich zur Ruhe setzen. Doch was geschah? Er wurde krank und starb.

7.3 Wie wir unser Leben einrichten können

Wir sollen ein Tatenleben führen! Wir sollen alle Kräfte einspannen, um einen recht hohen Ertrag aus unserem Leben herauszuwirtschaften, doch wir sollen nichts wünschen und anstreben, was unerreichbar ist. Wir müssen lernen, mit dem zufrieden zu sein, was sich aus unseren Möglichkeiten ergibt.

Das ist für jeden von uns von großer Bedeutung und besonders auch für den alternden Menschen. Wenn man einmal sechzig Jahre alt geworden ist, dann muß man zusehen lernen, dann muß man die Wünsche, die man in der Jugend gehabt hat, endlich aufstecken. Das ist nun einmal so. Es ist vollkommen zwecklos, sich darüber zu ärgern. An geschehenen Tatsachen ist nichts zu ändern. Es gibt nur eines: Immer wieder an seine grauen Haare denken. Hier heißt es umschalten! Jetzt muß man mit den Dingen glücklich sein, die noch erreichbar sind. Haben wir den Blick dafür, dann zeigt sich uns bald, daß wir mit der Jugend eigentlich gar nichts verloren haben. Wir sind nur in ein neues Stadium unseres Reifeprozesses eingetreten, wo andere Gesetze regieren und andere Wünsche erfüllbar werden als in den vorangegangenen Abschnitten unseres Lebens. Was wir früher vergeblich angestrebt haben, das fällt uns nun als reife Frucht in den Schoß.

In jungen Jahren stürmte in uns die Natur mit ihren Trieben. Davon wurde die Aufmerksamkeit gebannt, das Herz und alles Denken gelenkt. Nun ist diese Zeit vorbei. Der Wein ist ausgegoren. Klarheit des Geistes und Tiefe der Seele, seelisches und geistiges Erfassen der Welt kommen über uns. Erst der alternde, vom Sinnenreiz erlöste und befreite Mensch kommt völlig in den Besitz der idealen Dinge des Lebens. Das ist keine trübselige und traurige Zeit – diese Zeit der Reife –, sondern sie ist genauso golden wie die der Jugend. Wenn wir richtig leben, werden wir nie ärmer, sondern nur reicher. Immer wieder müssen wir sagen, daß wir zur glücklichen Führung unseres Lebens eine philosophische Betrachtung der Dinge brauchen. Man muß lernen, alle Dinge richtig anzuschauen. Unsere Augen sind es, die den Alltag vergolden. In unserem Blick für die richtigen Dinge, ruht ein großes Geheimnis der Lebenskunst.

Wir müssen werden wie die Sonne, die sich überall spiegelt, selbst im kleinsten Tümpel, und die allem etwas gibt von ihrer Strahlkraft, von ihrem Gold. Die Dinge vergolden, heißt: Nicht nur das Schwarze, Häßliche, Negative sehen, sondern immer auch die andere Seite, das ebenso vorhandene Gute und Positive. Diese philosophische Haltung, die auch nicht überstürzt urteilt, sondern überall durch Weisheit zu wirken versucht, überkommt den Menschen nur selten in jüngeren Jahren. Hierzu ist Reife – die innere Reife – unerläßlich.

Gerade dadurch, daß wir aus dieser Aufgeschlossenheit für alle wahren Werte selbst das Unscheinbare in goldenem Licht sehen, erwächst uns das große Glück im Alter. Allerdings wird man diese Verbindung mit sich selbst, mit seiner Seele, mit dem höheren Wesen im eigenen Inneren, das in dieser Reife lebt, nicht gewinnen, wenn nicht noch etwas anderes außer Lebensklugheit der Grund zu dieser Haltung ist: Der Glaube an etwas Höheres, an etwas Göttliches, an etwas, das über alles Materielle erhaben ist. Hierauf muß sich unser Hoffen, unser Wollen, unser ganzes Dasein stützen und gründen. Das muß der entscheidende Grund sein, der unsere Einstellung, unser ganzes Denken und Empfinden lenkt und leitet. Allein dann sind wir standhaft, wenn eine Krankheit kommt und alle Schönheit des Leibes schwindet. Allein dann bleiben wir fest, wenn wir durch einen schweren Schicksalsschlag auf die Knie gezwungen werden.

Nichts bleibt so, wie es heute ist! Alles geht vorbei, alles geht vorüber, und wir selber gehen mit! Gründen wir unser Glück also allein auf das Leben, wie es im Augenblick ist, dann geht dieses Glück sofort in Scherben, wenn diese Welt zusammenbricht. Geht man jedoch von vornherein nicht von der körperlichen, sondern von der seelischen Welt und ihren Werten aus, dann kann uns überhaupt nichts geschehen, dann bleiben wir auch dann glücklich, wenn alle äußeren Umstände sich ändern.

Wie wunderbar ist es, sich der eigenen Seele bewußt zu sein! Glauben Sie nur nicht, daß man dieses Bewußtsein so einfach haben kann. Die meisten Menschen haben es nämlich nicht! Aber stellen Sie sich einmal vor: Alle wüßten ganz genau, daß sie eine Seele haben. Wie wunderbar wäre das!

Wie erhaben kann man dann gegen alle Anfechtungen

sein, die aus dem körperlichen Dasein kommen. Das ist keine überstiegene, religiöse Haltung, sondern das ist das Wissen um wirkliches Menschsein. Oder kann man ernsthaft glauben, daß der Mensch nur aus dem besteht, was er rein körperlich fühlt und erlebt? Wir wissen nicht, was im letzten Sinn unsere Seele ist.

Das Mysterium der Schöpfung, das ewige Werden und Vergehen, wird immer ein Mysterium bleiben, auch wenn wir verstandesmäßig in letzte Tiefen steigen. Trotzdem bejahen wir aber das Unvergängliche, weil wir es erfassen, weil wir es fühlen und weil sonst weder die Schöpfung noch das Dasein einen wirklichen Sinn hätten; und nicht zuletzt, weil das Wunder des Lebens nicht aus dem Zufall, sondern allein aus dem Walten eines Schöpfers erklärbar ist.

Es gibt keinen Beweis dafür, daß der Materialist im Recht ist, wenn er behauptet, daß alles Lebendige auf Erden nur zufällige Mischungen von Gasen und Stoffen sei. Kein ernsthafter Wissenschaftler glaubt an dieses Hirngespinst des Verstandes. Nicht, weil er es nicht will, sondern, weil er es um der Wahrheit willen nicht kann.

Darum gibt es auch keine Materialisten aus Einsicht, sondern nur solche aus mangelndem Wissen, mangelnder Gründlichkeit und aus einer daraus entstehenden negativen Selbstbeeinflussung. Wer anderer Meinung ist, den mag die Tatsache belehren, daß die größten lebenden Physiker und Naturforscher – darunter mehrere Nobelpreisträger – tief religiöse Menschen sind.

Doch nicht nur für uns selbst ist die Bejahung der Seele so bedeutsam, sondern auch für unsere Einstellung zu unseren Mitmenschen, zu unserer Umwelt. Wir behandeln uns gegenseitig ganz anders, wenn wir wissen, daß wir Seelenwesen sind und daß es auf äußere Dinge erst in zweiter Linie ankommt. Wir sind dann nicht mehr so eingebildet auf den äußeren Menschen und sind darüber erhaben, wenn man diesem einmal etwas zufügt. Viele sind überempfindlich, alles nehmen sie übel, selbst Scherze führen zu Disharmonien. Kann das auch sein, wenn wir uns als seelisches Geschöpf empfinden? Wenn wir das Bewußtsein haben, im Grunde unseres Wesens Werte zu besitzen, die ewig sind? Diese überempfindlichen, übelnehmenden, leicht gereizten und beleidigten Mitmenschen wissen nichts von der eigenen Tiefe. Nur der unbedeutende Alltagsmensch, den sie durch ihr Schulwissen, ihre Erziehung, ihren Beruf und ihre Gewohnheiten darstellen, steht im Vordergrund aller Betrachtungen. Aber das ist ja gar nicht der eigentliche Mensch, das ist nur ein kleiner Ausschnitt von uns selbst, von dem Wesen, das wir Seele nennen. Solche Menschen haben blinde Seelen, sind seelische Kinder. Und allein, weil ihre Seele ganz oder zur Hälfte blind ist, haben sie auch kein richtiges Selbstbewußtsein. Was man als »Selbst« bezeichnet, ist der gespiegelte Mensch, der sich ergibt aus den Einflüssen der bisher durchlaufenen Zeit.

Hat das bisherige Leben nicht dazu geführt, daß in uns Licht wurde, dann sind wir voller Kurzsichtigkeit und Voreingenommenheit. Unangenehme Dinge und Situationen nehmen wir nur widerwillig in Kauf und sind mit so vielem unzufrieden. Und da das Leben auf Erden keine Vollkommenheit zu geben vermag, wird man auch nicht glücklich.

Wir sprachen davon, daß man nicht von den großen Dingen das Glück erwarten darf, sondern sich einstellen muß auf erreichbare kleine Dinge. Die ergänzende Lehre hierzu lautet: Man muß grundsätzlich und von vornherein auch mit unangenehmen Dingen rechnen. Es wird immer Enttäuschungen geben. Es kommt oft anders, als man es vorher gedacht hat. Doch wenn man schon vorher damit rechnet, dann ist das alles nicht weltbewegend, nicht aufregend.

Das ist die Kunst kluger Einstellung, daß man Nachteiliges nicht bedeutender ansieht als die Vorteile. Ja, daß man über sie als etwas Selbstverständliches hinwegsieht und sich darum an ihnen auch nicht reibt. Auch unangenehme Situationen kann man oft noch vergolden, genauso, wie es die Sonne mit den vielen Dreckpfützen auf Erden macht.

Eines Tages brach sich einer meiner Bekannten ein Bein. Ich besuchte ihn und fragte, wie es ihm gehe. Mit lächelndem Gesicht erklärte er mir: »Ach, mir geht es gut, machen Sie sich keine Sorgen. Ich hätte mir ja beide Beine brechen können. Jetzt bin ich froh und glücklich darüber, daß ich nur das eine auszuheilen brauche.« Natürlich, alles kann ja noch viel schlimmer kommen, als wir es manchmal erleben. Ist es nicht so, daß wir oft über Dinge jammern und klagen, die durchaus erträglich sind und wieder vorübergehen, während viele tausend Menschen in der Welt schlimmstes Leid und Qualen ertragen müssen?

Es kommt aus dem Innern, wie man denkt; und Menschen, die immer nur das Negative sehen, stets ein »Haar in der Suppe« finden, leben schließlich sich selber zur Last. Auf das Heute kommt es an, auf das Jetzt, auf den Augenblick! Die Gegenwart muß man genießen. Das ist aber nur möglich, wenn wir sie mit all unseren Sinnen erfassen und jedes noch so geringe Schöne daran. Und wenn wir nichts Schönes finden, dann machen wir sie uns schön durch die Kraft unserer Phantasie, durch die Macht unseres Denkens.

Die Hauptsache ist und bleibt jedoch immer, daß der Mensch sich nicht selber zum Feind wird. Lassen wir es deshalb einmal auf einen Versuch ankommen und schalten alle kleinlichen, negativen, egoistischen und kurzsichtigen Gefühle aus. Versuchen wir, jede Nörgelei und überhaupt alles Negative zu unterlassen. Ich sage Ihnen, das ganze Leben verändert sich mit einem Schlag!

Es gibt unendlich viele Lebensweisheiten, die sich hier eingliedern ließen. Zum Beispiel: »Verlange von keinem Menschen etwas, was Du nicht von Dir selber verlangen kannst.«

Stellen Sie sich einmal vor, wie das Leben sein würde, wenn wir nur strikt diesen einen Grundsatz beachteten: Ein Mann verlangt z.B. von seiner Frau, daß sie lieb ist, er selbst aber ist unausstehlich. Er denkt gar nicht daran, entgegenkommend zu sein. Von seiner Frau verlangt er es aber. Wie ändert sich jedoch plötzlich alles für diesen Mann durch die Beachtung dieses Grundsatzes. Natürlich muß er zunächst einmal verzichten lernen. Aber das Verzichten ist gar nicht schwer, wenn man sein Leben in dieser philosophischen Haltung führt.

Eine andere Lebensweisheit lautet z.B.: »Wir müssen immer diejenigen sein, die zuerst Sympathie ausstrahlen, bevor wir Sympathie erwarten dürfen.« Wir müssen also stets die Ursachen schaffen für das, was eintreten soll!

Wir sagten: Man muß nicht alles haben wollen, man muß auch verzichten können. Darum gehört zur Lebenskunst auch die »Kunst weiser Beschränkung«, und die gilt nicht nur für das Alter. Das Sprichwort »In der Beschränkung zeigt sich der Meister«, stimmt sicherlich. Zum einen sagt es, daß man mit Wenigem klug auszukommen vermag und viel daraus zu machen versteht, und zum anderen, daß man sich weise beschränkt, selbst, wenn noch so viele Möglichkeiten der Lebensfreude und des Lebensgenusses greifbar sind. Hat man z.B. einen kranken Magen und weiß, daß der Verdauungsapparat bestimmte Speisen nicht vertragen kann, dann ist es töricht, diese Speisen zu essen, nur, weil sie uns zur Verfügung stehen. »Bedenke das Ende!« Der Gaumenkitzel mag noch so reizvoll sein, aber auf das, was dann kommt, darauf kommt es an! Es ist also weise abzuwägen, ob irgend etwas unter Berücksichtigung der Wirkungen sich auszahlt, ob es sich lohnt.

Grundsätzlich heißt das, daß man neben der erregenden, anregenden und ökonomischen Seite auch die biologische Seite eines Lebensgenusses beachten muß. Man muß also immer wissen, welche Folgen sich ergeben können.

Aber auch noch etwas anderes ist wichtig: Man muß sich in einer solch guten Verfassung befinden, daß man von einer Sache auch wirklich etwas hat! Eine anregende Unterhaltung z.B. wird hinfällig, wenn wir dabei einschlafen, wenn wir durch mangelnde Frische ihr nicht folgen können. Wenn wir das wissen, bleiben wir in solchen Fällen zu Hause und schlafen uns aus. Also muß man auch für den Lebensgenuß bzw. für das Genießen von geselligen Stunden usw. ganz bewußt die Grundlagen schaffen!

Auf einen leeren Magen trinkt man keinen schweren Wein. Er schmeckt aber und bekommt doppelt gut, wenn man vorher etwas gegessen hat. Auch schläft man sich erst gründlich aus und macht sich frisch, bevor man ein Fest mitmacht. Nur bei Erfüllung dieser Bedingungen wird ein Genuß nicht zu einer Strapaze, und der Körper befindet sich in dem Zustand, um wirklich genießen zu können. Viel besser ist es außerdem, wenn man aus wenigem viel macht, indem man sorgfältig alles zum vollkommenen Genuß vorbereitet. Es entstehen dann wirkliche Höhepunkte der Lebensfreude, während im anderen Fall eine Überreizung eintritt. Man wird apathisch, will nichts mehr wissen, weil man trotz der vielen Abwechslungen keine Erholung hat. Lebenskunst verlangt Überlegung. Alles muß außerdem aus einer großen inneren Ruhe kommen.

Das könnte alles selbstverständlich sein, wenn man in dem richtigen Bewußtsein für den Ablauf seiner eigenen Zeit leben würde.

Jeder Tag, den wir ohne ein positives Resultat verleben, geht ungenutzt vorüber, wird freudlos gestrichen von der uns noch verbleibenden Lebenszeit.

Wie positiv ist es dagegen, wenn wir immer wieder von neuem feststellen können, daß die kostbare Zeit des Daseins immer wertvoller, immer inhaltsreicher verläuft. Wenn die Zeit auch vergeht, wenn sie uns auch mit jedem Tag dem irdischen Ausklang näherbringt, so soll sie doch nicht von uns entlassen werden, ohne uns im gleichen Maß glücklicher und innerlich zufriedener gemacht zu haben. Aber warum hat man eigentlich nicht das richtige Bewußtsein für den Ablauf der eigenen Lebenszeit? Weil man gedankenlos in den Tag hineinlebt, weil in uns nicht der Begriff dieses Ablaufes steckt und wirksam ist! Wir müßten andauernd mit der Nase auf jeden ablaufenden Tag, ja, auf jede ablaufende Stunde gedrückt werden. Das würde nur gut sein für uns.

Ich habe wiederholt davon gesprochen, daß wir viele Fehler völlig unbewußt machen. Wir handeln falsch, weil wir einfach nicht darauf kommen, daß wir falsch handeln! Auch hier ist mangelndes Bewußtsein die alleinige Ursache. Damit wir während des ganzen Tages positiv sind, sollten wir uns durch markante Merksprüche fortdauernd dazu auffordern lassen! Solche Merksprüche wie: »Sei positiv, damit kommst du am weitesten!« oder »Immer nur positiv, ganz positiv!« oder: »Wer positiv ist, hat mehr vom Leben« sind starke Helfer zu bewußter Lebensführung.

Viele Vergnügungen der Menschen sind überhaupt keine Vergnügungen. Bestenfalls töten sie die Langeweile. Darum sagen auch so viele Menschen, daß man doch irgend etwas machen müsse, um die Zeit totzuschlagen. Wir sind in diese schöne Welt nicht hineingeboren, um nur unsere Zeit abzusitzen. Die Zeit ist ein Geschenk Gottes und uns gegeben, daraus wirkliches Menschsein und wirkliches Leben, daß heißt: Lebendigsein und Tätigsein erstehen zu lassen.

Wir müssen also darüber nachdenken, was unsere Zeit vorübergehen läßt, und wir müssen allem, was nicht unseren Werken, unserem Menschsein und der Lebensfreude dient, kategorisch den Rücken kehren.

Auch der einfachste Mensch muß sich so verhalten, als wäre er eine wertvolle Persönlichkeit, weil er es ist. Daraus ergibt sich von selber, daß wir abrücken müssen von allem, was einem wertvollen Leben und einer glückhaften Führung des Lebens nicht dient.

Weil man nicht weiß, was man mit seiner Zeit anfangen soll, weil man sie totschlagen muß, liest man z.B. Schmöker, redet über seine Mitmenschen und kümmert sich um fremde Angelegenheiten. Auch mit sich selber hält man es nicht aus. Man kann nicht mit sich allein sein, obwohl gerade das Alleinsein und das stille Versinken in die Tiefe des eigenen Wesens zur wertvollsten Ausnützung der Zeit gehört. Stattdessen spielt man Nächte hindurch Skat, verschwendet Hunderte von Stunden, um Patiencen zu legen, Bridge zu spielen oder einer anderen geisttötenden »Abwechslung« nachzulaufen. Wir müssen »neue Werte auf neue Tafeln schreiben!« Anstatt Ausflüge zu machen in die Bezirke oberflächlicher Zeitausfüllung sollten wir Entdeckungsreisen machen zu den Goldadern im eigenen Wesen. Es ist nicht schwer, Wege zu sich selbst zu finden. Viele gute Führer stehen uns durch die Werke der Literatur zur Verfügung. Und dann heißt es: Schöpferisch zu arbeiten, aufbauend zu arbeiten, konstruktiv zu denken.

Haben Sie schon einmal ernstlich versucht, in Ihren freien Stunden so zu handeln? Wie sieht es aus in Ihrem privaten Leben? Was steht da im Mittelpunkt als mächtige Idee, die Sie verfolgen? Was elektrisiert und begeistert Sie da? Wie heißt das Steckenpferd, die schöpferische, private Tätigkeit, mit der Sie sich beschäftigen?

Wer eine oberflächliche Unterhaltung braucht, um seine Zeit zu verbringen, der beweist, daß er sich selbst noch gar nicht entdeckt hat. Da aber beginnt das Menschsein erst, wenn man anfängt, schöpferisch zu denken und dem Genius der eigenen Tiefe zum Erwachen, zur Auswirkung verhilft. Um wieviel herrlicher wird das Leben, wenn man erst zu sich selbst gefunden hat, wenn man erwacht ist zu eigener, schöpferischer Gedankentätigkeit. Dann gibt es keine Langeweile mehr.

Wie wenig beschäftigt sich der Mensch mit sich selbst. Die Menschen seien »Egoisten«, sagt man. Was der Mensch aber durch materielle Selbstsucht erreicht, ist in Wahrheit Verrat am eigenen Ich, ist Verirrung des Geistes. Und darum ist auch der Name »Egoismus« eigentlich nur bedingt richtig. Wahrer Egoismus ist eine »Selbstsucht höherer Art«. Die aber äußert sich nicht im Raffen für die Sinne, für Einbildungen, für die Scheinwerte, die in einem Strebergehirn wühlen, sondern darin, daß man den Kern seines Wesens liebt. Das aber ist zugleich Liebe zu Gott.

Wahrhaftige Liebe zum eigenen Ich ist die Liebe zur Tiefe im eigenen Wesen, die aber nicht aufhört an den Grenzen des körperlichen Daseins. Sondern sie fängt da eigentlich erst an; weshalb auch gerade diese Liebe zum Nächsten und zur Seele des Nächsten führt.

Es kommt darauf an, wie groß oder wie klein man seinen inneren Wesenskern auffaßt; ob man fühlen kann, daß alles, was in einem selbst ruht, was das Herz zum Schlagen bringt, das Blut durch die Adern rinnen läßt, einem zufließt aus dem Wesen der anderen, aus dem Wesen der Familie, des Volkes, der ganzen Menschheit. Was ist man eigentlich selbst, und was ist an einem selbst aus eigener Kraft? Was uns Mensch sein läßt, äußert sich stets im Ganzen. Aber wir sind nicht nur fleischlich gesehen ein Glied des Ganzen, sondern auch als seelisches und geistiges Geschöpf. Doch, wer nie über sich nachdenkt, wer meint, das Leben und die Welt bestehe nur aus dem, was er vor Augen hat, der kommt nicht auf solche Gedanken, der denkt nicht so tief, der steigt nicht hinab in die Urgründe seines Daseins, und der kann dann auch nicht teilhaben an dem hohen Glück, das aus diesem Erkennen erwächst.

Wir werden umso länger leben, je lebendiger wir bis ins hohe Alter in unserer Seele und unserem Geist bleiben! Wer nur ein halbes Leben führt und nicht daran denkt, die aufbauenden Kräfte des Daseins mit der ganzen Glut seines

Herzens zu bejahen, der nährt den Keim des Verfalls, ohne es zu wissen.

Bevor wir dieses Kapitel praktischer Lebenskunst abschließen, wollen wir uns noch einmal unserem vertrautesten Lebenskreis zuwenden – unserer Familie – und im besonderen der Lebensgemeinschaft von Mann und Frau.

Wer sich nicht vollkommen und eindeutig zur Seele eines anderen bekennt, und wer ohne Rücksicht auf den Charakter und die Wesensart allein dem Äußeren nachläuft und von diesem seine Sympathien und Antipathien abhängig macht, der ist kein wahrer Mensch.

Deshalb müssen wir uns selbst immer wieder den guten Rat geben, uns nicht als Fleischklumpen, sondern als seelisches Geschöpf zu fühlen, als wirkliche Menschen.

Wenn uns jemand in den Arm kneift, dann empfinden wir Schmerz, es tut uns weh. Aber auch die Seele kann genauso fühlen, genauso empfinden, wenn ihr weh getan wird. Das ist der Fall, wenn wir einen Menschen nicht richtig behandeln oder uns ihm gegenüber ablehnend verhalten, nur weil er uns äußerlich – also körperlich – nicht gefällt.

Das kommt einer regelrechten Mißhandlung gleich, wenn wir so grausam und gemein sind. Wie viele Männer gibt es, die ihre Frauen quälen, nur weil sie ihnen nicht so zu Willen sind, wie die Männer es möchten.

Ich habe schon mehrfach darüber gesprochen, wie die gegenseitige Einstellung von Mann und Frau sein muß, um gerade in der Ehe – und damit auch in der Familie – den Alltag zu vergolden. Der Frau kommt dabei eine größere Aufgabe zu als dem Mann, weil sich der Mann durch die berufliche Beanspruchung nicht so sehr mit den ganz persönlichen und kleinen Fragen beschäftigen kann wie die Frau, die, wenn sie nicht ebenfalls berufstätig ist, die beste Gelegenheit hat, gerade die Kleinigkeiten zu organisieren, die das Dasein zur Freude werden lassen. Wie unendlich glücklich ist der Mann, wenn er eine Frau hat, die für diese entscheidenden Dinge das richtige Verständnis aufbringt. Sie wird wie ein Wunder im Leben des Mannes, wenn sie es versteht, mit dem ihr eigenen Gefühl für alles Seelische die Fäden des Glücks bewußt zu spinnen. Sie erweist sich damit als Wegbereiterin für ein frohes Dasein. Dadurch wird dann nicht nur im Mann eine große Liebe zu ihr erwachen, sondern es wird auch in seinem ganzen Wesen, in seiner Haltung dem Leben gegenüber und im Kampf um die gemeinsame Existenz ein Wandel zum Besten eintreten. Allein dadurch wird die Frau dem Mann zur Kameradin, die er sich ersehnte und zum großen Glück, das er sich für seine Ehe erträumte.

Aber vielen Frauen ist das nicht möglich, wenn sie nicht durch ein wenig Philosophie eine kluge Einstellung zum Leben gewinnen. Es ist eine bedauerliche Feststellung, daß die Mehrzahl der Ehen nicht sehr glücklich ist. Gewiß, es gibt auch materielle Gründe, die Unzufriedenheit hervorrufen; zur Hauptsache sind es aber doch rein charakterliche Unstimmigkeiten, die das wirkliche Einssein verhindern. Wieviel Kummer und wie viele Streitigkeiten werden nicht allein hervorgerufen durch dauerndes Rechthabenwollen. Man hat immer Angst, daß die eigene Persönlichkeit unterdrückt werden könnte, obwohl diese Einstellung in der Ehe gar nicht zur Diskussion stehen darf. Wenn man nicht bereit ist zur gegenseitigen Ergebenheit, dann braucht man gar nicht zu heiraten, denn die Ehe bedeutet das Zurückstellen des eigenen Wollens, um einem neuen, vollkommeneren Willen Platz zu machen: dem Willen der Liebe! Das heißt nun aber nicht, daß der Mann in seinen Angelegenheiten nicht tonangebend sein soll, und auch die Frau in ihrem Aufgabenbereich nicht maßgebend und entscheidend sein kann. Doch das gegenseitige Auf-das-Recht-Pochen muß aufhören! Beide müssen sich der Liebe und der Logik fügen. Das sind die Herren der Ehe, nicht aber die Rechthaberei des einen oder des anderen. Die Quelle des ehelichen Zwistes ist fast immer nur die Selbstsucht. Viel mehr als bisher müssen wir den anderen versuchen, zu verstehen. Und wenn der andere ein wenig eigenartig ist, dann dürfen wir ihm nicht seine Eigenart mit Gewalt austreiben wollen. Gerade hier sind die Erkenntnisse nützlich, die wir von der seelisch-geistigen Struktur gewonnen haben.

Wenn man verheiratet ist, muß man es als eine Selbstverständlichkeit ansehen, für den anderen da zu sein. Wenn man zu diesem Einsatz nicht bereit ist, taugt man nicht für eine Ehe. Nur, wenn man zu dieser Hingabe fähig ist, kann man zugleich Verständnis von der Gegenseite erwarten.

Etwas leisten zu können, setzt immer die Freude der Seele voraus. Die Seele ist ein Geschöpf der Harmonie, der Liebe. Man muß ihr den Resonanzboden verschaffen, damit sie wirken kann. Weil viele Frauen diese Bedingungen nicht erfüllen, sind sie der Totengräber der Schaffenskraft des Mannes. Ebenso sind viele Männer, die ihre Frauen nicht verstehen, die Totengräber der Liebe.

Diese bedauerlichen Wirkungen sind hauptsächlich zurückzuführen auf die herrschende Unwissenheit. Unendliches Leid ließe sich vermeiden, das aus unglücklichen Ehen erwächst, würde man für die Gesetze des Seelenlebens das richtige Verständnis haben. So manche Frau, die sich in diese Gedankengänge vertieft, kann neu hoffen, denn jetzt ahnt sie zumindest den Weg, den sie einschlagen muß, um das verlorengegangene Glück der Ehe wieder zurückzuerobern. Natürlich geht das nicht von heute auf morgen. Die eingetretene Spaltung ist oft so tief, daß viele Wochen oder Monate zielbewußt in diesem Sinn gearbeitet werden muß. Aber es lohnt sich, denn nicht nur für die nächste Zeit, sondern für das ganze zukünftige Leben und vor allem für das kommende Alter muß vorgesorgt werden.

Man soll immer an einen Erfolg glauben, wenn man richtig handelt, und in diesem Glauben muß man vorgehen!

In der Regel ist es so, daß wir gegenseitig – und gerade, wenn wir verheiratet sind – viel zu anspruchsvoll sind. Obwohl wir eins sein sollten, sind wir mehr entgegengesetzter Meinung als zwei fremde Menschen. Wenn ein Fremder zu uns kommt, z. B. eine fremde Frau, handeln wir taktvoll. Wir sagen: »Guten Tag!« »Bitte, nehmen Sie Platz.« »Wie geht es Ihnen?« »Bitte, essen Sie doch.« »Greifen Sie doch zu!« Dann klagt uns diese fremde Frau ihr Leid, und wir sagen: »Ach, Sie müssen das nicht so tragisch nehmen; das ist doch alles nicht so schlimm.« »Schauen Sie, die Sonne scheint überall.« »Draußen wachsen die Blumen und leuchten uns entgegen.« »Das Leben ist so schön und voller Freude!«

Wir sind bereit, uns mit dieser fremden Frau in liebenswürdigster, positiver Weise zu unterhalten und mit ihr freundliche Gedanken auszutauschen. Aber unsere eigene Frau, die fahren wir an und behandeln sie oft grob! Ist es ein Wunder, wenn sich dann die Ehefrau innerlich sagt: »Schau mal, zu der ist er so freundlich – und zu mir, seiner Frau, die ich ihm alles entgegenbringe, mein Herz und mein ganzes Leben, ist er ganz anders.« Ist es ein Wunder, wenn eine Frau dann bitter wird, wenn Sie keine Lust mehr hat zum arbeiten, sich vernachlässigt und nicht mehr so liebreizend ist wie in der Verlobungszeit? Nein, es ist kein Wunder! Aber umgekehrt ist es genauso, wenn z. B. ein Bekannter des Mannes ins Haus kommt. Was sagt die unkluge Frau dann zu ihrem Mann: »Das ist aber ein feiner Mensch.« »Wie nett und gepflegt sieht der immer aus.« »Wie gut versteht er es, sich zu unterhalten.« »Und Du, Du denkst gar nicht daran, freundlich zu mir zu sein!«

So entwickeln sich Spannungen auf beiden Seiten, nur weil man das Eigene nicht schätzt, nicht genügend achtet oder im verkehrten Licht sieht. Wenn man das alles weiß, kann man jeder Frau auch sagen: »Nur nicht nervös werden, wenn der Mann wirklich einmal einer anderen Frau nachsieht!« Stattdessen muß man sich selber kritisch beurteilen, ehrlich prüfen, ob man auch wirklich alle Voraussetzungen zum Glücklichsein erfüllt. Die Vernunft muß zur Herrschaft kommen, das Leben von einer höheren Warte aus betrachtet werden. Man muß sich frei machen von Illusionen. Man muß das Leben sehen, wie es wirklich ist und immer wieder die echten Werte des Daseins zu schätzen wissen.

Wir kommen nun zum Ende.

So sieht der positive Mensch das Leben an. Das ist die philosophische Warte, auf der er steht. Allerdings, so richtig frei und froh werden wir erst, wenn wir nicht aus dem Verstand, sondern aus dem Herzen heraus die positive, philosophische Haltung entwickeln.

In der fortdauernden Abwechslung, im ständigen Schwingen von Auf und Nieder zeigt sich das Leben. Wie würde die Welt wohl aussehen für uns, wenn es nirgends Berge, sondern überall nur Flachland gäbe? Die Welt würde nicht schöner, wenn es immer nur Sonnenschein und ausschließlich nur Sonnenschein gäbe.

Abwechslung und Gegensatz müssen sein. Sie erzeugen die Schwingung, sie bringen den Rhythmus. Wie aber die Abwechslung verläuft, wie sich der Gegensatz zwischen Berg und Tal gestaltet, das ist entscheidend dafür, ob wir unser Leben positiv leben oder nicht. Versuchen Sie es, es lohnt sich!

7.4   Zusammenfassung

Ihre Lebensführung kann nur wirklich positiv sein, wenn auch der gegenwärtige Zeitabschnitt lebenswert gemacht wird. Sie müssen Zeit haben, um glücklich zu sein. Jeder Tag hat einen Höhepunkt – Sie müssen ihn sehen. Sie dürfen sich nicht blenden lassen durch Scheinwerte. Sie müssen ein Mensch der Tat werden, frei von Angst, Furcht und anderen negativen Empfindungen. Sie müssen ein Philosoph werden, frei von Ärger, der ja nie, aber auch nie etwas bringt. Ärger ist nur Unbeherrschtheit. Sie müssen Ihre eigenen Schwächen erkennen und sie abstellen oder tolerieren und nicht die Fehler bei anderen suchen.

Glück ist ein Zustand des Denkens und ist auch unter bescheidensten Verhältnissen möglich. Sie dürfen es nur nicht von äußeren Dingen abhängig machen. Glück ist immer da, es wartet nur darauf, von Ihnen entdeckt zu werden. Die meisten Dinge, die glücklich machen, sind nicht zu kaufen. Sie müssen lernen, mit dem zufrieden zu sein, was sich aus Ihren Möglichkeiten ergibt. Wer richtig lebt, wird nie ärmer, sondern immer reicher.

Wir machen viele Fehler, weil wir nicht wissen, daß wir falsch handeln. Hiervor können uns Autosuggestion und Fremdsuggestion bewahren.

Auch der einfache Mensch ist eine wertvolle Persönlichkeit und muß sich so verhalten. Man soll immer an einen Erfolg glauben, wenn man richtig handelt, und in diesem Glauben muß man vorgehen.

Richtig frei und froh werden wir erst, wenn wir nicht aus dem Verstand, sondern aus dem Herzen heraus unsere positive Haltung entwickeln.

Inhalt

Schellbach GmbH
Institut für positive Lebensführung

Seminare zur Persönlichkeitsentfaltung nach tiefen-psychologischen Erkenntnissen von Oscar Schellbach

Intensiv-Kursus »Glücklicher leben«

Senioren-Seminar »Glückliches Altern«

Intensiv-Training von Körper und Geist
»Bewußter leben«

Seminar für Unternehmer und Führungskräfte »Erfolg und Zufriedenheit im Leben und im Beruf«

Jugend- und Sport-Seminar »Positives Denken«

Kunst der Entspannung und Konzentration

Mentales Training

Die Praxis der geistigen Arbeit
»Bewußte Lebensführung«

Rhetorik-Intensiv-Seminar

Positive Menschenführung

Leitung der Seminare: Dr. Harald Scheerer, Prof.
Dr. Alfred Stelter, Baldur Preiml, Hans J. Schellbach,
Robert Strausberg, Dr. Fritz Geiger

Informationsmaterial und Probeheft der Monatszeitschrift KONTAKT durch das Sekretariat der

Schellbach GmbH, Institut für positive Lebensführung, Postfach 907, 7570 Baden-Baden;
Telefon 07221/24004

Schellbach GmbH
Institut für positive Lebensführung

Hermann Bauer Verlag · Freiburg im Breisgau

Oscar Schellbach

MEIN ERFOLGSSYSTEM

– Das positive Leben in Theorie und Praxis –

Jubiläumsausgabe: 25. Auflage, 481 Seiten, gebunden

Dieses Erfolgsbuch von Oscar Schellbach ist eine Unterweisung in der Kunst, das Leben so zu leben und einzurichten, daß ein Höchstmaß an seelischer Kraft und Freiheit, körperlicher und geistiger Gesundheit und Schaffenskraft, persönlichem Einfluß und Wohlergehen möglich wird.
Der Verfasser erarbeitete das Werk aufgrund vierzigjähriger Erfahrung bei der Unterweisung von zehntausenden von Lehrgangsteilnehmern aus allen Bevölkerungskreisen auf allen Gebieten positiver Lebensertüchtigung. Die Zahl derer, die von MEIN ERFOLGSSYSTEM in aller Welt profitieren, geht in die Hunderttausende. Darunter befinden sich die Namen vieler großer Persönlichkeiten.
Auch Sie können Ihr »altes Ich« über Bord werfen und »ein neuer Mensch« werden. Auch Sie können sich von negativen Verhaltensweisen befreien, die Ihnen das Leben vergällen. Auch Sie können Ihre Persönlichkeit entfalten und Ihre selbstgesteckten Ziele in kurzer Zeit erreichen. Auch Sie können Ihre Probleme gesundheitlicher, gesellschaftlicher, sexueller und beruflicher Art lösen und Glück finden. Auch Ihnen wird MEIN ERFOLGSSYSTEM dabei helfen – wie Hunderttausenden vor Ihnen! Hier öffnet sich Ihnen das Tor zu ungeahnten Möglichkeiten. Gehen Sie hindurch!

Hermann Bauer Verlag · Freiburg im Breisgau

Hermann Bauer Verlag · Freiburg im Breisgau

Das Studium der Lebensgesetze, das der große Psychologe Oscar Schellbach jedem zugänglich gemacht hat, der lesen kann, ist der Weg zur Selbstbefreiung aus seelischen Zwängen und inneren Verschalungen aller Art; dies nicht durch das Angebot plausibel klingender Theorien, sondern durch ihre Umsetzung in die Lebenspraxis.

Der Mensch ist zu größeren Leistungen imstande, als er gemeinhin zu ahnen vermag. Als Beispiel hierfür seien sportliche Erfolge genannt: Österreichs Skispringer bei den Olympischen Winterspielen 1976 in Innsbruck. Schon nach kurzer Praxis der in MEIN ERFOLGSSYSTEM erörterten Regeln gewannen sie Gold-, Siber- und Bronzemedaillen. Prof. Baldur Preiml, sportlicher Leiter der österreichischen Skinationalmannschaften (Skispringen und nordische Kombination) schreibt in seinem Vorwort zur neuesten Ausgabe dieses Buches: ».. . MEIN ERFOLGSSYSTEM stellt die geistigen Grundlagen für erfolgreiche und glückhafte Lebensführung in einer für jedermann verständlichen Form bereit, so daß es für viele die Bedeutung einer Lebenshilfe im weitesten Sinne erlangt hat.«

In diesem unermüdlichen Streben nach menschlicher Reife und Entfaltung der Persönlichkeit liegt der Schlüssel für ein schöneres und glücklicheres Leben, das für den einzelnen viel zu kurz ist, um all die wunderbaren Möglichkeiten auszuschöpfen, die in der geistig-seelischen Natur des Menschen angelegt sind.

Hermann Bauer Verlag · Freiburg im Breisgau

Hermann Bauer Verlag · Freiburg im Breisgau

Oscar Schellbach

MENTALES TRAINING

zur körperlichen und geistigen Leistungssteigerung

Trainingsprogramm, bestehend aus drei
Compact-Cassetten mit Arbeitsanleitung

MENTALES TRAINING von Oscar Schellbach ist das richtige System, mit dem Sie Ängstlichkeit und Unsicherheit in Mut und Erfolgsgewißheit verwandeln können. Durch die konsequente und gewissenhafte Anwendung dieses Systems sind Sie in der Lage, Hemmungen, Komplexe und sogar Neurosen zu überwinden, einen schwächlichen oder kranken Körper »gesund und stark« zu üben, auf allen Gebieten des Lebens Erfolg zu haben und im wahrsten Sinne des Wortes ein Lebenskünstler zu werden. Sie können das erreichen, was Ihnen als ein erfülltes und glückliches Leben, als erstrebenswertes Ideal vorschwebt.

Oscar Schellbachs Entspannungs-, Tiefatmungs-, Meditations- und Automationsübungen sind so einfach und überzeugend, daß sie ohne weiteres von jedermann verstanden und praktiziert werden können. Sich Oscar Schellbach als Lebenslehrer zu wählen, seinem Können und seinen richtigen Erfahrungen zu vertrauen, kann die große, grundlegende Wende auch in Ihrem Leben bedeuten!

Da sich seelische Einflüsse sehr stark auf die Gesundheit auswirken, kann man ruhig sagen, daß Sie mit MENTALES TRAINING auch in bezug auf Ihre gesundheitliche Verfassung einen großen Schritt zum Besseren tun werden. Oscar Schellbach wußte, daß Lernen für die meisten Menschen eine unangenehme, ja lästige Beschäftigung ist. Deswegen hat er sein MENTALES TRAINING so aufgebaut, daß Sie völlig entspannt und ohne Anstrengung alle Übungen erfolgreich durchführen können.

Hermann Bauer Verlag · Freiburg im Breisgau

Hermann Bauer Verlag · Freiburg im Breisgau

Inhaltsübersicht zum Cassettenwerk
MENTALES TRAINING

Cassette 1 A:
EINFÜHRUNG
Der neue Weg zur praktischen Lebenskunst und Meisterung
des Schicksals durch psycho-dynamische Methoden.

Cassette 1 B:
EINWEISUNG
in die Automationstechnik mit Übungen zur Erzeugung
mentaler Urbilder. Umschaltung der automatischen
Antriebe in unserem Unterbewußtsein.

Cassette 2 A:
DIE BEWUSSTE TIEFATMUNG
Tiefer und harmonischer Atemrhythmus bis zur automatischen Verankerung im Unterbewußtsein. Dieser Vorgang
wird begleitet von beseelten Gedanken des Wohlbefindens,
der Spannkraft und der Leistungsfähigkeit.

Cassette 2 B:
DIE TIEFATMUNGSÜBUNG
für Fortgeschrittene. Einweisung in die Meditationstechnik
mit Meditationsübungen zur Selbstentfaltung des Geistes.

Cassette 3 A:
WEITERFÜHRENDE MEDITATIONSÜBUNGEN
zur Aktivierung des Geistes und Seelenlebens. Klare mentale Bilder regen das schöpferische Erkenntnisvermögen
unserer Seele an. Das bewußte Leben aus der Macht und
Kraft des Denkens. Erzeugung der großen Ruhe in uns.

Cassette 3 B:
AUTOMATIONSÜBUNGEN
Herrschaft über negative Gedanken. Befreiung von Ängsten
und Befürchtungen. Schaffung positiver Urbilder von
Gesundheit und Lebenskraft. Psychodynamische Konzentration und Aktivierung aller Kräfte.

Ergreifen Sie die Chance, mit MENTALES TRAINING
mehr aus Ihrem Leben zu machen!

Hermann Bauer Verlag · Freiburg im Breisgau

Hermann Bauer Verlag · Freiburg im Breisgau

SEELEPHONIE

Gesundheit und Lebensfreude
durch die von Oscar Schellbach
entwickelte mechanische Suggestion

Die von Oscar Schellbach besprochenen Seelephonie-Cassetten sind Hilfsmittel zur bewußten Steuerung der seelischen Kräfte, zur Entfaltung aller geistigen Fähigkeiten und zur guten Funktion der Nerven. Wie unzähligen Menschen vorher können auch Ihnen die nachstehend aufgeführten Seelephonie-Cassetten hilfreiches Mittel auf dem Weg zu einem »neuen Leben« sein.

Seelephonie-Cassette A, Teil 1 und 2:
AUTOMATIONSTRAINING
ist die wichtigste Technik zielbewußter Lebensführung. Es vermittelt festen und tiefen Glauben an das eigene Können. Die Worte dringen in das Unterbewußtsein ein und beginnen von selbst zu wirken.

Seelephonie-Cassette B, Teil 1:
SO STEHEN WIR ÜBER DEN DINGEN
befreit aus der Abhängigkeit von der Macht materieller Wünsche und läßt erkennen, daß alles Vorwärtsstreben nur dann sinnvoll ist, wenn auch für das Glück der Seele gesorgt ist.

Seelephonie-Cassette B, Teil 2:
SO MEISTERN WIR UNSERE NERVEN
zeigt in vollendeter Weise, wie wir innere Ruhe, Harmonie und Lebenszuversicht gewinnen können.

Seelephonie-Cassette C, Teil 1:
SO MEISTERN WIR ALLE HEMMUNGEN
Darlegung des Weges zur Einflußnahme auf unser Denken, um uns von Angstgefühlen und seelischen Hemmungen zu befreien.

Seelephonie-Cassette C, Teil 2:
SO SIND WIR ERFOLGREICH IM UMGANG
Lehre von der positiven Lebensführung im Denken, Fühlen und Handeln, um Achtung, Vertrauen und Zuneigung in allen Lebenslagen zu gewinnen.

Hermann Bauer Verlag · Freiburg im Breisgau

Hermann Bauer Verlag · Freiburg im Breisgau

Seelephonie-Cassette D, Teil 1:
SIE WERDEN MÜDE UND SCHLAFEN EIN
Diese tiefenpsychologisch aufgebaute Schlafsuggestions-Cassette fördert erquickenden, tiefen und ruhigen Schlaf.

Seelephonie-Cassette D, Teil 2:
DER SATZ VOM GUTEM MUTE
Hier kann jeder im Experiment mit sich selbst jene wunderbaren geistigen Kräfte erwecken, die alle seelischen Energien mobilisieren und beglückende innere Umschaltung bewirken.

Seelephonie-Cassette E, Teil 1 und 2:
GLAUBE AN DEINE SEELE
In der Harmonisierung des Innern liegt der eigentliche Kraftquell der Meditation. Sie brauchen nur zuzuhören, und alles, was Sie seelisch quält und unruhig macht, schaltet sich in Ihnen ab; Ihre Seele geht ihren eigenen Weg im Rahmen der geistigen Verbindungen, die dadurch im Denken eintreten.

Seelephonie-Cassette F, Teil 1 und 2:
BESSERE GESUNDHEIT DURCH DIE KRAFT DES ATMENS
Die hier gelehrte Tiefatmung kann bewirken, daß manche Krankheit »weggeatmet« oder vermieden wird, geistige Spannkraft und gesteigerte Leistungsfähigkeit gewonnen werden können.

Seelephonie-Cassette G, Teil 1:
GLAUBE AN DIE MACHT DES GUTEN
Die Entspannung, die durch diese Meditationsübungen eintritt, befreit das Denken von hemmenden Kräften, stärkt nervlich und körperlich und weitet den Geist.

Seelephonie-Cassette G, Teil 2:
EWIGKEITSGEDANKEN GROSSER MYSTIKER
Die Gedanken von Meister Eckhart, Thomas von Kempis, Paracelsus, Jakob Böhme und Angelus Silesius sollen Impulse sein für Ihr Streben, gleichfalls der ewigen Wahrheit durch Sammlung und Versenkung näher zu kommen.

Hermann Bauer Verlag · Freiburg im Breisgau